DOCUMENTS MILITAIRES DU LIEUTENANT GÉNÉRAL

DE CAMPREDON

LA DÉFENSE DU VAR

ET

LE PASSAGE DES ALPES

LÉTTRES DES GÉNÉRAUX MASSÉNA, SUCHET, ETC.

LETTRES DIVERSES

ANNOTÉES ET PUBLIÉES

PAR CHARLES AURIOL

Ouvrage accompagné de quatre cartes

PARIS

LIBRAIRIE PLON

E. PLON, NOURRIT et Cⁱᵉ, IMPRIMEURS-ÉDITEURS

RUE GARANCIÈRE, 10

1890

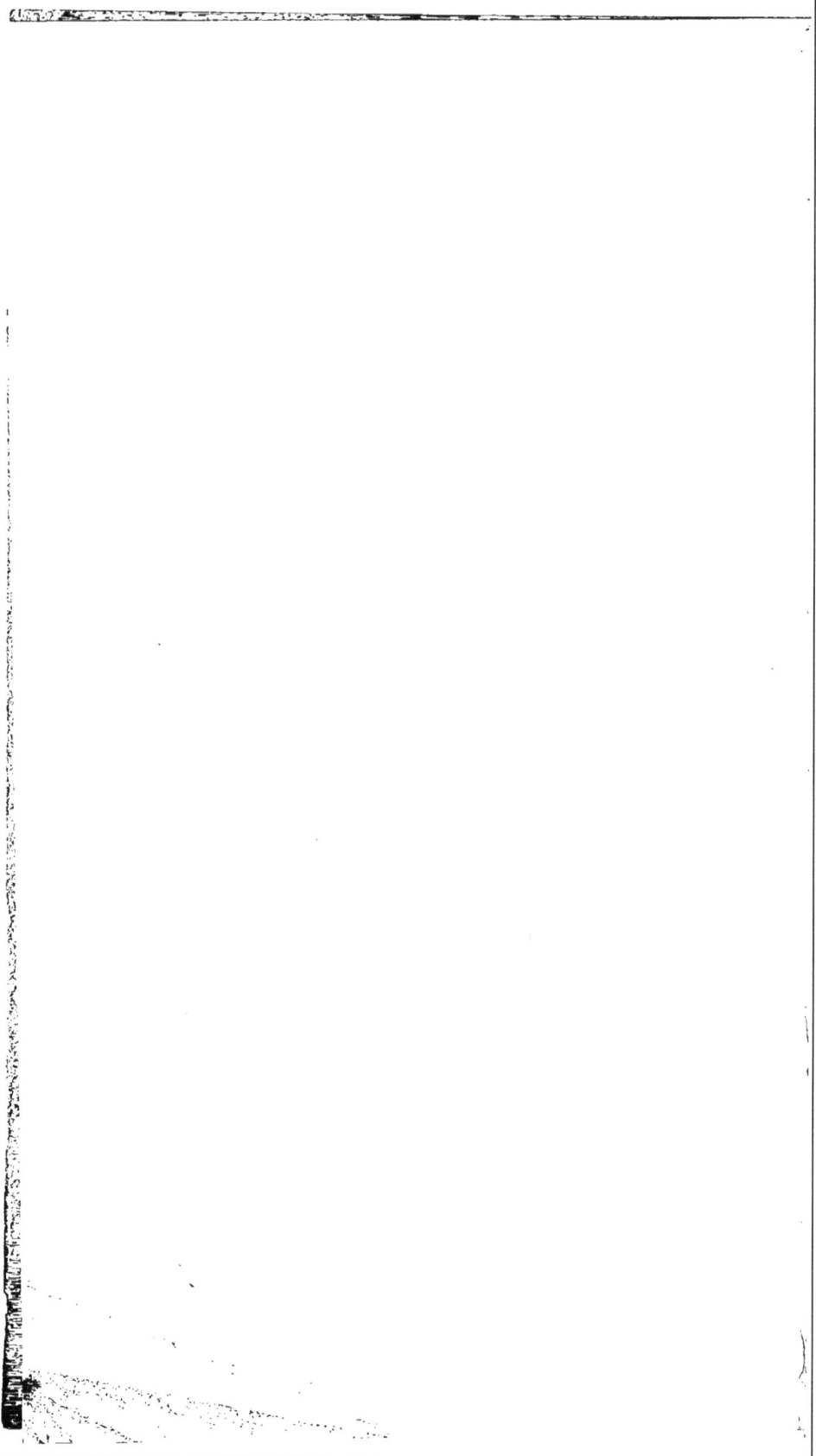

LA DÉFENSE DU VAR

ET

LE PASSAGE DES ALPES

1800

DU MÊME :

LA DÉFENSE DE DANTZIG EN 1813. Journal de siège, Journal personnel et notes du général de division de Campredon, commandant en chef le génie du 10e corps, Lettres diverses. Un vol. in-18, avec carte. Prix........... 4 fr.

En préparation :

LE SIÈGE DE GAËTE. Campagne de Naples (1806).

PARIS. TYP. DE E. PLON, NOURRIT ET Cie, RUE GARANCIÈRE, 8.

DOCUMENTS MILITAIRES DU LIEUTENANT GÉNÉRAL
DE CAMPREDON

LA DÉFENSE DU VAR

ET

LE PASSAGE DES ALPES

LETTRES DES GÉNÉRAUX MASSÉNA, SUCHET, ETC.

LETTRES DIVERSES

ANNOTÉES ET PUBLIÉES

PAR CHARLES AURIOL

PARIS

LIBRAIRIE PLON

E. PLON, NOURRIT et Cie, IMPRIMEURS-ÉDITEURS

RUE GARANCIÈRE, 10

1889

ÉTATS DE SERVICE

Du Général de division du génie

Baron Jacques David Martin de Campredon

Né le 15 janvier 1761 à Montpellier,
Département de l'Hérault.

NOMINATIONS

Sous-lieutenant à l'École royale du génie, 1er janvier 1780.

Reçu ingénieur, lieutenant en second, le 1er janvier 1782.

Lieutenant en premier, le 15 avril 1785.

Capitaine, le 1er avril 1791.

Chef de bataillon, 7 brumaire an IV, 29 octobre 1795.

Sous-directeur des fortifications, 27 décembre 1795.

SERVICES

Aide de camp du général **Légier**, 25 juillet 1791.

Aide de camp du général **Beylié**, août 1792.

Aide-de-camp du général en chef **Servan**, 23 mars 1793.

Employé à **Cette**, à la défense des côtes, 1er mai 1793.

Professeur à l'École Polytechnique, 31 octobre 1794.

Campagne d'Italie.

Attaché à la 2e brigade du génie. Siège de **Mantoue**.

Après la levée du siège, il prend part à la bataille de **Solférino**, avec la division **Serrurier**, qui

a

enfonça le centre des Autrichiens et les força à la retraite dans le Tyrol.

Chargé de la direction des travaux des places de la **Lombardie** et de la construction des têtes de pont.

Prise du château de **Bergame**, où il commandait les troupes.

Expédition d'Autriche. Chef d'état-major du génie de l'armée d'Italie, mars 1797. **Passage du Tagliamento**, 14 mars 1797, attaque de **Palmanova**.

Prise de **Gradisca**, où il guida les troupes de la division **Serrurier**.

Expédition de Rome. Commandant en chef le génie.

Envoyé à l'armée d'**Angleterre** Campagne d'Italie.

Repris les fonctions de chef d'état-major, 18 octobre 1798.

S'est trouvé à toutes les grandes actions. notamment aux **batailles des 6 et 16 germinal, 8, 23 et 27 floréal, 2 messidor an VII.** A dirigé l'attaque de **Ceva**, organisé **le passage des Apennins.**

Commandant en chef le génie de l'armée d'Italie, 15 juillet 1799.

Présent à toutes les affaires autour de **Coni** et à la bataille de **Fossano.**

Membre du **comité central du génie**, 22 novembre 1799.

Renvoyé à l'armée d'Italie, 16 janvier 1800.

Commandant en chef le génie du corps du général **Suchet.**

Chargé des dispositions défensives sur le **Var.**

Défense du Var. Dirigé l'attaque de **Savone.**

Employé à la mise en état des places de la **République Cisalpine.** Organisation du génie italien. Route du **Mont Genèvre.** Création de la place de **Rocca d'Anfo.**

Nommé général de brigade par le général en chef Championnel, sur le champ de bataille de Fossano, 4 novembre 1799, 13 brumaire an VIII.

Confirmé dans ce grade par le Gouvernement, 14 ventôse an VIII, 5 mars 1800.

Directeur de fortifications, 7 germinal an VIII, 29 mars 1800.

Inspecteur général, 3 frimaire an X, 26 novembre 1801.

Membre de la Légion d'honneur, 11 décembre 1803.

Commandeur, 25 prairial an XIII, 14 juin 1804.

Général de division, 14 août 1806.

Passé au service du royaume de Naples.

Grand dignitaire des Deux-Siciles, 19 mai 1808.

Réintégré au corps du génie français, 10 janvier 1812.

Chevalier de Saint-Louis ou du Mérite militaire.

Grand officier de la Légion d'honneur, 29 juillet 1814.

Inspecteur général.

Commandant le génie de l'**armée d'Italie**.

Chargé de la défense des côtes de la **Méditerranée**. Fortifications de l'**Isle d'Elbe**.

Expédition d'Angleterre. Appelé au commandement du génie du **camp de Saint-Omer** (Boulogne), 20 mars 1805.

Armée d'Italie. Renvoyé précipitamment pour défendre **Mantoue** pendant la campagne d'Austerlitz, 27 août 1805.

Armée de Naples. Commandant en chef le génie, 15 janvier 1806.

Sièges d'**Amantea**, de **Coltrone**, de **Civitella del Tronto**. **Siège de Gaëte**, dont il dirige en personne les attaques. Capitulation le 14 juillet 1806.

Commandant en chef le génie français et le génie napolitain, 27 août 1806.

Directeur des ponts et chaussées et premier inspecteur du génie du royaume des **Deux-Siciles**.

Ministre de la guerre et de la marine. Prise de l'**Isle de Capri**, défense des côtes du royaume contre la descente des Anglais, 1809.

Campagne **de Calabre** pour passer en Sicile, 1810.

Grande armée. Commandant en chef le génie du 10e corps. **Campagne de Russie.** Gouverneur général de la **Courlande**. Désigné pour diriger le siège de **Riga**. Retraite 1812. Commandant en chef le génie de la défense de **Dantzig** en 1813. Prisonnier le 2 janvier 1814. Rentré en France en juin 1814.

Inspection générale.

Admis a faire valoir ses droits à la retraite, en vertu de l'ordonnance du Roi, du 1er août 1815.

Membre du conseil de perfectionnement de l'Ecole Polytechnique et du jury d'admission, 1816.

Inspecteur général des écoles militaires, le 5 août 1818.

Commandeur de l'ordre de Saint-Louis ou du Mérite militaire, le 20 août 1823.

Grand'croix, le 3 novembre 1827.

Démissionnaire des fonctions d'inspecteur général, 2 août 1831.

Remis dans le cadre de réserve de l'état-major général, 7 février 1831.

Pair de France, 1er septembre 1835.

Mort, le 11 avril 1837.

Nom inscrit sur la face sud de l'arc de triomphe de l'Étoile

Cent jours. Inspection des places fortes de la **frontière du Nord.** Défense de la **ligne de la Marne.**

Rapport qui contribua à faire maintenir l'**Ecole polytechnique** dont la suppression était proposée.

PRÉFACE

La Révolution, le Consulat et l'Empire sont, à l'heure présente, l'objet de nombreux travaux. Des maîtres en l'art d'écrire, joignant au talent la science des documents, ouvrent sur cette époques des vues ou plus exactes [1] ou plus nouvelles. D'autres, disciples modestes, retracent de simples épisodes et cherchent à leur donner la place qui leur appartient dans l'histoire.

On ne peut s'étonner de la vogue de cette période féconde en hommes et en événements; chaque écrivain y trouve, en effet, à glaner suivant ses tendances ou suivant ses goûts. Que l'on s'intéresse au mouvement des idées ou à la marche des armées, que l'on aime à célébrer les hauts faits d'un peuple ou ceux d'un homme, que l'on se plaise à déplorer les souffrances d'une nation ou celles d'un prince, la matière est également abondante et fournit une ample moisson. L'en-

---

1. *L'Europe et la Révolution française,*. Albert Sorel, chez Plon et Nourrit. — *Origine de la France contemporaine.* Taine.

semble des partis nous présente toutes les illusions, toutes les grandeurs, tous les excès.

Nulle part on ne peut, davantage, lire dans le passé, l'avenir. C'est notre temps qui commence à vivre, ce sont déjà nos mœurs, nos passions. Si nous comptons les partis politiques, nous trouvons en germe tout ce qui nous divise, si nous regardons aux vices du temps, nous reconnaissons ceux qui nous tuent. Mais ce sont aussi les remèdes appliqués jadis avec succès, qui pourraient aujourd'hui nous faire vivre : la modération, l'ordre, la discipline, le respect de l'autorité.

C'est aux heures de transition, c'est au moment où les fautes commises produisent comme une cassure, qui permet en quelque sorte de voir profondément, qu'apparaissent plus nettement les erreurs et leur correctif. La chute du Directoire, les succès du Consulat sont, à ce point de vue, particulièrement instructifs [1]. Le hasard de documents trouvés nous permet de mettre sous les yeux du public un épisode de cette transformation.

Les lettres qui suivent sont écrites à l'heure où Bonaparte, revenu d'Égypte, vient d'arracher le pouvoir à des mains débiles ; elles dépeignent

---

1. *Formation de la France contemporaine*, passage de la République à l'Empire. Taine.

l'état auquel la versatilité et l'incapacité du Directoire, depuis Fructidor, avait réduit l'armée de Castiglione et de Rivoli. Après nous avoir montré le mal avec toute l'énergie de gens qui souffrent, après nous avoir exposé les revers, conséquences des fautes, elles nous content les succès éclatants qui terminèrent la campagne de l'an VIII.

La plupart de ces lettres sont inédites et nous viennent des papiers du lieutenant-général baron de Campredon, pair de France, grand'croix du Mérite militaire ou de Saint-Louis, grand officier de la Légion d'honneur, grand dignitaire des Deux-Siciles. Elles nous ont été communiquées par M. Louis des Hours, son petit-fils ; la descendance mâle du général est aujourd'hui éteinte.

Le général de brigade de Campredon commandait en chef le génie du corps d'armée du général Suchet ; ce fut lui qui rendit compte à Bonaparte des opérations sur le Var. Cet officier, né à Montpellier, d'une famille de robe [1], entra à l'école de Mézières en 1785 et se trouva capitaine de l'ancien corps du génie, à l'heure des grands bouleversements de la fin du siècle. Homme de science, il fut appelé à professer à l'École Polytechnique et bientôt après, comme chef de bataillon, fut envoyé à l'armée d'Italie où les ingénieurs manquaient.

1. Conseillers secrétaires du roi, maison et couronne de France.

Il prit part aux grandes batailles qui fondèrent la fortune de Bonaparte, puis à la campagne de Rome, et enfin à la désastreuse campagne de l'an VII, où il contribua à sauver l'armée. Le général en chef le fit, sur le champ de bataille de Fossano, général de brigade. C'est alors que nous le trouvons sur le Var aux côtés de Suchet.

Le général de Campredon songea plus tard, comme tant d'autres, à écrire ses mémoires ; bien des documents précieux relatifs aux faits auxquels il avait été mêlé se trouvaient entre ses mains ; il avait, de plus, depuis sa sortie de l'école de Mézières, tenu jour par jour une sorte d'itinéraire de son existence errante, lui donnant à certaines époques les proportions d'un journal. C'est l'ensemble de ces documents non utilisés, que nous avons entrepris de publier, en les groupant autour de quelques faits principaux, tels que la défense du Var, la prise de Gaëte[1], la défense de Dantzig[2].

Aucune des pièces qui composent le présent volume, sauf quelques fragments d'Itinéraire, n'est de la main du général de Campredon. Elles se sont simplement trouvées groupées entre ses mains. La plupart des lettres sont de la main de Masséna

---

1. La prise de Gaëte le fit divisionnaire.
2. Voir la *Défense de Dantzig en 1813*. Plon et Nourrit, 1888.

et de Suchet, quelques-unes émanent d'autres témoins oculaires, généraux, chefs de brigade[1],
aides-de-camp, préfets, qui écrivaient sur l'heure
ce qu'ils venaient de voir. Les événements sont en
quelque sorte pris sur le vif, et le lecteur peut, par
lui-même, apprécier la valeur de chaque affirma-
tion. Nous avons recherché tout ce qui pouvait
ajouter de l'intérêt aux documents que nous pos-
sédions déjà ; c'est ainsi que nous avons emprunté
quelques lettres aux *Récits sur l'histoire de Nice*
du chevalier Toselli, et que nous avons surtout
largement puisé, trop largement peut être, dans la
correspondance du Premier Consul. L'idée nous
est venue de rapprocher par date les lettres écrites en Ligurie par les généraux de l'armée d'Italie, et les lettres écrites à Paris et en Suisse par
Bonaparte. De cette juxtaposition[2] sont nés des
points de vue nouveaux, qui nous paraissent de
nature à éclairer certains points de l'histoire.

Nos documents exposent notamment les causes

---

1. Nous devons la communication de toute la série des lettres
du chef de brigade Vallongue (*Voir* p. 188) à la haute bien-
veillance du général baron Berge, membre du Conseil supérieur
de la guerre, gouverneur militaire de Lyon, commandant le
14e corps d'armée, que nous ne saurions assez remercier de nous
avoir encouragé et dirigé au cours de ce travail.

2. Nous espérons que l'intérêt résultant de ce rapprochement
nous fera pardonner la liberté que nous prenons de mettre sous
les yeux du lecteur les lettres du Premier Consul, depuis longtemps connues. Si elles ne sont pas inédites, elles n'ont du moins

légitimes de l'inaction de Masséna au début de la campagne de l'an VIII. Mais, chose curieuse, ils justifient en même temps Bonaparte, de n'avoir pas plus directement secouru une armée dont l'état moral ne pouvait être relevé que par le sentiment du danger. Ils établissent le rapport qui liait les projets du Premier Consul aux opérations de l'armée d'Italie, et surtout à celles du corps du général Suchet; ils montrent enfin l'influence qu'exerça l'attitude de ce général sur le succès définitif de la campagne.

Nous attachant surtout à ce qui se passait au Midi, nous avons été amené à faire ressortir les obstacles auxquels vinrent se butter des généraux à peine secourus et placés dans la plus pénible situation. Le contraste de tout ce que Bonaparte préparait pour son armée et pour celle de Moreau, avec le peu qu'il faisait pour l'armée d'Italie, nous a nécessairement frappé ; nous avons plaint le

jamais été publiées, croyons-nous, à côté de leur complément nécessaire, les lettres de Masséna et de Suchet. Seul, cet ensemble permet d'attribuer à chacun sa part dans les événements du temps-

Nous avons été à même de constater que ces lettres juxtaposées, mises sous les yeux d'hommes du métier, donnaient lieu à des observations d'un réel intérêt, qui avaient échappé à notre inexpérience en matière militaire. Nous avons donc quelques raisons de croire que le procédé que nous avons adopté ne sera pas infécond.

Les lettres de Bonaparte n'ont pu être reproduites ici en entier. Nous n'avons donné que ce qui était essentiel à notre sujet. On les trouvera à leur date, dans la *Correspondance de Napoléon Ier. Tome VIe*.

malheureux sort de ces généraux placés trop loin du pouvoir. Mais nous nous hâtons de dire que, si le Premier Consul voulait pour la France le succès décisif, c'est ainsi qu'il devait agir : tous ses efforts devaient se concentrer ailleurs qu'en Ligurie. On ne peut l'accuser d'avoir tout absorbé pour l'armée de réserve, car, à Moreau, il donna trois fois plus qu'il ne gardait pour lui-même : 120 000 hommes [1].

Si, en montrant quelle fut l'énergie des généraux de l'armée d'Italie, nous établissons un parallèle entre les moyens dont ils disposaient et ceux que Bonaparte s'était ménagés, nous n'avons nulle intention de dénigrer ce dernier, dont le génie militaire est au-dessus de nos louanges comme au-dessus de nos critiques. Sans lui faire tort, nous croyons pouvoir montrer qu'il fit parfois à ses lieutenants une situation difficile, et rendre à ceux-ci la justice qui leur est due.

En donnant ici les documents eux-mêmes, et non un récit calqué sur eux, nous avons voulu éviter d'imposer nos propres conclusions au lecteur. Nous avons fait pour cela notre rôle apparent le plus petit possible. La perfection, dans cet ordre

---

1. Il est vrai que 20 000 hommes, sous le général Lecourbe, devaient se joindre à l'armée de réserve et que le succès des premières opérations de Moreau était la condition même de la marche de Bonaparte à travers les Alpes.

d'idées, serait de disparaître entièrement. C'est un desideratum en apparence modeste, en réalité difficile à atteindre. Dans toute corespondance, il y a des vides qu'il faut combler [1], des documents qui ne se prêtent pas tous à une lecture rapide, et qu'il faut interpréter. C'est ce que nous avons cru devoir faire. Nous sommes certain que ceux qui considèrent l'histoire comme une science et non comme un roman, ceux qui y cherchent non pas un délassement, mais une base certaine à leurs travaux, nous sauront gré de nous effacer, et de ne pas substituer notre traduction à l'impression toute vive de ceux qui ont vu.

C. A.

1. Les archives historiques du ministère de la guerre nous ont fourni nombre de renseignements pour ce travail.

LA DÉFENSE DU VAR

ET LE

PASSAGE DES ALPES

PREMIÈRE PARTIE

L'ARMÉE D'ITALIE

ET

L'ARMÉE DE RÉSERVE [1]

CHAPITRE I

ÉTAT DE L'ARMÉE D'ITALIE EN DÉCEMBRE 1799
MORT DE CHAMPIONNET

On a beaucoup dit qu'en France la victoire suivait toujours de près les revers. Le passé l'a maintes fois prouvé. Rien ne serait, en tous cas, mieux fait pour encourager notre confiance en l'avenir que le tableau sur lequel s'est

---

1. Nous donnons en gros caractères tout ce qui est citation textuelle de documents authentiques, et en petits caractères les renseignements puisés à d'autres sources.

Nous maintenons l'orthographe des noms propres et, le plus possible, l'orthographe même du texte, telle qu'elle est dans les documents eux-mêmes.

ouvert le siècle où nous sommes. Il est en effet peu d'heures où la France ait été en apparence aussi bas, en réalité aussi près d'éclatants triomphes, que les derniers mois de l'an 1799.

Un gouvernement faible et près de sa fin, la division et le désordre dans ses conseils, la guerre civile à l'Ouest et au Midi [1], nos troupes victorieuses sans doute en Hollande et en Suisse [2], mais battues sur nos deux principales frontières ; la Provence, l'Alsace, directement menacées et, dans ces circonstances critiques, notre meilleur général et notre meilleure armée perdus en Égypte, tel est l'affligeant spectacle qui se présentait aux yeux des Français effrayés.

A ce moment de crise, l'on s'est plu à retracer le passage du Saint-Bernard, la victoire de Marengo et, parfois, la magnifique défense de Gênes. En revanche, les souffrances de nos troupes en Ligurie n'ont été l'objet que d'une mention dans l'histoire, et la défense du Var, elle-même, est demeurée comme amoindrie au milieu de ces grands événements. La postérité a détourné les yeux de cette vaillante et malheureuse armée d'Italie, qui avait tant combattu et tant souffert, pour les reporter avec complaisance sur les jeunes troupes qui gravissaient, en chantant, les Alpes. Elle n'a fait en cela qu'imiter le Premier Consul lui-même, qu'importunait quelque peu cette misère toujours geignante, et qui s'en détourna pour créer de toutes pièces la triomphante armée de Marengo.

C'est cependant la défense du Var, qui, autant que celle de Gênes, a rendu possible l'exécution du plan de Bonaparte, et fixé au Saint-Bernard le passage des Alpes. La perte de l'Appennin l'avait reporté du Splugen au

---

1. *L'Histoire de l'insurrection royaliste de l'an VII.* Lavigne, 1887.
2. La victoire de Masséna à Zurich empêcha l'invasion immédiate de la France, mais elle laissait la situation en suspens sur le Rhin et en Italie.

Saint-Gothard, puis au Saint-Bernard [1] ; sans la résistance de Suchet sur le Var, il eût fallu gagner le mont Cenis et peut-être courir en Provence. Car c'est bien sans contredit à sa petite armée, sans habits, sans vivres, sans ressources, mais commandée par celui qui devint sinon le plus illustre, du moins l'un des plus complets des lieutenants de Napoléon, que la France dut de ne pas subir la honte d'une invasion.

L'éparpillement de nos forces depuis la mer du Nord jusqu'à Naples, les rancunes politiques qui avaient fait mettre à la tête de l'armée d'Italie l'infortuné Schérer [2] au lieu de Moreau, la faute commise en lançant en Égypte 40 000 hommes, alors que l'Europe n'était rien moins que pacifiée, nous avaient valu la désastreuse campagne de l'an VII. Par bonheur, Moreau, bientôt investi du commandement par la force même des circonstances, avait transformé la déroute en retraite savante, et ralenti par quelques coups bien portés l'ardeur de Souwarow. En présence de 80 000 hommes, il avait ramené saine et sauve sur les sommets de l'Appennin l'armée que lui avait laissée Schérer. Il eût de là rétabli nos affaires, par sa jonction avec l'armée de Naples, si Macdonald, qui la commandait, ne s'était laissé entraîner dans la plaine et ne s'était fait battre à la Trebbia.

A Moreau, l'inconstant Directoire avait fait succéder Joubert, qui avait payé de la vie l'effort tardif fait à Novi pour ressaisir le Piémont.

Championnet, le conquérant de Naples, avait essayé de

1. Voir page 172.
2. Voici l'appréciation de Bonaparte sur ce général. *Lettre du 8 germinal an IV à Carnot.* « Il m'a paru voir en Schérer un homme pur et éclairé; il me paraît fatigué de la guerre qui a altéré sa santé. Ne pourriez-vous pas l'employer comme ambassadeur ? Il a la connaissance des hommes et de l'extension morale. » Il n'accepta le commandement en l'an VII, qu'à son corps défendant.

nouveau, mais en vain, de dégager l'Appennin en débouchant à Fossano. Il avait dû se replier dans la rivière de
Gênes [1], où la pauvreté du pays, le manque de secours le
réduisaient à un état de misère qui, joint à la maladie,
décimait l'armée. Il suppliait le gouvernement de venir à
son aide, mais celui-ci était impuissant en présence du
désordre établi et de la vénalité régnante. Si quelques
secours étaient envoyés, ils n'arrivaient qu'après mille
retards, lorsqu'ils ne s'égaraient pas en route. Les dilapidateurs, qui foisonnent partout où l'autorité s'affaiblit, en
retenaient la meilleure partie.

**Le commissaire du gouvernement près le département
des Alpes-Maritimes au Ministre de la guerre.**

Nice, 17 frimaire an VIII
(8 décembre 1799) [2].

Citoyen Ministre,

Nous sommes toujours à peu près dans le même
état, c'est-à-dire très mal; le régime militaire éta-

---

1. Partie de la côte méditerranéenne resserrée entre la mer et
l'Appennin, depuis la Roya jusques à la limite de la Ligurie à
l'Orient. Elle se divise, en général, en rivière du Ponant, de la
Roya à Gênes, et rivière du Levant, de Gênes à la Spezzia. On
appelle aussi quelquefois rivière du Levant toute la rivière de
Gênes, par opposition à la côte niçoise qui est alors le Ponant.
2. On sait que, d'après le calendrier républicain, l'année
commençait le 23 septembre, elle comptait douze mois de trente
jours et cinq jours complémentaires appelés les sans-culottides.
Les mois s'appelaient :

Vendémiaire (23 septembre au 22 octobre).
Brumaire (23 octobre au 22 novembre).
Frimaire (23 novembre au 21 décembre).
Nivôse (22 décembre au 20 janvier).
Pluviôse (21 janvier au 19 février).
Ventôse (20 février au 21 mars).

bli dans ce pays y a presque introduit l'anarchie;
point de police, point de respect pour les personnes
et les propriétés ; et les institutions républicaines
sont presque tombées dans le mépris.

Notre pauvre armée n'est pas dans un meilleur
état; elle est toujours dans le plus affreux dénûment et tombe en dissolution; des pelotons de 5 à
600 hommes à la fois s'en détachent pour aller chercher du pain dans l'intérieur, et la nuée des commissaires des guerres, des employés de tout genre
et des généraux des différents grades présentent
par l'éclat de leur luxe un spectacle qui contraste
de la manière la plus affligeante avec la nudité du
pauvre soldat.

Si le gouvernement ne se hâte de venir au secours de cette pauvre armée et de se débarrasser
surtout de tant d'affameurs, en peu de temps elle
n'existera plus.

L'ennemi en attendant profite de nos malheurs et
menace d'envahir le département; l'une de ses pa-
trouilles a déjà pénétré dans différentes communes
de la montagne, et a enlevé les trois gendarmes
de résidence à Saint-Salvador, canton de Val-de-
Blora.

Je n'ai pas manqué d'instruire sur-le-champ le

Germinal	(22 mars au 20 avril).
Floréal	(21 avril au 20 mai).
Prairial	(21 mai au 19 juin).
Messidor	(20 juin au 19 juillet).
Thermidor	(20 juillet au 18 août).
Fructidor	(19 août au 17 septembre).

Plus les cinq jours complémentaires finissant le 22 septembre.

général Pouget de ce fâcheux événement et l'inviter à prendre les mesures les plus promptes et les plus vigoureuses pour empêcher de nouveaux malheurs et couvrir ce département de toute insulte de la part de l'ennemi.

Nous nous attendons à chaque moment à la nouvelle de la chute de la place de Coni, il est impossible que notre armée lui apporte le moindre secours dans l'état de faiblesse où elle se trouve et avec le peu d'accord qui règne parmi ses chefs.

Le commissaire central,

Masse.

A la misère qui dissolvait notre armée vint se joindre bientôt l'épidémie [1] que l'on n'avait pas les moyens de

---

1. Extrait des *Récits sur "Nice du chevalier Toselli.* « Il existait une maladie bilieuse, putride et nerveuse, qui présentait différents phénomènes auprès de ceux qui en étaient affectés ; la dépravation des humeurs se manifestait tantôt plus vite, tantôt plus tard, mais en général les mêmes symptômes d'alcalescence bilieuse et de putridité se rencontraient dans tous ceux qui étaient atteints de cette maladie ; l'invasion différait de beaucoup, s'annonçant aux uns par des pesanteurs de tête, suivies de malaises dans tout le corps, aux autres par des douleurs rhumatismales, accompagnées de dégoûts ; dans certains cas, c'étaient des affections catarrhales, avec toux, fièvres et oppressions, ce qui paraissait dépendre des différentes dispositions dans lesquelles se trouvaient les individus, et de la nature de leur constitution.

Quant aux causes qui pouvaient avoir produit cette maladie, les gens de l'art étaient d'avis qu'indépendamment de l'encombrement des prisons, de la malpropreté des rues, basses-cours, du peu de soins de ceux qui enterraient les cadavres des hôpitaux, du défaut de police pour l'enlèvement des bêtes mortes et du manque de surveillance sur les aliments qu'on laissait introduire et vendre, tant dans le règne animal que dans le règne

combattre. Le général en chef, malade, découragé, demandait à grands cris, dès le mois de décembre, un successeur.

Le froid vint bientôt aggraver encore toutes ces calamités, et les vents contraires, empêchant les trop rares secours que l'on expédiait de Marseille d'arriver à destination, nos troupes, si braves devant l'ennemi, se désorganisaient, impuissantes à résister à tant de maux.

Appelé à Paris à la fin de décembre, le général de Campredon, qui s'était distingué aux côtés de Moreau, de Joubert et de Championnet comme commandant en chef du génie, vint renouveler de vive voix les réclamations du général en chef, et appuyer les conclusions que nous donnons ci-après.

Rapport présenté au Ministre le 16 nivôse an VIII (6 janvier 1800).

Extrait des comptes rendus par le général de brigade Rivaud et l'adjudant général Lacroix sur la situation de l'armée d'Italie au 24 frimaire an VIII (15 décembre 1799).

L'armée d'Italie est forte encore de 53 500 hommes d'infanterie, répartis sur toute la ligne, depuis le mont Bernard jusqu'à Gênes.

végétal, la cause principale était l'établissement de plusieurs hôpitaux militaires situés au centre de la ville, dans des locaux les moins propres à cet objet et qui, par leur construction, leur resserrement et le peu d'air dont ils jouissaient, les rendaient plutôt convenables à des cachots où les militaires, bien loin d'y trouver les soulagements qu'ils avaient lieu d'attendre, n'y rencontraient que leur tombeau. Le foyer principal de cette épidémie était dans l'église de Saint-Dominique. Là, plus de mille moribonds gisaient pêle-mêle avec les cadavres des malheureux, décédés depuis trois ou quatre jours, sur les dalles nues

Il faudrait de suite 45 000 habillements complets ; les corps ont exagéré leurs besoins, en comptant pour effectif dans leurs demandes des bataillons entiers faits prisonniers.

Il s'y trouve à peine 2 800 hommes de chasseurs et de hussards montés.

La cavalerie a été en partie détruite et achève encore de se ruiner par le défaut le plus absolu de fourrages, quoiqu'on l'ait rejetée sur les derrières pour lui faciliter les moyens de subsister.

On ne manque pas de canons de campagne ; mais on manque de caissons, de munitions et d'attelages ; les magasins des arsenaux n'ont ni bois, ni fer, ni charbons.

Il y a sept mois qu'on n'a rien payé aux ouvriers du parc ; l'artillerie à pied est répartie par détachements délabrés, manquant de tout et désorganisés : elle est, comme les autres corps de toutes armes, sans administration régulière : les uns et les autres n'ont pas touché de solde depuis plusieurs mois.

L'artillerie à cheval, mieux conservée, manque néanmoins du plus grand nombre de chevaux qui lui sont nécessaires.

L'équipage est nul : les charretiers [1], victimes

sur lesquelles étaient répandus des brins de paille pourrie et vermineuse ; sans tisane, sans médicaments, sans linge et même sans eau tiède faute de bois, ils étaient en proie aux intempéries de la saison, sans aucun soulagement ni la moindre consolation. »

1. Les voitures de l'artillerie étaient alors conduites par des charretiers au compte d'entrepreneurs.

Les charretiers d'artillerie furent enregimentés, au commence-

de la cupidité des entrepreneurs, présentent le spectacle de la plus horrible nudité et de la plus affreuse misère.

Les chevaux d'artillerie périssent chaque jour en nombre, faute de fourrage; il en est de même de ceux de la cavalerie; il est impossible de s'imaginer à quel point tous les services, et celui des fourrages surtout, ont été négligés. Si le soldat qui a long-temps éprouvé toutes les horreurs de la faim con-serve un reste de discipline, ce n'est que par le sou-venir de sa gloire; mais le plus grand nombre d'en-tre eux s'abandonne au désespoir; le découragement est universel; les désordres sont inouis; la déser-tion à son comble.

Aucune administration n'est organisée.

Tous les services se font au jour le jour, et par réquisitions éventuelles : les pays environnants sont maintenant épuisés.

Aucune des places fortes n'est approvisionnée; aucune d'elles n'est en état de résister à l'ennemi, à raison du délabrement des fortifications.

Dans les hôpitaux!!... le blessé, le malade, expi-rent d'inanition sur la paille, faute de vivres; on n'y connaît plus les pansements, faute de médicaments. Les individus qui conservent assez de force pour se mouvoir se répandent dans les villes et dans les campagnes pour y mendier leur subsistance.

Cette affreuse misère a occasionné une maladie

ment de 1800, sur l'ordre de Bonaparte, et devinrent les conduc-teurs d'artilleries.

1.

épidémique qui moissonne le soldat et même les habitants.

Les secours en tout genre arrivés à Gênes ont ranimé l'espérance de la droite de l'armée; mais la même pénurie et les mêmes désordres subsistent encore au centre et sur la gauche.

Avant le siège de Coni, les ennemis n'avaient que 30 000 hommes en Italie, mais depuis la réddition de cette place, ils ont reçu de nombreux renforts, et leur nombre est maintenant présumé de 55 000 hommes.

Tel est le tableau douloureux que présentent les rapports dont celui-ci n'est que l'analyse. Il serait essentiel que le ministre de la guerre prît connaissance de tous les objets qui y sont traités d'une manière succincte, mais suffisamment exacte pour fixer sa décision sur les mesures qu'il jugera les plus convenables pour mettre un terme à tant de maux.

La situation de l'armée d'Italie appelle toute la sollicitude du ministre de la guerre. Elle exige de sa part le développement prompt des moyens les plus énergiques et les plus sûrs dans leurs résultats. Car il ne peut plus être question de prévenir les ravages d'une désorganisation; mais bien ceux d'une entière dissolution [1].

1. Cette côte a été de tout temps fatale aux armées que l'on a voulu y faire séjourner. En 1795, Schérer écrivait, à la veille de la bataille de Loano : « Il est dû à l'armée près de trois mois en « numéraire; l'officier meurt de faim comme le soldat; les gé- « néraux partagent la misère commune et n'osent se montrer « aux troupes, craignant les plaintes et les reproches; car l'in-

OBSERVATIONS MILITAIRES

L'ennemi, qui connaissait la détresse où se trouvait l'armée française par le manque de vivres et de toute espèce d'approvisionnement, a dû s'abstenir de compromettre ses forces devant une armée qui s'affaiblissait, en quelque sorte, d'elle-même : et telle a été probablement une des causes de son inaction pendant les premiers mois de l'an VIII. Mais on doit s'attendre qu'à l'ouverture de la campagne il tentera de ce côté des opérations décisives, et qu'il cherchera d'abord à s'emparer de la Ligurie.

Nous occupons une ligne très étendue en couronnant les Appennins depuis Gênes jusqu'aux Alpes, et cette ligne aurait peut-être déjà été entamée, si la rigueur de la saison n'avait obstrué de 5 à 6 pieds de neige les principaux débouchés.

On peut croire que, dès les premiers beaux jours, l'ennemi dégarnira sa droite, renforcera son centre et augmentera considérablement sa gauche, pour déboucher à la fois sur Savone et Finale : et dans cette supposition, les troupes de notre gauche et celles du centre chercheront à déjouer ces projets ; mais qui sait si l'ennemi, profitant alors de ce mou-

« discipline, suite naturelle d'un dénuement complet, se glisse « dans les rangs de l'armée. Sans avoir eu aucune affaire où la « cavalerie ait donné, nous avons perdu, depuis huit à neuf « mois, 6 à 7 000 chevaux ou mulets ; pas un seul régiment de « cette arme ne sera dans le cas de faire la prochaine campa- « gne. On ne veut pas recevoir d'assignats et la caisse est ab- « solument vide. »

Bonaparte lui-même avait eu toutes les peines du monde, en 1796, à mettre ses troupes en état de passer en Italie, cela bien que nous fussions au lendemain d'un succès.

vement, ne réussirait pas à s'emparer de Gênes en débouchant en force par la Rivière du Levant? Cette observation indique la nécessité d'établir incessamment une forte réserve sur la ligne Borghetto, d'où elle serait en situation de se porter avec rapidité sur les points menacés. On estime qu'il ne faudrait pas moins d'un renfort de 16000 hommes, dont 7000 ou environ seraient stationnés aux environs de Vintimille et le reste aux environs de Finale.

Ces prévisions ne devaient que trop se réaliser, et ce fut précisément là le projet que les généraux autrichiens mirent à exécution, sans que l'on eût pris les mesures nécessaires pour se garantir.

Il est vrai de dire que l'état auquel l'impéritie du Directoire avait réduit l'armée d'Italie était tel, qu'il était difficile à nos généraux de lui rendre sa cohésion. L'insubordination, conséquence forcée du défaut de ressources, allait paralyser leurs efforts. Seule, l'apparition de l'ennemi devait rappeler le soldat au sentiment du devoir.

Mais encore fallait-il le faire vivre jusque-là, ce qui n'était pas une des moindres difficultés léguées par le Directoire au Consulat qui avait violemment pris sa place.

A l'heure, en effet, où venait d'échouer à Fossano notre dernier effort dans les Appennins, le 18 brumaire couronnait la série de coups d'État auxquels la Révolution avait habitué la France. Mais, substituant cette fois un gouvernement fort à un gouvernement divisé, il sauvait le pays de l'anarchie et lui préparait, à l'extérieur, de nouveaux triomphes. Les dernières plaintes du général Championnet trouvèrent le Consulat organisé, l'influence de Bonaparte [1]

1. Il était revenu d'Égypte le 17 vendémiaire an VIII (8 octobre 1799).

établie[1]. Le gouvernement avait déjà désigné un nouveau général en chef .

L'Autriche et la Russie avaient, depuis leur échec à Zurich, renoncé à agir en Suisse ; les Russes même, dégoûtés par cette dernière campagne, avaient repris le chemin de

---

1. On lit dans les *Souvenirs du feu duc de Broglie, t. I, p. 81* :
« Ceux qui n'ont pas vécu à l'époque dont je parle ne sauraient se faire aucune idée du profond découragement où la France était tombée dans l'intervalle qui s'est écoulé entre le 18 fructidor et le 18 brumaire. En rentrant à pleines voiles sous le régime de la Terreur (le 18 fructidor) elle y rentrait sans consolation et sans espérance. La gloire de ses armes était flétrie, ses conquêtes perdues, son territoire menacé. Le régime de la Terreur ne lui apparaissait plus comme une crise effroyable mais passagère , comme un épouvantable paroxysme conduisant nécessairement et prochainement à une réaction salutaire, et, par là même, à un ordre de choses régulier. La réaction avait échoué ; le gouvernement qu'elle avait fondé envoyait ses fondateurs périr à Sinnamari. Tous les efforts des honnêtes gens pour user régulièrement de leurs droits avaient été écrasés par la violence. On n'avait devant soi que le retour d'une anarchie sanglante, dont il était impossible de prévoir ni la durée, ni le terme, ni le remède.
« Le remède ce fut le 18 brumaire, mais le 18 brumaire n'y suffisait pas. Ce n'était pas de coups d'État qu'on avait manqué depuis dix ans, mais de ce qui rend les coups d'État excusables, le génie, la sagesse, la vigueur qui les fait tourner au profit de la société, et les rend inutiles à l'avenir.
« Le 18 brumaire fut, dans ses conséquences aussi bien que dans les intentions de son auteur, précisément le contraire du 18 fructidor. Il fonda ce que le 18 fructidor détruisait. Il fonda l'ordre qui dure encore, malgré tant d'événements divers qui se sont succédé en France depuis plus d'un demi-siècle, et dont il n'a point à répondre.
« Le 18 brumaire fut une délivrance, et les quatre années qui le suivirent furent une série de triomphes au dehors sur les ennemis : au dedans sur les principes du désordre et sur l'anarchie. Ces quatre années sont, avec les dix années du règne d'Henri IV, la meilleure, la plus noble partie de l'histoire de France. »
Remarquons que le duc de Broglie était loin d'être favorable à Napoléon.

leur patrie. Masséna, le vainqueur de Zurich, fut chargé de reconstituer l'armée d'Italie. L'on espérait qu'habitué à manœuvrer dans un pays montagneux et pauvre, il saurait tirer parti des débris qui défendaient la rivière de Gênes. Il connaissait à fond cette région, où il avait commandé sous Dumerbion à Saorgio, puis sous Schérer à Loano, et sous Bonaparte durant la première campagne d'Italie. Son opiniâtreté, son habileté à entraîner le soldat, sa fermeté le rendaient plus qu'un autre propre à la tâche qui lui était réservée, et son nom seul devait faire une heureuse impression sur l'armée d'Italie qu'il avait jadis conduite à la victoire.

Si elle était destinée, dans la campagne prochaine, à jouer le principal rôle, nul mieux que Masséna, rallié au 18 brumaire, ne pouvait la préparer à passer dans les mains du Premier Consul, occupé encore à réorganiser la France. Si déjà naissait, au contraire, dans l'esprit de Bonaparte, le projet, vague encore, que les premiers mois de 1800 devaient voir mûrir et exécuter, nul mieux que le vainqueur de Rivoli et de Zurich ne saurait, avec peu de monde, occuper une armée entière et en arrêter le choc. L'éclat de son nom suffisait à fixer l'attention de l'Autriche, et il était de ceux qui suppléent au nombre par l'élan [1].

Il partait pour le Midi, non sans quelques hésitations : les nouvelles reçues n'étant point faites pour le tenter. Le Premier Consul eut recours à toute son éloquence pour le persuader ; il lui montra la gloire de rétablir nos affaires,

1. L'on a accusé Bonaparte d'avoir voulu éloigner Masséna de Paris et de lui avoir confié une tâche impossible à réaliser, pour diminuer le seul général qui pût lui porter ombrage. Le rôle de Masséna fut sans doute ingrat et ses plaintes justifiées ; mais on ne peut nier qu'au point de vue des intérêts de la France, le choix fait ne fût éminemment judicieux. Nous ne pouvons gratuitement et sans preuves suspecter les intentions du Premier Consul, alors que sa décision était précisément celle que tout autre gouvernement eût dû prendre à sa place.

et lui promit tous les secours nécessaires au succès. Ces promesses ne se devaient point réaliser entières. Soit difficulté réelle à les tenir utilement, soit entraînement naturel vers le but grandiose une fois entrevu, Bonaparte devait quelque peu les oublier. Masséna eut le droit de s'en plaindre, car si son rôle fut glorieux, s'il sut un moment le grandir à sa taille, les moyens fournis furent peu proportionnés aux promesses faites et au but indiqué.

La nouvelle de la maladie de Championnet vint hâter son départ.

ARRÊTÉ.

Paris, 1er nivose an VIII
(22 décembre 1799).

Les Consuls de la République, vu les circonstances où se trouve l'armée d'Italie, arrêtent :

Article 1er. — Le général en chef Masséna est investi de pouvoirs extraordinaires.

Art. 2. — Il peut suspendre et renvoyer les généraux qui n'auraient pas sa confiance.

Art. 3. — Il pourra casser les corps et destituer les officiers qui auraient des principes d'insubordination.

Art. 4. — Il prendra toutes les mesures pour assurer toutes les communications et établir la police dans les départements faisant partie de l'armée d'Italie. Il donnera les ordres pour qu'il soit exporté des départements du Var et des Bouches-du-Rhône le moins de blé possible.

Art. 5. — Les ministres de l'intérieur et de la

marine donneront des ordres à Toulon et dans les départements pour que le général en chef Masséna soit vivement secondé et que l'on adhère à ses réquisitions.

BONAPARTE, Roger DUCOS.

Proclamation à l'armée d'Italie.

Paris, 4 nivôse an VIII
(25 décembre 1799).

Soldats! les circonstances qui me retiennent à la tête du gouvernement m'empêchent de me trouver au milieu de vous.

Vos besoins sont grands : toutes les mesures sont prises pour y pourvoir.

Les premières qualités du soldat sont la constance et la discipline ; la valeur n'est que la seconde.

Soldats ! plusieurs corps ont quitté leur position ; ils ont été sourds à la voix de leurs officiers. La 17ᵉ légère est de ce nombre.

Sont-ils donc tous morts les braves de Castiglione, de Rivóli, de Neumarkt? Ils eussent péri plutôt que de quitter leurs drapeaux, et ils eussent ramené leurs jeunes camarades à l'honneur et au devoir.

Soldats! vos distributions ne vous sont pas régulièrement faites, dites-vous. Qu'eussiez-vous fait si, comme la 4ᵉ et 22ᵉ légère, la 18ᵉ et 32ᵉ de ligne, vous vous fussiez trouvés au milieu du désert, sans pain, ni eau, mangeant du cheval et du mulet? La victoire nous donnera du pain, disaient-elles; et vous, vous quittez vos drapeaux !

Soldats d'Italie! un nouveau général vous commande. Il fut toujours à l'avant-garde dans les plus beaux jours de votre gloire. Entourez-le de votre confiance; il ramènera la victoire dans vos rangs.

Je me ferai rendre un compte journalier de la conduite de tous les corps et spécialement de la 17e légère et de la 63e de ligne. Elles se ressouviendront de la confiance que j'avais en elles !

BONAPARTE.

Masséna, général en chef, au général Bonaparte, Premier Consul.

Armée d'Italie.

1er janvier 1800.

Citoyen Consul,

Je me suis empressé de quitter Paris, pour me rendre à mon poste ; je ne me suis pas dissimulé que toutes les mesures n'étaient pas encore prises, ni tous les moyens assurés pour tirer l'armée d'Italie de l'état de pénurie et de souffrance où elle se trouve, mais je me suis reposé sur vos promesses, et je n'ai vu que mon devoir.

Je me suis convaincu à Lyon que la cavalerie, même sur ce point, était dans la plus déplorable situation ; que doit-elle être dans l'armée active, où les ressources locales sont nulles ? A mon départ, aucune mesure n'était encore prise à cet égard ; permettez-moi, Citoyen Consul, d'appeler votre sollicitude sur cette partie de nos besoins, enfin sur l'armée en masse.

Aussitôt arrivé, je m'empresserai de vous instruire de son état vrai, et de ce que j'aurai vu par moi-même.

Salut et respect,
MASSÉNA.

Championnet n'avait pas voulu quitter l'armée avant l'arrivée de son successeur. Mais sa maladie s'aggravant, il avait dû bientôt confier le commandement à son chef d'état-major, Suchet, qui devait le transmettre au plus ancien divisionnaire, le général Marbot.

Suchet, général de division, chef de l'état-major-général, au Ministre de la guerre.

Armée d'Italie.

Nice, 1er janvier 1800.

Citoyen Ministre,

Le Général en chef[1] s'étant rendu à Antibes, le 8 de ce mois, y a été atteint d'une indisposition qui le retient au lit, et prend même un caractère assez grave. Le voyant hors d'état de continuer aucunes fonctions, il m'a chargé, comme vous le verrez par la copie de l'ordre ci-joint, du commandement par intérim de l'armée, jusqu'à ce que je puisse le remettre au plus ancien général divisionnaire. Je pars en conséquence pour Gênes, et vais porter cet ordre au général Marbot.

Je conduis avec moi l'adjudant général de Giova-

---

1. Championnet.

ni, qui, comme vous le verrez encore par la copie de l'ordre ci-joint, est chargé par le général en chef Masséna de venir me remplacer dans les fonctions de chef d'état-major général. Je compte, en remettant le commandement au général Marbot, le lui présenter comme mon successeur, et lui livrer tous les détails des fonctions qui m'ont été confiées jusqu'à ce jour.

Je joins à ma lettre des exemplaires de l'ordre du jour [1] que le général en chef a fait imprimer sur la dernière victoire de l'aile droite : c'est l'extrait du rapport que je vous ai adressé, — en outre des exemplaires de la proclamation imprimée du général Championnet, ainsi que du général Masséna sur la nouvelle constitution, que nous faisons également imprimer, pour la répandre dans toute l'armée.

Je ne dois pas négliger de vous rendre compte, Citoyen Ministre, du cruel désagrément que nous éprouvons dans ce moment, après avoir annoncé à l'ordre du jour, par suite de vos dernières lettres, l'arrivée prochaine d'un million pour la solde de l'armée. Non seulement ce million n'arrive point, mais l'avis de son départ n'est pas même encore arrivé ; pour arracher l'armée à son affreuse situation, des secours prompts et efficaces sont nécessaires, Citoyen Ministre, ou elle sera exposée à recommencer le cours des misères dont elle est à peine sortie.

SUCHET.

---

1. Cet ordre du jour nous manque.

Proclamation de Masséna aux troupes.

Soldats,

Les Consuls de la République me transmettent la Constitution, ce nouveau pacte social qui doit, après tant d'orages réels et tant de secousses politiques, asseoir et fixer les destinées de la République ; ce pacte qui, en organisant un gouvernement robuste, donne aux citoyens la garantie de leur sûreté et de leur propriété, et à lui-même les moyens de résister aux atteintes des ennemis extérieurs et des agitateurs du dedans ; ce pacte enfin, qui constitue l'état militaire, décerne au courage, au dévouement des récompenses nationales, et assure une retraite honorable aux braves mutilés au champ d'honneur, ainsi qu'aux femmes et aux enfants qu'ils laissent après eux. La France touche donc au bonheur, à la paix et à l'ordre ; déjà même les sources de la prospérité publique paraissent se rouvrir pour elle.

Soldats ! c'est aussi à votre attachement inaltérable pour la République, à votre énergie, à votre force que cette Constitution est confiée ; je me félicite que le premier acte de mon commandement soit lié à une époque qui est l'aurore du bien-être des armées, de la régénération de la France et du respect de l'Europe.

Signé : MASSÉNA.

Le 19 nivôse an VIII (9 janvier 1800) Championnet mourait à l'âge de 37 ans.

Notes

sur les derniers moments du général Championnet et sur l'état actuel de l'armée d'Italie, remises au Premier Consul, conformément à ses ordres, par le citoyen Hegay, aide de camp du général Championnet, qui arrive d'Antibes, où il a reçu son dernier soupir.

Le 22 janvier 1800
(2 pluviôse an VIII).

L'état affreux de dénuement où est depuis long-temps l'armée d'Italie ayant été la première et seule cause de la maladie et de la mort du général en chef Championnet, je dois présenter, en même temps, au Premier Consul, et la position de l'armée et le récit des derniers momens de mon général, qui ont été uniquement consacrés aux besoins de ses frères d'armes, à ses devoirs, et aux intérêts de son pays.

Depuis la mort du général Joubert, et la nomination du général Championnet au commandement de l'armée d'Italie, il n'avait été envoyé que de très faibles secours en argent et en subsistances : et comme les positions de l'armée sur les montagnes de la Ligurie la réduisaient à une détresse absolue, la désorganisation se glissait dans les rangs, et ses généraux ne savaient plus qu'opposer aux trop justes plaintes des soldats.

Le général Championnet, dont la santé avait déjà été altérée par les cruelles persécutions dont il avait été l'objet, regrettait les jours de sa proscription, en voyant les souffrances du soldat, et l'impuissance de les diminuer. Il était tellement affecté depuis longtemps qu'il avait perdu sa gaîté naturelle, le repos et sommeil [1].

Il avait demandé à plusieurs reprises sa démission à l'ancien Directoire, en se voyant hors d'état de suffire aux ressources qui lui manquaient, ayant trop souvent vu tromper les engagemens qu'il avait pris avec les habitants et avec les soldats, d'après les promesses qu'on lui avait faites; il n'osait même plus offrir les motifs de l'espérance pour adoucir les maux présens, ni se rendre le garant d'un avenir qui ne paraissait pas pouvoir être réalisé.

Il se levait chaque nuit, tournant ses yeux vers la mer, ou allant se promener sur le rivage, inquiet et désespéré, et demandant toujours par des lettres et des agens envoyés à Marseille, qu'on lui fît passer des grains appartenant à la Ligurie, et les autres objets qui lui étaient indispensables : il avait même été obligé de recourir au moyen violent des visites domiciliaires pour se procurer toutes les denrées qui restaient dans le pays afin d'empêcher le soldat de mourir de faim et d'avoir épuisé toutes ses ressources.

Championnet n'est mort que parce qu'il a voulu rester à son poste jusqu'à l'arrivée de son successeur pour prévenir la dissolution de son armée

---

1. Championnet avait été emprisonné à la suite d'un différend avec les commissaires du gouvernement à Naples, où il commandait en chef.

et, jusqu'à son dernier soupir, il s'est sacrifié tout entier à sa patrie.

Un pressentiment secret s'était emparé de lui quand il tomba malade. « Je devrais partir d'ici, disait-il souvent, ce séjour me sera funeste. » Mais son devoir l'emportait sur le soin de sa santé et de sa vie.

Sa maladie n'a duré que douze jours ; dans les huit premiers, elle ne paraissait point dangereuse ; le neuvième, une fièvre putride s'est déclarée, et il a succombé le 19 nivôse (9 janvier 1800), à six heures du soir. Il était depuis trois jours dans un continuel délire ; les moments même d'absence de sa raison attestaient la bonté de son cœur et les chagrins dont il était affecté. Il demandait sans cesse si les bâtimens chargés de blés arrivaient de Marseille, si l'on avait envoyé de l'argent, des habits ; si l'on payait la solde des troupes ; si on avait battu l'ennemi. Il laissait aussi échapper quelques larmes en songeant à sa mère ; elle mourra, disait-il à ses amis, ménagez-lui la nouvelle de ma mort ; prenez soin de la consoler.

Championnet était fils unique. Sa mère, âgée de *cinquante ans*, retirée à Valence, département de la Drôme, se voit privée de son unique soutien, au moment où, après une absence de neuf années données tout entières au service de la patrie, elle espérait enfin le revoir.

Il n'avait que *trente-sept ans*, jeune encore, et destiné sans doute à de nouveaux succès dans la

guerre de la liberté, il s'est éteint sur un lit de douleurs ; il regrettait de ne pas mourir comme Joubert,
sur le champ de bataille.

Il avait reçu, dans sa maladie, une lettre du gouvernement, pleine de témoignages d'estime ; et il ré-
pétait souvent : « Bonaparte aime la gloire ; il sau-
vera la République. » Il a été vivement affecté de
mourir sans avoir pu le voir. Son dessin, si sa vie
eût été prolongée, était de venir exposer avec
franchise et loyauté la vérité tout entière sur la
situation de ses frères d'armes, et de se dévouer encore à de nouveaux dangers pour sa patrie.

Les amis fidèles de Championnet, Bassal, qui ne
l'avait pas quitté depuis la campagne de Naples et
qui avait partagé sa proscription, Lambert, habile
chimiste et excellent républicain, ex-président du
gouvernement de Naples, et moy, nous n'avons pas
quitté le chevet du lit de notre brave général, et
avons reçu son dernier soupir et ses dernières volontés ; ses autres amis et ses autres officiers
étaient ou absens, ou attaqués de la maladie épidémique qui règne à Nice.

L'armée a senti vivement la douleur d'une si
grande perte.

Le corps du général qui, six heures après sa mort,
était déjà la proie de la corruption, a été enterré
dans le fort carré d'Antibes, et son état-major a été
obligé de faire les frais de ses funérailles ; son cœur
doit être porté par ses aides-de-camp et déposé à
Valence, où il a déjà un monument immortel dans

l'estime généreuse de ses compatriotes, qui tous, quelles qu'ayent été les nuances de leurs opinions politiques, ont également regretté dans Championnet un honnête homme, sincèrement attaché à sa patrie, ayant combattu longtemps pour elle, ami de la véritable gloire, et à la fois intrépide dans le combat, simple et fier dans la proscription, modeste et généreux dans la prospérité.

C'est remplir à la fois les dernières volontés de mon général et les ordres que m'a donnés le Premier Consul que de lui exposer l'état présent de l'armée qui fonde sur lui toute son espérance, etc.

HEGAY,
aide de camp du général Championnet.

CHAPITRE II

COMMANDEMENT DE MASSÉNA
MESURES PRISES POUR RECONSTITUER L'ARMÉE

Au moment où Championnet rendait, à Antibes, le dernier soupir, Masséna arrivait à Marseille et commençait à se rendre compte des difficultés qu'il allait rencontrer. Il s'aperçut bientôt que la tâche qu'il avait entreprise était bien faite pour user un homme. Il dut à son caractère vigoureusement trempé, exalté par de récents succès, de pouvoir faire face aux circonstances adverses et de pouvoir s'élever bientôt au plus haut degré de l'héroïsme; mais ce ne fut pas sans plaintes, fort légitimes du reste. Ces quelques mois comptèrent au nombre des plus pénibles de cette longue existence tissue de succès.

A peine en Provence, il apprit que l'armée était à la veille de manquer de pain; elle n'en avait plus que jusqu'au 20 pluviôse et l'on était au 19. Il dut avoir recours aux mesures les plus énergiques.

Masséna, général en chef, au Premier Consul.

Marseille 19 nivôse an VIII
(9 janvier 1800).

Citoyen Consul,

Depuis mon arrivée en cette ville, j'ai donné tous mes soins à m'instruire de la situation des services de l'armée, et reconnaître si les mesures qu'on m'a assuré avoir prises pour la tirer de la détresse où elle se trouve sont en pleine activité. — Voici le résultat de mes recherches. Il est très alarmant. La compagnie Antonini, qui doit seulement prendre le service le premier pluviôse, était néanmoins chargée de verser provisoirement à l'armée, pour le mois de nivôse, 30 000 quintaux de blés, et des légumes et liquides, dans les quantités déterminées par le marché.

Jusqu'à ce jour, cette compagnie n'a versé que 6 000 quintaux ; aussi le commissaire ordonnateur en chef écrit-il que l'armée n'a du pain que jusqu'au 20 de ce mois, et nous sommes arrivés au 19.

Dans une position aussi désespérée, j'ai fait arrêter dans le port de Marseille (de concert avec le consul ligurien) les bâtiments génois qui s'y trouvaient chargés de blés.

Cette opération donnera environ 10 000 quintaux que le citoyen Antonini achètera ; cette disposition de payement doit être exécutée avec rigueur et ponctualité, autrement, cette compagnie perdrait à l'instant même son crédit, et porterait le dernier coup à celui de l'armée.

Mais les engagements de la compagnie Antonini ne seront pas remplis, puisqu'elle aurait dû verser pour ce mois seulement 30 000 quintaux de blés, et encore les liquides portés dans son marché.

Je me place au premier pluviôse, et je cherche comment le service des subsistances se fera ; la compagnie Antonini n'a pris encore aucune mesure.

Point d'approvisionnements, non seulement sur la 1ʳᵉ ligne de consommation, mais même en 2ᵉ et 3ᵉ ligne ; point de mulets, point de charrettes, point de disposition administrative ; point d'employés, point d'argent. Comment, d'ici au premier pluviôse, tout sera-t-il organisé ? Cela est physiquement impossible. C'est ainsi que vos intentions, que vos vues pour le salut et le bien-être des armées ne sont point remplies.

Le fourrage manque absolument ; ici, ce n'est pas du plus au moins, il n'y a pas un brin de foin, ni de paille. Qui, en dernière analyse, est chargé de cette fourniture ? Il n'est cependant pas un instant à perdre pour faire des achats, et faire transporter sur les lieux de consommation les matières. Chevaux de transport, chevaux de cavalerie, chevaux d'état-major, tous manquent à la fois de subsistances et je ne sais pas encore qui les leur fournira. Qui donc, vis-à-vis de moi, est responsable d'un service aussi essentiel ?

Quant aux services de vivres, viandes, et des transports d'artillerie, j'éprouve aussi les mêmes inquiétudes et les mêmes doutes ; je n'ai encore vu aucun des agents supérieurs, et cependant, tout doit être en pleine activité au 1ᵉʳ pluviôse.

Dans les états de situation de fonds que le ministre de la guerre m'a remis, on a porté pour argent comptant 600 000 fr. que le citoyen Bourset devait verser dans la caisse de l'armée, à raison d'une exportation de cent mille charges de blés qui lui était accordée sur le pied de six livres par charge. Par un arrangement postérieur, approuvé par le ministre de la guerre, cette somme devait être employée à acheter 25 000 habits et 50,000 paires de souliers ; d'après les états qui m'ont été remis, cette somme est déjà absorbée, et cependant l'armée n'a reçu en envois faits ou à effectuer que 6 000 coupes, 16 200 habits, 2 000 chemises, et 17 000 paires de souliers. Quels moyens prendra-t-on pour achever cette fourniture ?

Telles sont, Citoyen Consul, les vérités affligeantes que je vous devais ; dans l'état où se trouvent les choses, je resterai à Marseille pour m'occuper essentiellement des approvisionnements de l'armée, et je ne me rendrai au quartier général que lorsque les mesures promises seront remplies ; que lorsque les agents des services seront rendus à leurs postes, car je ne dois arriver à l'armée que lorsqu'elle commencera à éprouver dans son sort l'amélioration qui lui a été promise, et qui a été, comme elle l'est encore, l'objet de notre sollicitude.

Salut et respect,

MASSÉNA.

Malheureusement, la compagnie Antonini, pour le compte de qui avait été exécutée cette saisie, n'avait envoyé à Marseille que 700 000 francs de lettres de change, qui furent protestées. Son crédit naissant en était fortement atteint, et ce ne fut que grâce à une intervention personnelle du géné-

2.

ral en chef auprès des commerçants marseillais et grâce
au dévouement d'un négociant niçois, Olivari, qui fournit
sa caution, que l'on put subvenir aux premiers besoins.

Au bout d'une semaine, et bien que les promesses auxquelles faisait allusion Masséna à la fin de sa lettre ne
fussent pas tenues, il se décida à partir pour l'armée où sa
présence était impérieusement réclamée.

Grand fut son découragement, en rencontrant sur les
routes de Provence les troupes débandées demandant
l'aumône. Les déserteurs, transformés en brigands, se
répandaient dans les régions voisines.

Arrivé à Antibes, Masséna prit le commandement de
l'armée. Il en était temps; car, au dénûment des troupes
venait se joindre la division entre les généraux. Championnet mort, le général Marbot avait été chargé du commandement intérimaire; mais, simple divisionnaire, sans
grande autorité sur ses égaux, il s'était trouvé fort empêché. Des raisons politiques accentuaient les différends; le
coup d'État de Brumaire avait excité les murmures des
généraux attachés à la forme du gouvernement.

**Le commissaire du gouvernement près le Tribunal
d'Ancenis au citoyen Ministre de la guerre.**

Ancenis, 27 janvier 1800.

Citoyen Ministre,

Deux lettres écrites de l'armée d'Italie sous la
date du 1er janvier vous annoncent un complot commun, disent-elles, à toute l'armée de déserter et de
revenir en France, sous prétexte qu'on n'est ni

nourri, ni payé [1]. Quelqu'un, digne de foi sous tous les rapports, m'assure avoir vu ces lettres ; je crois, Citoyen Ministre, devoir vous en informer directement.

Salut et respect,

LAHUE.

Masséna, général en chef, au Premier Consul.

Au quartier-général, à Antibes, le 28 nivôse an VIII
(18 janvier 1800).

Citoyen Consul,

Je suis arrivé à l'armée le 26 : voici le résultat de ce que j'ai vu par moi-même, et des rapports qui m'ont été faits.

PARTIE MILITAIRE

La désertion est établie dans toute l'armée ; des corps entiers abandonnent leur poste.

J'ai rencontré moi-même un bataillon au-dessus de Fréjus. Je l'ai ramené dans cette commune, où je lui ai accordé séjour jusqu'à nouvel ordre.

Quatre mille hommes formant le fond de cinq demi-brigades et de la division du général Miolis ont quitté les hauteurs de Savone, qu'ils étaient char-

1. La biographie de Masséna, de Toselli, Nice, 1869, donne d'in-téressants détails sur ces insurrections.

gés de défendre, et se sont rendus à Nice demandant du pain, des vêtements et leur solde.

Le général Marbot, commandant par intérim l'armée après la mort du général Championnet, a jugé à propos de leur faire passer le Var et de les cantonner à Grasse, Draguignan et Fréjus. Je me propose de faire des exemples sévères, et notamment de casser la 18ᵉ légère et la 21ᵉ de bataille, pour les incorporer dans des corps faibles.

Je ne pourrai exécuter cette mesure que lorsque la cause de la défection de l'armée aura cessé, lorsque les subsistances seront assurées.

Le corps des officiers est resté fidèle à ses devoirs, et aucun d'eux n'a suivi le mouvement des autres troupes. Il y a impossibilité d'organiser en ce moment l'armée ; la plupart des officiers généraux sont partis après s'être munis de billets d'hôpitaux. Le petit nombre de ceux qui restent est divisé et chacun demande une permission sous différents prétextes.

Les généraux que j'ai demandés, et qui ont dû passer de l'armée du Danube à celle d'Italie, ne sont point arrivés ; j'ai lieu de craindre qu'ils n'aient reçu contr'ordre. Je les attends pour faire dans l'armée des changements indispensables et retirer des divisions des généraux qui ne doivent y rester sous aucun rapport.

Le personnel de l'armée ne présente donc en ce moment que désordre et défection, et je ne pourrai travailler avec efficacité à une nouvelle organisation que lorsque les services seront tous assurés, et après l'arrivée des généraux que j'attends.

PARTIE ADMINISTRATIVE

L'armée n'a des vivres que pour demain. Le convoi que j'ai fait partir de Marseille, chargé d'environ 12 000 quintaux de blé, n'est point arrivé. Les vents d'est qui règnent sans cesse depuis deux mois empêchent l'arrivage des bâtiments expédiés des côtes de France sur celles de Gênes.

Le 1er pluviôse (c'est-à-dire dans deux jours), le service des vivres doit être fait par la compagnie Antonini, et au moment où je vous écris, elle n'a des approvisionnements d'aucune espèce, et pas un de ses agents n'a paru ; on ne se joue pas avec plus de légèreté de ses engagements, de l'existence des armées, et du salut de l'État.

Je ne connais encore aucune des mesures prises pour le service des fourrages, mes chevaux mêmes resteront sur les derrières jusqu'à nouvel ordre.

Aucun agent, dans aucune partie, n'a encore paru. L'armée est absolument nue et déchaussée ; elle a besoin d'être habillée et équipée en totalité.

Le service des hôpitaux ne se fait plus, et la régie, qui en est chargée, ne s'en occupe en aucune manière depuis plus de quatre mois.

Voilà, Citoyen Consul, de tristes vérités ; que deviendra l'armée si vous ne venez à son secours ? Tout y est dans la plus absolue désorganisation.

L'esprit y est très mauvais, et travaillé contre le gouvernement. Je suis à mon poste, vous pouvez compter sur ma fermeté et mon dévouement. mais je dois être puissamment secondé. Je vous demande en grâce de me faire connaître par le retour du courrier que je vous expédie les mesures que vous aurez prises dans l'état où se trouvent les choses, et qu'il était de mon devoir de vous faire connaître.

Salut et respect,

MASSÉNA.

Masséna, général en chef, à l'armée.

PROCLAMATION

Soldats de la brave armée d'Italie, si respectable par ses malheurs et jadis si célèbre par ses triomphes, en acceptant l'honneur de vous commander, je me suis dévoué aux intérêts de mon pays, et j'ai cédé à la voix d'un héros dont l'amitié et la confiance m'honorent.

Je viens partager vos souffrances, les adoucir, et y mettre un terme.

Depuis longtemps, je serais au milieu de vous, si je n'eusse dû, avant tout, m'occuper de vos besoins. Vos privations vont cesser, j'en ai reçu la promesse solennelle du Gouvernement; moi-même, j'ai pris des mesures pour vous assurer des secours en tout genre.

Mais, quelle qu'ait été l'étendue de vos maux, elle

ne peut égaler la générosité et le dévouement du soldat français; comment se fait-il que quelques corps aient abandonné leur poste? Vous, souffrir! Pensez-vous que la mère patrie ne vous tienne pas compte de vos sacrifices? Soldats! que faut-il pour ramener la victoire sous vos drapeaux? Que vos besoins soient satisfaits? ils le seront, je vous le répète.

Nous avons tous la même masse de gloire à conserver ou à acquérir encore; nos efforts doivent être communs. Je vous dois tous mes soins, vous me devez toute votre confiance; j'y compte, comme vous devez vous reposer sur moi.

Devrais-je, mes Camarades, vous tenir un autre langage? Faudrait-il vous parler de la sévérité que je déploirais, si vous vous écartiez de la subordination et de la discipline, qui, seules, font votre force? Non, je rejette une idée qui m'afflige! Vous n'aurez toujours d'autre mobile de votre conduite que le devoir, l'honneur, et l'amour de la patrie.

Cette proclamation sera imprimée, publiée et affichée partout où besoin sera, et mise à l'ordre de l'armée.

Fait au quartier général, à Antibes, le 26 nivôse an VIII de la République (16 janvier 1800).

MASSÉNA.

Les généraux Victor et Lemoine furent déplacés, comme opposés au nouvel état des choses. Mais le mal était bien moins un mécontentement politique que le défaut de ressources qui pesait non seulement sur les troupes, mais sur la population elle-même.

Masséna, général en chef, au Premier Consul.

Nice, le 4 pluviôse an VIII
(24 janvier 1800).

Citoyen Consul,

L'esprit de l'armée n'est pas du tout prononcé en faveur des journées des 18 et 19 brumaire.

Dans les divisions commandées par les généraux Victor et Lemoine, l'opinion se prononce fortement contre elles ; on tient hautement des propos injurieux au gouvernement. Ces deux chefs en donnent publiquement l'exemple ; c'est ainsi qu'ils disent que les soldats n'ont pas tort de quitter leur poste, puisqu'on ne leur donne pas du pain.

Il se tient aussi des propos de ce genre dans les cafés de Nice.

Je ferai exercer dorénavant une police sévère, et les perturbateurs, les séditieux seront arrêtés.

Ce que je viens de vous dire, Citoyen Consul, se lie d'une manière assez directe aux dernières insurrections de l'armée.

Nul doute que les troupes sous les ordres de ces deux généraux ne fussent point venues à Nice, s'ils avaient fait leur devoir ; mais le premier ne s'est point montré à elles, et l'autre a fait distribuer du pain pour deux jours.

Il y a plus : les commandants de place de ces divisions ont donné des certificats de bonne conduite aux déserteurs.

En général, l'esprit des habitants du Var et des Alpes-Maritimes est mauvais ; j'en dis autant de celui des Génois, qui n'ont point été étrangers à la désertion de la division du général Miolis ; dans les villes, on applaudissait les déserteurs à leur passage.

La désorganisation de l'armée tient encore à d'autres causes ; on a donné des permissions à qui en a voulu, et la clameur publique parle de grains appartenant à l'armée vendus dans la Rivière de Gênes.

Dans une position aussi délicate, et même difficile, j'attends avec impatience l'arrivée des généraux de l'armée du Danube, pour faire dans l'armée des changements qui sont indispensables.

Alors, seulement, elle aura une organisation solide et militaire.

Cette lettre, Citoyen Consul, est absolument confidentielle.

    Salut et respect,

                    MASSÉNA.

Masséna, général en chef, au Premier Consul.

Nice, le 4 pluviôse an VIII
(24 janvier 1800).

Citoyen Consul,

Il était temps qu'une partie du convoi de blé que j'avais fait charger à Marseille arrivât à Nice ; l'armée allait manquer de pain.

J'attends avec une extrême impatience le reste de ce convoi.

La compagnie Antonini n'a point encore paru ; aucune disposition n'est faite pour la reprise, ni pour l'organisation de son service.

Le secours que j'ai assuré à l'armée sera bientôt épuisé ; si la compagnie ne paraît pas, si elle ne remplit pas ses engagements, il faut s'attendre à voir déserter l'armée en masse.

Je vous l'ai dit dans mes précédentes dépêches, je vous le répète, Citoyen Consul, l'armée est nue et déchaussée ; le mal est à son comble ; mes soins n'y peuvent rien. Il faut des ressources réelles et promptes ; veuillez, je vous en prie, appeler toute la sollicitude du Ministre sur cette partie.

On m'annonce que la compagnie Antonini est définitivement chargée du service des fourrages.

Il n'existe encore à l'armée ni sur les derrières aucun approvisionnement en foin et avoines.

Dans l'intérieur, la cavalerie de l'armée vit par

réquisition ; les administrations départementales s'exécutent de mauvaise grâce et entravent partout le service. On doit craindre de voir périr de faim le reste de cette malheureuse cavalerie.

Tous les services sont encore abandonnés ; car, à l'exception de l'agent de celui de la viande, aucun n'a encore paru.

Le mal, dans l'armée d'Italie, est profond ; veillez, Citoyen Consul, essentiellement sur elle.

Salut et respect,

MASSÉNA.

Tandis que Masséna luttait ainsi contre la famine, le gouvernement faisait effort pour lui venir en aide. Mais comme tout le ravitaillement était fondé sur le crédit de la compagnie Antonini, à mesure que les agents arrivaient, leurs opérations étaient arrêtées. Ce n'est qu'au retour du courrier que le Premier Consul, averti, put expédier quelque argent comptant [1]. On cherchait en même temps à envoyer des secours en hommes, et l'on dirigeait sur l'armée d'Italie les bataillons auxiliaires. Mais en arrivant en Provence, ils fondaient à vue d'œil. Le pays était fort mal disposé pour une armée dont les déprédations le ruinaient. Les conscrits, effrayés par le récit des souffrances du soldat, frappés par la vue des déserteurs hâves, à peine vêtus, qui erraient sur les routes, disparaissaient en masse dès qu'ils commençaient à souffrir eux-mêmes de l'insuffisance des ressources. Le premier bataillon du Var, parti à l'effectif

1. A partir de mars, les lettres du Premier Consul annoncent 800 000 francs par décade.

de 1100 hommes, en comptait 49, [officiers compris, à l'arrivée. Celui du Puy-de-Dôme, 64 ; ceux du Tarn et de l'Aveyron comptaient, l'un 32 hommes, et l'autre 50, au lieu de 1 400 hommes.

Dans de pareilles conditions, l'armée d'Italie, loin de se reconstituer, se désorganisait tous les jours davantage.

Le général Ernouf au Ministre de la guerre,

Aix, le 24 nivôse an VIII
(14 janvier 1800).

Citoyen Ministre,

Les renseignements qui me sont parvenus depuis les dernières dépêches que j'ai eu l'honneur de vous adresser ne sont pas aussi satisfaisants que je le désirerais. Les bataillons auxiliaires arrivent lentement, et la désertion les réduit à rien ; les plus forts sont de 4 ou 500 hommes, et la plupart ne sont point habillés. Cette situation augmente leur découragement, et les demi-brigades sont elles-mêmes dénuées de tout. Il serait donc bien essentiel qu'il fût pris des mesures pour que les administrations centrales fournissent aux conscrits les effets désignés par la loi du 14 messidor. Cet objet est d'autant plus important que, déjà, plusieurs administrations se refusent à cette fourniture, depuis l'ordre d'incorporation des bataillons auxiliaires.

Celle du département du Mont-Blanc allègue toujours que la rentrée des contributions suffit à peine à alimenter les demi-brigades qui sont dans le département, et qu'elle attend les fonds extraordinaires que vous lui avez annoncés.

L'administration du département du Léman est à peu près dans le même cas.

Celle de l'Isère paraît aussi se ralentir et s'oppose même à toute distribution d'habillement et d'équipement.

J'ai prescrit aux généraux commandant les divisions militaires de continuer à presser l'exécution de la loi du 14 messidor, concernant la livraison des armes et habits ; mais leurs moyens deviennent nuls par les difficultés qu'ils éprouvent du côté des administrations.

Malgré toutes les mesures prises pour rassembler les conscrits, la désertion continue et fait des progrès effrayants. Je vous prie, Citoyen Ministre, de prendre cet objet en grande considération, et de donner les ordres les plus sévères pour faire rejoindre les conscrits, en prescrivant la mise en vigueur des lois contre la désertion.

J'ai l'honneur de vous envoyer ci-joint un tableau qui vous fera connaître ce que j'ai fait jusqu'à ce moment, pour remplir les intentions de votre lettre du 19 frimaire.

Le tableau qui y était joint annonce plusieurs bataillons destinés pour la Corse, mais ils ne sont pas désignés ; j'ai craint de me trouver en contradiction avec vos ordres, et je n'ai point assigné de destination à ceux du Léman, du Tarn et de l'Aveyron, qui étaient notés en marche pour Toulon. Ces bataillons sont d'ailleurs extrêmement faibles, et je ne leur donnerai point d'ordres avant d'avoir reçu de vous une réponse à cet égard.

En attendant, et pour assurer les moyens de recrutement de l'armée et éviter l'encombrement et le désordre, j'ai cru devoir ordonner provisoirement l'établissement d'un dépôt général à Aix et un à Grenoble. Les conscrits qui y arriveront seront dirigés aussitôt sur les cadres de l'armée qui ont le plus souffert.

J'ai cru encore devoir ordonner que les officiers des bataillons auxiliaires qui seraient jugés incapables de servir utilement fussent renvoyés dans leurs foyers. Cette mesure, en se rapportant aux vues du gouvernement, sera plus économique pour le trésor public, en évitant les marches et contre-marches de ces officiers.

Je vous ferai passer incessamment les contrôles nominatifs demandés par votre lettre du 19 frimaire pour les bataillons auxiliaires dont j'ai ordonné l'incorporation jusqu'à ce jour.

Je répartirai également ceux qui sont annoncés, aussitôt qu'ils seront arrivés à Aix.

J'ai eu l'honneur de vous rendre compte, dans mes précédentes lettres, de la mesure que j'avais cru devoir prendre à l'égard de quelques bataillons auxiliaires, en envoyant des détachements aux chefs lieux de départements, pour y rassembler les conscrits déserteurs ; j'attends que vous me fassiez connaître si vous l'approuvez, afin que je l'employe par la suite, pour ceux que je jugerai à propos.

Veuillez aussi, Citoyen Ministre, m'instruire si les départements indiqués dans le tableau joint à votre lettre du 19 frimaire sont affectés au recrutement de l'armée d'Italie, ou s'ils ne sont tenus que de fournir les bataillons que vous leur avez demandés. Dans tous les cas, ces bataillons sont si faibles qu'ils ne peuvent pas remplir vos vues, et que le complettement de l'armée sera très lent, si les mesures les plus rigoureuses ne sont prises pour faire rejoindre les conscrits.

Salut et respect,

ERNOUF.

Les prévisions de Masséna se réalisèrent point pour point. Une nouvelle insurrection éclata le 5 pluviôse dans la division Lemoine. Elle fut l'objet d'une énergique répression.

Masséna, général en chef, au Premier Consul.

Armée d'Italie.

Nice, 14 pluviôse an VIII
(3 février 1800).

Citoyen Consul,

Les premières insurrections qui avaient occasionné les désertions de différents corps, et notamment des 5 000 hommes de la division Miolis, étaient à peine calmées par les mesures sévères que je venais de prendre, qu'une nouvelle révolte a éclaté dans la division Lemoine.

Le second bataillon de la 5e légère, deux compagnies de carabiniers de ce corps et le second bataillon de la 74e ont lâchement abandonné leur poste et ont pris le chemin de France.

J'ai pris à l'instant des mesures sévères pour faire punir les coupables et faire reconduire le reste des déserteurs à leur poste.

Je vous fais passer copie de l'arrêté que j'ai pris à cet égard.

Les rapports que je reçois de cette division m'annoncent que tout est rentré dans l'ordre, et que les principaux coupables sont traduits par devant une commission qui les jugera sans désemparer.

Dans l'intervalle, j'ai reçu une lettre de la portion des soldats restés fidèles à leur poste.

Cette lettre respire le plus profond mépris pour les lâches qui ont quitté leur poste ; j'ai cru devoir y répondre. Je pense qu'il y aurait de l'avantage à rendre leur lettre et la mienne publiques.

Salut et respect,

MASSÉNA.

Rapport.

Vu les rapports faits par le général de division Lemoine et le citoyen Fleury, son aide de camp, desquels il résulte :

1° Que les soldats du 2e bataillon de la 5e légère

et deux compagnies de carabiniers du même corps ont abandonné lâchement, le 5 de ce mois, le poste qui leur était confié pour déserter en France;

2° Que le 2ᵉ bataillon de la 74ᵉ demi-brigade de bataille a refusé formellement, sur l'ordre du général Lemoine, d'aller occuper la position des débouchés de Savone;

3° Que, par suite des mouvements insurrectionnels qui se sont manisfestés dans ce corps, ce général a été obligé de lui faire faire une marche rétrograde sur Borghetto;

4° Que la plupart des soldats du 2ᵉ bataillon de la 74ᵉ demi-brigade ont continué leur mouvement d'insurrection en se réunissant aux déserteurs de la 5ᵉ légère;

5° Que le citoyen Ph...., sous-lieutenant à cette demi-brigade, a, par ses propos, porté à l'insubordination et à la révolte les soldats de ce corps;

Considérant que les actes d'insubordination, de révolte et de désertion, auxquels se sont portées les soldats de la 5ᵉ légère et de la 74ᵉ de bataille sont avérés, et tels que l'histoire de notre guerre n'en présente pas d'exemple;

Considérant qu'il importe au salut de l'armée et à la sûreté du territoire de la République, de prévenir par des mesures sévères les suites d'une pareille infraction aux lois militaires;

Considérant enfin que l'honneur et la gloire du reste de l'armée sont intéressés à ce qu'on punisse

3.

sans délai les lâches qui cherchent à la déshonorer et à la perdre,

Arrête, en vertu des pouvoirs extraordinaires qui lui sont délégués, par arrêté des Consuls du 1er nivôse :

1° Que le général de brigade Fressinet et l'adjudant général Gauthier se porteront de suite dans la Rivière de Gênes pour y faire arrêter les déserteurs de la 5e légère et ceux de la 74e de bataille ; ils emploieront à cet effet les 3e et 8e demi-brigades légères qui sont mises à leur disposition ;

2° Ils casseront sur-le-champ les deux compagnies de carabiniers de la 5e légère ; les sous-officiers, s'il s'en trouve, seront jugés et punis de mort militairement ;

3° Le général Fressinet recherchera et reconnaîtra deux des principaux moteurs de la désertion dans chacun de ces deux corps, 5e légère et 74e de bataille, il les traduira à une commission militaire qu'il formera sur-le-champ et qui jugera, sans désemparer, les coupables ;

4° Le général Fressinet fera reconduire les déserteurs au poste qu'ils ont lâchement abandonné ;

5° Le citoyen Ph....., sous-lieutenant, sera arrêté, dégradé en présence des soldats de son corps et traduit au conseil militaire à Nice. S'il est reconnu pour un des principaux moteurs de la révolte, le général Fressinet le fera traduire par devant la commission extraordinaire qui le jugera de même, sans désemparer ;

6° Si les déserteurs se trouvaient rentrés dans la division du général Lemoine, ce général, ou tout autre commandant, en son absence, fera exécuter, sous sa responsabilité, les mesures prescrites par le présent arrêté ;

7° Quelque part que se trouvent les déserteurs des 5ᵉ légère et 74ᵉ de bataille, les généraux qui commandent sur les lieux emploieront leur autorité et les troupes sous leur commandement pour donner au général Fressinet les moyens d'exécuter les ordres dont il est porteur.

Cet arrêté sera mis à l'ordre de l'armée.

MASSÉNA.

Il s'adressait en même temps aux soldats qui avaient résisté à l'entraînement.

Masséna, général en chef, aux soldats de la 5ᵉ demi-brigade légère restés fidèles à leur poste.

Nice, 11 pluviôse an VIII
(31 janvier 1800).

Braves Soldats,

Le général de brigade Clausel m'a fait passer la lettre que vous avez écrite à votre chef pour lui exprimer le mépris et l'indignation que vous a inspirés la conduite des lâches de votre corps qui ont abandonné leur poste.

Ils ne sont donc pas éteints dans toutes les âmes, ces sentiments d'honneur et de dévouement qui caractérisent les soldats français ; il en reste donc de ces braves, que l'ennemi trouva si souvent dans le chemin de la victoire et toujours dans celui de l'honneur.

De misérables fuyards vous avaient laissé le poste du danger à défendre. Qu'avais-je à craindre quand vous opposiez un rempart de vos corps à l'ennemi ?

Combien des actes de bravoure et de générosité tels que le vôtre rachètent la lâcheté et la perfidie de quelques hommes qui se déshonorent seuls.

Votre action porte en soi son prix ; mais elle doit être connue pour réchauffer cet enthousiasme brûlant dont le germe est dans le cœur de tous les soldats dignes de servir la République.

Votre lettre et la mienne seront mises à l'ordre de l'armée et j'instruirai le gouvernement de votre conduite.

MASSÉNA.

CHAPITRE III

Le Premier Consul comptait sur l'effet des mesures prises par le gouvernement et sur l'énergie de Masséna, pour
mettre l'armée d'Italie en état de rejeter les Autrichiens
sur l'autre versant des Appennins. Mais les lettres venant
du Midi représentaient chaque jour la situation comme
plus sombre et chaque jour le mal lui semblait plus difficile à guérir. Il espérait cependant qu'au contact de l'ennemi, ces vieilles troupes reprendraient leur cohésion, et
désirait les voir promptement engagées. C'était à ses
yeux le meilleur, peut-être le seul remède au mal qui les
minait. En 1796, il avait guéri l'armée de la misère et de
l'indiscipline, en la jetant en Italie. Masséna saurait-il l'i-
miter ? Bonaparte était pressé de savoir ce que l'on pouvait en attendre, pour fixer les plans de la campagne qui
allait s'ouvrir. Aussi, dès le 21 janvier, écrivait-il à Masséna de prendre l'offensive.

L'armée, comprenant 35 à 36 000 hommes en état de
servir, gardait les Alpes et les Appennins, depuis le mont
Cenis jusqu'à Gênes. L'aile gauche, sous le général Turreau,
était dans les Alpes ; le centre, formé des 4e et 5e divisions,
sous Suchet, occupait Nice, le col de Tende et les som

mets jusques au-dessus de Savone. Le général Soult, avec
trois divisions, formait la droite. Il défendait les débouchés
depuis Savone jusqu'à Gênes. Une de ses divisions, sous
Miollis, gardait la place.

Au delà de Gênes, un corps autrichien avait pu pénétrer
dans la rivière du Levant, par les débouchés du Taro, et
s'était établi en avant de la Spezzia. C'est contre lui que
Bonaparte eût voulu voir Masséna diriger ses premiers
coups.

Pour saisir les instructions données, il faut remarquer que
les Alpes et les Appennins forment, du mont Cenis à
Gênes, un arc de cercle de montagnes escarpées, dont le
centre est en Piémont. Leurs crêtes abruptes dominent
Nice, puis, au midi, la route de la Corniche, qui se
glisse entre le pied des monts et la mer. Quelques cours
d'eau, tenant plus du torrent que du fleuve, se sont
creusés un lit dans des ravins profonds et, de rochers en
rochers, vont tomber dans la Méditerranée. Au nord, les
contre-forts des Appennins s'étendent librement jusques
au Pô et forment de profondes vallées qui conduisent dans
la plaine les eaux des hauts sommets. C'est en suivant le
lit de ces cours d'eau, que s'élèvent de part et d'autre jusqu'à la cîme des monts les trois routes carrossables qui
conduisent du Piémont au versant méridional. L'une,
venant de Fossano et de Coni, suit la Stura puis un de ses
affluents jusques à sa source. Elle franchit le col de Tende
et débouche dans la rivière du Ponant, non loin des sources
du Tanaro, et de celles de la Roya, qu'elle accompagne jusqu'au col de Braus. Là, elle passe à Sospello,
puis au col de Braus et gagne la vallée du Paillon, avec
lequel elle entre dans Nice. La seconde, plus à l'est,
venant d'Alexandrie, côtoie la Bormida et l'un de ses
affluents, qui la conduit au col de Cadibonne, d'où elle
gagne Savone. La troisième s'élève de Novi jusqu'au
passage de la Bochetta, et aboutit à Gênes, en suivant la Polcevera. De nombreux débouchés permettent

encore de passer de l'un à l'autre versant, mais ne sont pas ouverts à l'artillerie [1].

D'après le Premier Consul, Masséna devait négliger le col de Tende, alors dans les neiges, et le col de Cadibonne, qui n'était pas encore facilement abordable, pour se jeter brusquement à droite sur les Autrichiens. La rivière du Levant ainsi dégagée, l'on pourrait manœuvrer à l'aise derrière l'Appennin, et en déboucher sans crainte pour les communications de l'armée.

Le Premier Consul au général Berthier, ministre de la guerre

Paris, 1er pluviôse an VIII
(21 janvier 1800).

Il est nécessaire, Citoyen Ministre, que vous fassiez connaître au général en chef Masséna, commandant l'armée d'Italie (en lui envoyant un officier supérieur très intelligent, qui se rendra près de lui en courrier), qu'il est essentiel qu'il ne perde pas un seul instant pour culbuter la division ennemie qui est en position dans la Rivière du Levant et qui couvre la Spezzia. En faisant faire à l'armée qu'il commande un mouvement prompt par sa droite, le général Masséna peut attaquer cette division ennemie avec une telle supériorité de forces qu'il peut l'écraser et se préparer, par ce succès, un grand avantage pour tout le reste de la campagne. Vous annoncerez à ce général que je pense que, si ce mouvement est promptement et vigoureusement exécuté, il peut conduire à de grands résultats. Le

[1]. Nous ne parlons que des voies qui conduisent en Piémont.

général Masséna ne doit avoir, dans la saison actuelle, aucune inquiétude en s'affaiblissant aux autres débouchés de l'Apennin, tant parce qu'ils sont obstrués par la neige que parce que l'armée française, ayant l'initiative du mouvement, se trouvera avoir quatre à cinq jours d'avance sur l'ennemi, et aura écrasé toute sa gauche avant que celui-ci ait pu se décider à une diversion, et, s'il se décidait à en tenter une, le général Masséna se trouverait en mesure d'osciller autour de Gênes avec la masse de ses forces, et de se porter, au retour de l'expédition faite par sa droite, sur les débouchés de Novi, sur ceux de Montenotte et sur ceux du Tanaro. Il est important, Citoyen Ministre, que vous fassiez bien comprendre au général en chef de l'armée d'Italie que le succès de la prochaine campagne, soit qu'elle soit offensive, soit qu'elle soit défensive, dépend de ce qu'il ait obtenu de grands avantages sur l'ennemi, avant le 1er ventôse prochain, par le mouvement indiqué plus haut, et que, si ce succès est conduit avec la rapidité et la vivacité dont le général Masséna est capable, je pense qu'on pourra le regarder comme un présage presque assuré de la reprise de l'Italie.

Je vous invite, Citoyen Ministre, à donner l'ordre au général Lamartillière, commandant l'artillerie de l'armée d'Italie, de partir dans vingt-quatre heures pour s'y rendre.

Vous donnerez l'ordre à un général du génie actif de se rendre à cette armée avec cinq ou six officiers de cette arme, et vous prendrez les mesures nécessaires pour qu'ils soient partis avant la fin de cette décade.

BONAPARTE.

Tout en engageant Masséna à prendre l'offensive, le Premier Consul donnait ses premières instructions en vue de réunir, plus au Nord, une armée en état d'apporter aux opérations la vigueur nécessaire pour rétablir nos affaires en Italie.

Le Premier Consul au général Berthier, ministre de la guerre.

Paris 5 pluviôse an VIII
(25 janvier 1800).

Mon intention, Citoyen Ministre, est d'organiser une armée de réserve dont le commandement sera réservé au Premier Consul. Elle sera divisée en droite, centre et gauche. Chacun de ces trois corps sera commandé par un lieutenant du général en chef. Il y aura, en outre, une division de cavalerie, commandée également par un lieutenant du général en chef.

Chacun de ces grands corps sera partagé en deux divisions commandées chacune par un général de division et par deux généraux de brigade, et chacun des grands corps aura en outre un officier supérieur d'artillerie.

Chaque lieutenant aura un général de brigade

pour chef de son état-major; chaque général de division, un adjudant général.

Chacun de ces corps sera composé de 18 à 20 000 hommes, dont deux régiments de hussards ou chasseurs, et seize pièces d'artillerie, dont douze servies par des compagnies à pied, et quatre par des compagnies à cheval.

Les quatorze bataillons qui forment les dépôts de l'armée d'Orient; les 14ᵉ, 30ᵉ, 43ᵉ, 96ᵉ demi-brigades, qui sont dans la 1ʳᵉ division; la 9ᵉ et la 24ᵉ légère, qui sont à l'armée de l'Ouest; les 22ᵉ, 40ᵉ, 58ᵉ et 52ᵉ, qui sont aussi à cette armée; la 11ᵉ légère et la 66ᵉ, qui sont dans les neuf départements réunis, feront partie de l'armée de réserve.

Les 15ᵉ, 19ᵉ, 21ᵉ, 24ᵉ de chasseurs, les 5ᵉ, 8ᵉ, 9ᵉ et 19ᵉ de dragons, les 11ᵉ, 12ᵉ et 2ᵉ de hussards, les 1ᵉʳ, 2ᵉ, 3ᵉ, 5ᵉ et 18ᵉ de cavalerie, les sept escadrons de dépôt des corps à cheval de l'armée d'Orient seront le noyau de l'armée de réserve.

La droite sera réunie à Lyon, le centre à Dijon, et la gauche à Châlons-sur-Marne.

Le général de division Saint-Remy fera les fonctions de commandant de l'artillerie de l'armée. Le chef de brigade Gassendi sera directeur général du parc. Le premier inspecteur du génie Marescot, commandera cette arme. Il y aura un ordonnateur et quatre commissaires des guerres attachés à chacun des trois grands corps, et un ordonnateur en chef attaché à l'armée et résidant auprès du Ministre de la guerre, qui fera les fonctions de chef de l'état-major.

Il est nécessaire d'appeler à Paris un membre du conseil d'administration de chacun des corps qui composeront l'armée, porteur de l'état de situation de l'armement, équipement et habillement. Ils s'assembleront à Paris, le 15 février.

Vous donnerez des ordres pour compléter le plus promptement possible chaque bataillon de 1 000 hommes.

Vous me proposerez les officiers qui devront composer l'état-major de cette armée.

Vous tiendrez absolument secrète la forma tio de ladite armée, même dans vos bureaux, auxquels vous ne demanderez que les renseignements absolument nécessaires [1].

BONAPARTE.

Bien que toutes les mesures indiquées dans cette lettre aient abouti à la formation, qui surprit l'Europe à l'improviste, de l'armée destinée à passer les Alpes, rien ne démontre qu'à cette heure Bonaparte eût le projet déjà arrêté de prendre cette route périlleuse. Il semble croire encore à la possibilité d'une action par la Ligurie, et l'armée de réserve peut avoir été au début, dans son esprit, destinée à se porter, suivant les circonstances, soit en Allemagne pour appuyer Moreau, soit en Piémont au secours de Masséna. Il se préoccupe en effet, à la même heure, d'organiser sur la frontière suisse une ligne purement défensive. Ce pouvait, il est vrai, n'être qu'une feinte.

1. Lire dans *La correspondance de Napoléon Ier, t. XXX, OEuvres de Napoléon Ier à Sainte-Hélène, p. 437,* le chapitre de *Marengo* L'on y trouvera, exposés à grands traits, la formation de l'armée de réserve, le passage du Saint-Bernard, et la bataille de Marengo. Ce commentaire et le chapitre de *la défense de Gênes par Masséna* sont intéressants à comparer avec

ARRÊTÉ.

Paris, 5 pluviôse an VIII
(25 janvier 1800).

Article 1er. — Les places de Genève, Huningue, Belfort, Besançon, Auxonne, et les châteaux de l'Échelle [1], Montmélian, Joux, Blamont, Landskroon, Salins, seront mis dans le meilleur état de défense. Le ministre de la guerre prendra des mesures telles qu'au commencement de floréal ces places soient susceptibles de la plus grande défense possible.

Art. 2. — Le premier inspecteur d'artillerie et celui du génie arrêteront les états de ce qui doit être fait pour remplir le but de l'article 1er.

Art. 3. — Le ministre de la guerre enverra trois commissions composées chacune d'un ingénieur et d'un dessinateur géographe, d'un officier du génie, d'un officier d'artillerie et d'un officier général ou adjudant général.

La première de ces commissions parcourra le pays compris entre Briançon et Genève.

La deuxième, le pays compris entre Genève et Sainte-Ursanne;

La troisième, le pays compris entre Sainte-Ursanne et Neuf-Brisach.

nos documents qu'ils confirment sur certains points, et dont ils s'écartent sur certains autres.

Nous rappelons que les lettres de Napoléon écrites à l'heure même où se passent les événements qu'elles relatent ont une autre valeur documentaire que des relations composées longtemps après.

1. Fort de l'Écluse.

Art. 4. — Les commissions traceront trois lignes : la première, celle qu'il faudrait prendre si l'ennemi était maître de la Suisse ;

La seconde, dix à quinze lieues en arrière ;

La troisième, à deux marches en arrière de la deuxième.

Ils dessineront toutes les positions militaires qu'ils croiront pouvoir être occupées.

Ils désigneront et visiteront les petites villes, bourgs, fermes, châteaux, susceptibles de mettre les habitants à l'abri du pillage des hussards ou de servir à appuyer les avant-postes ; ils tiendront note des opérations qu'il y aurait à faire.

Art. 5. — Ces commissions seront de retour à Paris le 10 ventôse pour rendre compte de leur travail.

Art. 6. — Il sera mis chaque décade une somme de 30 000 francs à la disposition du Ministre de la guerre, pour être exclusivement destinée aux travaux ordonnés par l'article 1er.

BONAPARTE.

Masséna avait reçu, dès les premiers jours de février, l'invitation du Premier Consul de prendre l'offensive ; il n'avait, en revanche, rien touché des secours qui lui étaient promis. Ne connaissant pas encore, par lui-même, la situation de la droite de l'armée, il se préparait à gagner Gênes avant de répondre d'une façon définitive au Premier Consul.

Masséna, général en chef, au général Berthier, ministre de la guerre.

Armée d'Italie.

14 pluviôse an VIII
(3 février 1800).

J'ai l'honneur de vous accuser réception, Citoyen Ministre, de vos lettres du 3 de ce mois, où vous me transmettez les intentions du Premier Consul de la République relativement à un mouvement immédiat et rapide à exécuter contre le corps ennemi qui occupe la Rivière du Levant.

Ce mouvement me paraît difficile, pour ne pas dire impossible dans les circonstances.

Vous ne devez pas avoir perdu de vue l'état déplorable dans lequel se trouve cette armée sous tous les rapports, puisque ma correspondance jusqu'à ce jour n'a cessé de vous en instruire.

L'armée n'a du pain que pour très peu de jours, et ce pain provient du convoi que j'ai fait partir moi-même de Marseille.

Je n'ai point encore de nouvelles de la compagnie Antonini ; elle n'a point repris le service ; rien n'est donc assuré ni organisé.

Je n'ai aucun moyen de transport, ni pour les vivres ni pour les munitions de guerre ; les munitions même sont sur le point de nous manquer. L'artillerie est aussi sans moyens de transport.

Je n'ai point de cavalerie ; en eussé-je? il n'y a pas un brin de fourrage.

L'armée est encore nue et sans souliers.

Excepté l'agent du service de la viande, je n'ai encore entendu parler d'aucun autre.

Dans cet abandon absolu, je donne tous mes soins à retenir l'armée dans ses positions et je me retourne en tous sens pour lui accorder quelques secours.

D'ici à quelque temps, il me paraît bien difficile de pouvoir s'occuper d'autre chose que de son organisation et de celle de l'administration.

Telles sont les réflexions que je devais vous faire ; du reste, je pars demain pour Gênes ; je chercherai à tirer de cette ville le plus de ressources possible ; je désire qu'elles me mettent à même d'exécuter le mouvement que demande le Premier Consul ; il aura lieu si j'en trouve la possibilité.

MASSÉNA.

Il écrivait par le même courrier confidentiellement à Berthier [1].

1. Les plaintes, toujours les mêmes, de Masséna, pourront paraître quelque peu fastidieuses. Les lettres qui constituent la fin de ce chapitre ne sont que la réédition toujours plus accentuée des mêmes détails. Nous en prévenons le lecteur.

Nous n'avons pas cru devoir en rien supprimer, car la fréquence même de ces plaintes est la meilleure justification de l'inaction de Masséna. Elles donnent une juste idée de ce qu'était la pénible situation du général en chef de l'armée d'Italie, et du danger que présente pour une armée cette côte si renommée cependant pour son beau ciel. Elles expliquent le sort de Championnet ; elles donnent la clef des premiers succès de Mélas en Ligurie ; elles montrent enfin, sous un jour vrai, ce que dut être l'énergie des chefs pour atteindre à des faits d'armes tels que la défense de Gênes, la défense de la Ligurie et celle du Var.

Masséna, général en chef, au général Berthier, ministre de la guerre.

Armée d'Italie.

Nice, 14 pluviôse an VIII
(3 février 1800).

J'ai reçu, mon cher Berthier, votre lettre du 3, par laquelle vous me faites connaître les intentions du Premier Consul pour un mouvement à faire sous la Rivière du Levant.

Depuis mon arrivée à l'armée, je vous ai tenu au courant de ses besoins; la compagnie Antonini, qui devait commencer son service au premier pluviôse, n'a encore envoyé à Marseille que deux de ses agents sans crédits et sans argent; nous n'avons que pour 10 à 15 jours de vivres tout au plus.

Une escadre russe, qui croise sur nos parages, retarde encore (malgré notre flotille) l'arrivage de quelques quintaux de grains qu'on nous annonce de Marseille. Notre position, mon cher Ministre, est affreuse; pas un seul mulet, pas un seul cheval de transport, pas un brin de foin; voilà notre position. Je pars demain pour Gênes; assurez le Premier Consul que je ferai l'impossible pour avoir de cette ville quelques secours pour remplir ses intentions.

J'ai fait remplacer par des généraux de brigade les généraux de division Lemoine et Victor; je n'ai pas dû leur conserver leurs divisions; l'un et l'autre n'auraient pu faire le bien à l'armée.

Je manque absolument de généraux de division ; je vous prie de donner l'ordre aux généraux Ménard et Loison, qui se trouvent à Paris, d'arriver à Nice le plus tôt possible ; je vous prie encore de m'envoyer le général Mortier, qui est employé à l'armée du Rhin.

Vous ne pouvez vous faire une juste idée, mon cher Berthier, de la désorganisation de l'armée, elle est à son comble, j'ai été obligé de refondre toutes les divisions, j'espère que par mes soins elle sera beaucoup mieux dans une vingtaine de jours ; mais j'ai besoin de vous, j'ai besoin de puissants secours en tout genre. Je compte sur votre amitié et sur vos promesses. Je vous embrasse.

MASSÉNA.

Le 5 février, le Premier Consul annonçait l'envoi de quelques ressources en argent. Il donnait en même temps les dernières nouvelles de la Vendée, dont la pacification devait mettre à sa disposition des troupes disciplinées et aguerries.

Le Premier Consul au général Masséna, commandant en chef l'armée d'Italie.

Paris, 16 pluviôse an VIII
(5 février 1800).

J'ai vu avec beaucoup de plaisir, Citoyen Général, la fermeté que vous mettez pour rétablir l'ordre dans votre armée.

On attend à chaque instant 1 500 000 francs de

4

lettres de change sur Gênes et Marseille, tirées de Hollande, que l'on vous fera parvenir.

Indépendamment des 500 000 francs que l'on vous a envoyés par un commissaire ordonnateur, on vous a fait passer 500 000 francs la décade dernière, et 500 000 francs cette décade.

La Vendée est aux trois quarts pacifiée ; Brune a battu Georges et ses bandes du Morbihan. Tout me fait espérer que, d'ici à quinze jours, cette guerre sera finie.

Je compte da s ce moment-ci que vous êtes à Gênes. L'adjudant général Lacroix doit vous avoir joint et fait part de mon projet [1].

Je désirerais que vous profitassiez du moment où les neiges encombrent encore les débouchés de l'Appennin pour concentrer des forces à Gênes et faire un coup de main sur l'ennemi, soit qu'il se présentât devant Gavi ou dans la Rivière du Ponant.

Je vous salue et attends de vos nouvelles.

BONAPARTE.

A la même heure, 5 février, Masséna représentait l'armée comme à bout de ressources, et réclamait avec instance des secours en tous genres, hommes, matériel et argent.

---

1. Fait-il simplement allusion aux lignes qui suivent, au projet de mouvement sur la droite de Masséna, ou s'agit-il du passage des Alpes ?

Masséna, général en chef, au Premier Consul.

Armée d'Italie.

16 pluviôse an VIII
(5 février 1800).

Citoyen Consul,

J'ai trois de mes courriers restés sans réponse ; je vous entretenais cependant de la nécessité de créer des moyens pour sauver l'armée et de la pénurie qui la tue et de l'insubordination qui en résulte.

La dernière insurrection des bataillons de la 5e légère et 74e de bataille venait à peine d'être réprimée à la droite de l'armée, que sur ses derrières il en a éclaté une nouvelle, dans le second bataillon de la 25e légère.

Il avait reçu l'ordre de partir hier matin de Saint-Paul du Var pour les divisions actives de l'armée ; il s'y est refusé. Les mesures sévères que j'ai prises l'ont déterminé à partir dans la soirée du même jour.

Ces insurrections tiennent à beaucoup de causes, je vous les ai fait connaître.

La première, qui est le prétexte des autres, est le manque de tous les objets de première nécessité et de solde.

Au reste, il m'est démontré que la désorganisation de cette armée est préparée de longue main ; sa réorganisation tient d'abord à celle de tous les services et ensuite à un choix d'excellents collaborateurs; j'en manque, vous savez les causes qui m'ont forcé à ôter leurs divisions aux généraux Victor et Lemoine.

Si l'armée vit, ce n'est que par le blé que j'ai fait partir de Marseille sous le cautionnement des maisons Costa et Olivari.

J'attends celui que sur ma demande le commerce de cette ville doit expédier sur Nice.

La compagnie Antonini n'a rien fait, absolument rien. Elle n'a pas encore paru à l'armée. Que fera-t-elle par la suite? Je ne serai plus à Marseille, l'armée manquera de pain.

L'armée est absolument nue et déchaussée.

Les hôpitaux sont abandonnés, les faibles secours que le Ministre accorde ne sont rien.

La solde est arriérée de six à sept mois.

Nous n'avons pas un brin de fourrages, ni approvisionnements d'aucune espèce.

Pas un moyen de transport.

Nos malheureux soldats, minés par tous les besoins, ont le désespoir dans le cœur et la mort sur les lèvres [1]; les chemins sont semés de leurs cadavres, ceux qui y échappent tendent la main pour implorer la charité des passants.

Enfin, tous les cadres de l'armée sont épuisés; il lui faut au moins *de quinze à vingt mille* hommes de troupes fraîches.

---

[1]. Une compagnie s'empoisonna en faisant la soupe avec des herbes qui se trouvèrent être de la ciguë.

*Dans un mois, cette armée est perdue, si on ne lui pro-
digue tous les secours que sa funeste position exige.*

Oui, Citoyen Consul, dans un mois cette armée
est perdue : pénétrez-vous bien de cette vérité,
qu'elle est parvenue à un degré d'épuisement et
d'inanition que l'imagination ne peut concevoir.

Je pars cette nuit pour Gênes ; je ferai tout pour
que l'expédition que vous désirez ait lieu, mais je
ne puis me le promettre. C'est dans cette ville que
je puis encore me procurer personnellement quelques moyens, mais pendant que je travaillerai là,
que ne dois-je pas craindre pour les points de l'armée desquels je me trouverai éloigné. Le pain, tous
les services (à la viande près) manqueront, j'en ai
le fatal pressentiment ; de là des révoltes, des insurrections, des désertions, enfin la perte de l'armée.

J'ai fait et je ferai encore tout ce que l'on peut
attendre de moi ; mais si je ne suis puissamment
secondé, je renoncerai sur-le-champ *à un commandement que je n'ai pris que pour vous prouver mon attachement à mon pays, et mon dévouement pour vous.*

Vous ne connaissez pas toute la vérité sur l'armée d'Italie, Citoyen Consul, je ne la connaissais
pas moi-même, je ne me serais jamais chargé d'un
fardeau qui excède les forces d'un homme quelqu'il
puisse être, s'il est abandonné à lui seul.

MASSÉNA.

La lettre du commissaire ordonnateur en chef Aubernon donne quelques détails sur les opérations de la com-

4.

pagnie Antonini, dont l'insuffisante organisation mettait l'armée en péril.

Aubernon, commissaire ordonnateur en chef au Ministre de la guerre.

Armée d'Italie.

16 pluviôse an VIII
(5 février 1800).

Citoyen Ministre,

J'ai eu l'honneur déjà de vous rendre compte des retards que l'exécution du marché Antonini éprouvait. Confiant peut-être dans les nouvelles dispositions que vous avez ordonnées, vous espérés que le service de l'armée est établi, je dois vóus faire connaître à cet égard les termes où nous sommes.

Permettés-moi d'entrer dans quelques détails et de vous présenter quel a été jusqu'à ce jour le résultat des opérations de la compagnie Antonini. Vous connaîtrés par là ma vrai position ; vous apprécierés le degré de confiance qu'on peut avoir dans ces entrepreneurs et vous serés plus en état de déterminer les mesures qui sont à prendre.

Antonini arriva à Marseille du 4 au 5 nivôse, il y trouva le commissaire Aman, que j'y avais envoyé en frimaire pour accélérer l'arrivée du secours.

Leurs premières conférences n'offrirent aucun résultat : de vives instances d'une part, des réponses dilatoires de l'autre.

Le 7, le commissaire Aman, exigea une réponse

officielle et précise ; on sut alors qu'Antonini n'avait porté avec lui que quatre cent mille francs de lettres de change dont 300 mille sur Bacry (?) et cent mille sur Gênes ; que les premières n'étant pas accréditées, ne peuvent se négocier, que les autres n'ont pas inspiré la confiance qu'elles ont inspiré d'abord puisqu'elles sont revenues à protest ; et que ces détails connus des négociants de la place avaient étouffé dans sa naissance le crédit dont il était si nécessaire que cette compagnie s'entourât.

Le général en chef Masséna arriva bientôt après : on lui rendit compte des difficultés qui se présentaient, sa présence détermina quelques efforts de la part d'Antonini ; il réclama d'ailleurs l'intervention du commerce de Marseille et il fut arrêté qu'Antonini achèterait sur le crédit de quelques négociants jusqu'à la concurrence de 25 mille quintaux de blés, et que d'un autre côté le commerce de Marseille fournirait un emprunt remboursable par la compagnie de 305 mille quintaux livrables moitié au 5 pluviôse et moitié au 20.

Ces mesures dues à l'intervention du général en chef n'ont reçu jusqu'à ce jour qu'une exécution partielle.

D'envoi d'Antonini, il n'est arrivé encore que 4 593 charges et 72 quintaux de blé faisant 115 mille quintaux environ, suivant l'état joint à ma lettre. On m'assure que 3 174 charges ont été embarquées sur divers navires sortis du port de Marseille depuis le

1er du courant, mais que les vents contraires ont sans doute retenus sur la côte.

L'emprunt du commerce n'a encore rien produit effectivement. On m'annonce cependant que 10 500 quintaux sont réalisés et prêts à être embarqués et qu'on a l'espoir de compléter la quantité.

Le citoyen Dony est arrivé à Marseille dans les premiers jours de pluviôse. La compagnie lui avait ouvert un crédit sur Antonini, elle lui avait assuré qu'il y trouverait tous les fonds nécessaires pour les dépenses de régie. Mais ce crédit est devenu bien illusoire, puisque celui-ci n'avait lui-même ni moyens ni crédit. Aussi les opérations que Dony a faites à son passage à Lyon pour les fourrages de l'armée et les grains de la gauche resteront peut-être sans résultat parce qu'elles n'avaient d'autres fondements que des traites tirées sur Antonini. Aussi Dony à son arrivée à Marseille s'est trouvé tout à coup enchaîné et réduit à la plus complète inaction quand il a voulu assurer le service de la 8e division et de là se rendre à l'armée.

Tel est, Citoyen Ministre, l'état actuel des choses. Je sais que Dony a envoyé courrier sur courrier à sa compagnie pour réclamer des secours réels. On me fait espérer que sous peu il en recevra. Mais je ne puis encore compter sur rien de positif, et s'il faut juger de l'avenir par le passé, je vois le service de l'armée livré à l'état le plus déplorable.

AUBERNON.

Arrivé à Gênes, Masséna ne put que constater une fois de plus l'impossibilité matérielle de prendre l'offensive avant le premier ventôse, comme le demandait le Premier Consul. A Gênes même, la population murmurait en présence de la situation qui lui était faite ; elle était à la demiration, comme une place assiégée. Tout au plus si l'on pouvait espérer conserver la Ligurie.

L'ordre du jour du 26 pluviôse remaniait l'organisation de l'armée d'Italie [1]. Le général en chef, dans sa lettre du 28 pluviôse, donne quelques détails sur l'effectif de cette armée.

ÉTAT-MAJOR   **LIBERTÉ**   ÉGALITÉ
GÉNÉRAL   ARMÉE D'ITALIE

Au quartier-général à Gênes, le vingt-six pluviose an huit de la République française une et indivisible (25 février 1800).

ORDRE DU JOUR

Nouvelle organisation de l'armée ordonnée par le général en chef.

Le général SOULT, lieutenant-général du général en chef, commandera à l'armée les trois divisions de droite en attendant la confirmation du gouvernement.

L'adjudant-général GAUTHRIN, chef d'état-major.

L'adjudant-général MATHIS est employé par le général SOULT.

Le commissaire des guerres VAST fait fonction d'ordonnateur.

Le chef de brigade NAVELET commande l'artillerie.

Le citoyen TUBLIER commande le génie.

---

1. Tous les officiers dont les noms figurent à l'ordre du jour du 26 pluviôse n'ont pas été présents à l'armée d'Italie pendant les évènements qui vont suivre. D'autres, qui n'y figurent pas, y ont en réalité assisté.

DIVISIONS	DÉSIGNATION DES CORPS	OBSERVATIONS
1ʳᵉ DIVISION Commandée par le général de division **Miollis**. *Génér. de brig.* | *Adj. génér.* **Darnaud.** | **Hector.** **Petitot.** *Officiers* du génie et de l'artillerie * * * * Commissaire des guerres, Renard	8ᵉ 1/2 Brigade d'infanterie légère. 24ᵉ 1/2 Brigade de ligne. 73ᵉ 1/2 id. 74ᵉ 1/2 id. 92ᵉ 1/2 id. 2ᵉ Compagnie du 1ᵉʳ régiment d'infanterie légère. 1ʳᵉ Compagnie de sapeurs.	
2ᵉ DIVISION Commandée par le général de division **Gazan**. *Génér. de brig.* | *Adj. génér.* **Poinsot.** | **Davoust.** **Spital.** | faisant fonction **Lapisse.** *Officiers* du génie et de l'artillerie * * * * Commissaire des guerres, Guyon.	50ᵉ 1/2 Brigade d'infanterie légère. 2ᵉ 1/2 Brigade de bataille. 3ᵉ 1/2 id. 55ᵉ 1/2 id. 78ᵉ 1/2 id. 41ᵉ 1/2 id. 106ᵉ 1/2 id. 4ᵉ Compagnie 1ᵉʳ régiment d'artillerie légère. 1ʳᵉ Compagnie de sapeurs.	
3ᵉ DIVISION Commandée par le général **Marbot**. *Génér. de brig.* | *Adj. génér.* **Gardanne.** | **Sacqueleu.** **Buget.** *Officiers* du génie et de l'artillerie * * * * Commissaire des guerres, Rouany.	3ᵉ 1/2 Brigade d'infanterie légère. 63ᵉ 1/2 Brigade de bataille. 93ᵉ 1/2 id. 97ᵉ 1/2 id. 1ʳᵉ Compagnie 1ᵉʳ régiment d'artillerie légère. 1ʳᵉ Compagnie de sapeurs.	

Le général OUDINOT remplace le général SUCHET dans les fonctions de chef de l'état-major général.

Le général de brigade FRANCESKI, sous-chef de l'état-major général.

Le général SUCHET est employé comme lieutenant du général en chef, et, en attendant la confirmation du gouvernement, il commandera les 4ᵉ et 5ᵉ divisions.

L'adjudant-général PRÉVAL, chef d'état-major.

Commandant d'artillerie.

Commandant du génie.

Commissaire faisant fonction d'ordonnateur, THIBAULT.

DIVISIONS	DÉSIGNATION DES CORPS	OBSERVATIONS
4ᵉ DIVISION Commandée par le général Loison. *Gén. de brig.* | *Adj. gén.* Solignac. Séras. | Blondeau. Jablouski. | Cortez. Commissaire des guerres, CHAPUY.	20ᵉ infanterie légère. 10ᵉ id. de bataille. 34ᵉ id. 87ᵉ id. 1ʳᵉ légion polonaise. 1ʳᵉ comp. 4ᵉ rég. d'art. légère. 1ʳᵉ compagnie de sapeurs.	
5ᵉ DIVISION Commandée par le général Pouget. *Gén. de brig.* | *Adj. gén.* Clauzel. Compans. Grandjean. | Cacault. Commissaire des guerres, BIGOTIÈRE.	7ᵉ infanterie légère. 11ᵉ id. de bataille. 62ᵉ id. 99ᵉ id. 2ᵉ comp. du 4ᵉ rég. d'art. légère. 1ʳᵉ compagnie de sapeurs.	

DIVISIONS	DÉSIGNATION DES CORPS	OBSERVATIONS
6e DIVISION Commandée par le général Richepanse. *Gén. de brig.* | *Adj. gén.* Lesuire. Brunet. | Stabenrat. *Officiers.* du génie et de l'artillerie. ✦ ✦ ✦ ✦ Commissaire des guerres, ALLARD-ROUX.	25e Infanterie légère. 30e id. de bataille. 68e id. 109e id. 5e Compagnie du 4e d'artillerie légère. 1re Compagnie de sapeurs.	
7e DIVISION Commandée par le général de division *Gén. de brig.* | *Adj. gén.* Fressinet | Prompt Octavi	16e légère. 17e id. 33e de bataille. 39e id. 41e id. 47e id. 18e id. 11e compagnie.	

Le général TURREAU, commandant.

L'adjudant-général LECAT, chef d'état-major.

BARDENET, général de brigade commandant l'artillerie.

Le chef de brigade DABON, commandant du génie.

VÉRIVILLE, commissaire ordonnateur.

DIVISIONS	DÉSIGNATION DES CORPS	OBSERVATIONS
8ᵉ DIVISION Commandée par le général *Gén. de brig.* *Adj. génér.* Kistre. Paulet. Liébaut. Raould. *Officiers* d'artillerie et du génie ••• Commissaire des guerres	28ᵉ légère. 26ᵉ de bataille. 80ᵉ id. 88ᵉ id. 107ᵉ id. 3ᵉ compagnie, 8ᵉ régiment d'artillerie légère. 1ʳᵉ compagnie de sapeurs. Artillerie à pied.	
9ᵉ DIVISION Commandée par le général *Gén. de brig.* | *Adj. gén.* Vallet. Flavigni. Bregnier. Davin.	15ᵉ infanterie légère. 12ᵉ id. de bataille. 21ᵉ id. 104ᵉ id. 5ᵃ compagnie du 8ᵉ régi- ment d'artillerie légère. 1ᵉ compagnie de sapeurs.	
1ʳᵉ DIVISION Commandée par le général Quesnel.	**CAVALERIE** 4ᵉ régiment de chasseurs. 7ᵉ id. 9ᵃ id. 6ᵉ de hussards.	
2ᵉ DIVISION Commandée par le général Beaumont. Dugommier, adj. général.	12ᵃ régiment de dragons. 13ᵉ de chasseurs. 14ᵃ id. 10ᵉ de hussards.	
3ᵉ DIVISION Commandée par le général	14ᵉ régiment de la cavalerie. 21ᵉ id, 3ᵉ de chasseurs. 1ᵉʳ de hussards.	

DIVISIONS	DÉSIGNATION DES CORPS	OBSERVATIONS
Corps de troupes détachées aux ordres du général MONNIER		
Lucotte, général de brig. **Girard**, chef d'état-major.	16ᵉ légère. 8ᵉ id. 1ʳᵉ légion romaine. Artillerie 50 hommes.	

Les 7ᵉ, 8ᵉ, 19ᵉ et 23ᵉ divisions militaires continuent de faire également partie de l'armée.

Le Général de division, chef d'état-major général.
Signé : SUCHET.

Pour copie.   *L'adjudant-général.*
ANDRIEUX [1].

Masséna, général en chef, au Premier Consul.

Armée d'Italie.

Gênes, le 28 pluviôse an VIII
(17 février 1800).

Mes premiers soins, à mon arrivée à l'armée, ont été de développer des mesures de sévérité pour arrêter le torrent de la désertion qui faisait des ravages inconcevables. Je vous ai instruit des mesures de rigueur que j'ai dû employer contre les troupes de la division Miolis, et du licenciement des deux bataillons qui en ont été la suite.

1. Qui fut chargé quelques mois plus tard d'entamer les négociations pour l'évacuation de Gênes.

Le ministre de la guerre a dû recevoir depuis, de mon chef d'état-major, les jugements portés contre les carabiniers et grenadiers des 5ᵉ légère et 24ᵉ de bataille. Ces chefs de complots ont été exécutés, et l'effet en sera salutaire ; deux grenadiers de la 2ᵉ demi-brigade ont été également fusillés pour fait d'insubordination. Un grenadier de la 106ᵉ a été fusillé à la tête de son corps pour avoir enlevé le drapeau et excité à la désertion.

J'ai lieu d'espérer, citoyen Consul, que ces différents exemples de sévérité ramèneront la discipline ; mais ce premier pas fait, il me reste à vous tracer l'état incomplet dans lequel se trouvent tous les cadres de l'armée d'Italie. La maladie et la désertion l'ont tellement réduite qu'il résulte du tableau que mon chef d'état-major fait passer au ministre de la guerre que 41 cadres et un bataillon (*bis*) donnant 103 bataillons ne présenteraient pas un total de 41 328 hommes, en m'en rapportant aux situations délivrées par les corps, qui, à la revue de rigueur ordonnée pour le 1ᵉʳ ventôse, éprouveront infailliblement une diminution sensible. En admettant même l'exactitude du total ci-dessus et en y joignant 5 584 hommes, force de 9 bataillons que je puis retirer dans un mois des 7ᵉ, 8ᵉ et 19ᵉ divisions militaires, dont ils font la plus grande force, y compris la garnison d'Ancône forte de 1 100 hommes, dont je sollicite l'échange, je ne pourrai pas obtenir un total de plus de 46 012 hommes d'infanterie, officiers, sous-officiers et soldats.

Vous vous convaincrez facilement, Citoyen Consul, combien il est difficile de répondre à vos espérances avec des forces aussi inférieures.

J'avais d'abord compté sur le recrutement des bataillons auxiliaires, et j'en avais assigné l'incorporation dans les cadres les plus faibles. Je ne portais qu'à 10 000 et quelques cents le recrutement assigné à 23 demi-brigades ; mais je me trouve bien déçu de mes espérances, aujourd'hui que j'acquiers la preuve que les 22 bataillons auxiliaires assignés à l'armée d'Italie ne donneront pas 1 000 combattants; et pour exemple, je vous citerai le 1er bataillon du Var, annoncé fort de 1 100 hommes, que j'ai vu arriver à Nice, fort de 49 hommes, chefs et officiers compris.

Celui du Puy-de-Dôme, annoncé de 1 200, est arrivé le 17, à 64 hommes tout compris.

Ceux du Tarn et de l'Aveyron arrivés à Nice le 20, forts, l'un de 32, l'autre de 50 hommes, après avoir été annoncés chacun de 1 400 hommes.

Enfin celui de la Lozère, parti le 1er frimaire fort de 1,500 hommes, est arrivé à Nice le 22, composé de 10 officiers, 9 sous-officiers, 1 tambour et 2 fusiliers, en tout 22 hommes.

L'artillerie à pied a le même besoin de recrutement; elle a fait des pertes considérables dans les places d'Italie.

Les 12 compagnies d'artillerie légère ont besoin de 10 à 12 hommes par compagnie, pour être complétées, et manquent en partie de chevaux.

Le génie réclame également des hommes pour compléter les compagnies de sapeurs.

Enfin la cavalerie ne se ressent que peu des secours promis.

Le général Beaurevoir me marque, en date du 6 pluviôse, qu'il n'a encore reçu que 19 chevaux provenant de Lyon, sur la levée des 4 000 chevaux, et il me marque encore que toutes les nouvelles qui lui sont parvenues des détachements chargés d'amener des chevaux de Lyon prouvent que leur arrivée essuyera beaucoup de retards et de grands inconvénients.

D'après ces détails, Citoyen Consul, vous sentirez la nécessité de m'envoyer, le plus promptement possible, 8 ou 10 demi-brigades nombreuses qui puissent mettre dans le cas de renvoyer un pareil nombre de cadres mécontens. *Pour soustraire les corps que vous m'enverrez à l'influence du mauvais esprit qui règne dans les départements méridionaux, il serait, je pense, plus prudent de les faire arriver par les Alpes.*

MASSÉNA.

Cette dernière phrase montre à elle seule combien, au point de vue du succès définitif, Bonaparte eut raison de ne pas exposer de nouvelles troupes au contact d'une armée indisciplinée. Masséna lui-même en voyait le danger, et invitait inconsciemment le Premier Consul à prendre une autre route que la Ligurie.

Masséna, général en chef, au Premier Consul.

Armée d'Italie.

Gênes, 27 pluviôse an VIII [1]
(16 février 1800).

Citoyen Consul,

Toujours des plaintes ; s'il est dur pour vous d'avoir à les entendre, il ne l'est pas moins pour moi d'avoir à les faire.

Plus je descends dans les détails de l'armée, et plus je me convains que la position est alarmante.

Les demi-brigades se fondent sensiblement et se réduisent presqu'à rien ; la maladie épidémique continue ses ravages, la perte de l'armée s'élève chaque jour à 400 hommes, et ces hommes ne sont pas remplacés.

Le moral de l'armée est profondément attaqué ; les conscrits sont entièrement abattus et les vieilles troupes sont elles-mêmes affaiblies.

Il faut de toute nécessité des corps entiers et frais, il faut que leur force se porte de 17 à 20 000 hommes, il faut enfin diriger des recrues pour remplir les cadres existants à l'armée.

Sans renfort, on ne peut se promettre d'agir offensivement ; on doit même désespérer de conserver la Ligurie.

Je ne sais d'ailleurs quand notre dénuement finira ;

1. Nous avons placé la lettre du 28 avant celle du 27 pour rapprocher la première de l'ordre du jour de reconstitution de l'armée.

la compagnie Antonini n'a rien fait pour assurer les services et on doit désespérer d'en rien tirer, l'armée vit encore des grains que j'ai fait expédier de Marseille, ainsi nous sommes sans approvisionnement et chaque jour le pain peut nous manquer.

Point de fourrages.

Comment avoir de la cavalerie et faire faire un seul mouvement à l'artillerie ?

Le temps s'écoule avec rapidité, Citoyen Consul, le moment d'ouvrir la campagne s'approche.....

MASSÉNA.

C'était presque une armée entière que demandait Masséna. Etait-ce en l'envoyant en Ligurie que l'on pouvait assurer son maximum d'effet ?

Masséna, général en chef, au général Berthier, ministre de la guerre.

Armée d'Italie.

Gênes, 4 ventôse an VIII
(23 février 1800.)

Je m'empresse, Citoyen Ministre, de vous accuser réception de votre lettre du 24 de ce mois et d'y répondre en détail.

Depuis mon arrivée à l'armée, la caisse militaire n'a reçu, pour faire face à la solde, qu'un million numéraire et 500 000 francs en lettres de change sur Gênes et sur Marseille, à des dates très reculées.

Sur cette somme, il a été payé un mois de solde aux officiers et deux décades aux soldats ; cette dépense a absorbé près d'un million, il ne nous reste donc pas de quoi payer un second mois ; vous voudrez bien cependant ne pas perdre de vue qu'il est dû un arriéré de six à sept mois, de là résulte la nécessité de faire sans délai de nouveaux fonds pour la solde.

La compagnie Antonini n'a encore assuré aucun de ses services, nous n'avons aucun approvisionnement ni en grain, ni en fourrages ; aucun moyen de transport.

La gauche et le centre de l'armée ne vivent que des grains que j'ai fait expédier de Marseille, la droite des magasins de Gênes.

Ceux-ci sont totalement épuisés ; l'armée est à la 1/2 ration, ainsi que moi ; le peuple ne reçoit que trois onces de pain pour 24 heures.

Aujourd'hui la distribution a manqué en grande partie ; il n'y a rien pour demain.

Je n'ai encore reçu aucun avis de l'arrivée du commissaire-ordonnateur Giroux porteur de 400 000 fr.

Dans la disette absolue où l'armée se trouve de fourrages, je viens d'écrire à l'ordonnateur en chef Aubernon (à Nice) de traiter pour ce service avec le citoyen Gayde qui se trouve déjà chargé de celui de la 19e division.

Il est inutile de régler le prix des fourrages pour la compagnie Antonini, puisqu'elle n'a rien fourni.

Je n'ai reçu jusqu'à présent aucune nouvelle du

général ****, au surplus cet officier est généralement reconnu pour un très mauvais inspecteur ;
je vous prie, Citoyen Ministre, de le faire remplacer
par le général Bourcier, actuellement employé à
l'armée du Rhin ; je sais que ce général se verrait
avec plaisir employé à l'armée d'Italie.

Le général Solignac [1] a remis dans la caisse du
payeur les sommes dont il était porteur, il en a
retiré son reçu ; l'ordonnateur a dû vous rendre
compte de leur emploi.

Je n'ai encore reçu avis d'aucun versement ni
d'aucune expédition sur les 60 000 paires de souliers
qui doivent être envoyées de Paris, non plus que sur
les habits que doivent livrer les citoyens Cavilliers.

D'après tous ces renseignements, vous voyez,
Citoyen Ministre, que vos intentions ne sont pas
remplies, que vous n'êtes pas secondé dans l'exécution des dispositions que vous faites.

L'armée n'a encore rien reçu des fournisseurs
que vous avez chargés des différents services ; je ne
sais trop où elle en serait, si je ne m'étais occupé
sans relâche de lui procurer de faibles secours en
tous genres ; enfin, ce qu'elle a reçu jusqu'à ce jour
en souliers ou effets d'habillement, c'est à mes soins
qu'elle le doit; si elle mange, c'est encore le grain
que j'ai fait expédier de Marseille.

MASSÉNA.

1. Il venait prendre le commandement d'une brigade de la
4e division faisant partie du corps du général Suchet.

5.

Masséna, général en chef, au Premier Consul.

Armée d'Italie.

Gênes, 4 ventôse an VIII
(23 février 1800).

Citoyen Consul,

Vous me demandez par votre lettre du 23 pluviôse de quels services la compagnie Antonini se trouve chargée.

Elle doit fournir les substances à toute l'armée en pain, légumes et liquides.

Elle doit faire le service manutentionnaire et organiser celui des transports.

Enfin, elle est chargée du service des fourrages.

Elle devrait prendre son service à compter du premier pluviôse.

Dans le mois de nivôse, elle devrait faire un versement provisoire de 30 000 quintaux de grains.

Cette compagnie n'a pas fait le versement des 30 000 quintaux ; elle n'a pas pris son service au 1er pluviôse ; aujourd'hui, 4 ventôse, il n'est point encore question d'elle dans l'armée.

Il n'y a pas un mulet ni un caisson pour le service des vivres.

Il n'y a pas un brin de fourrages dans toute l'armée.

Le centre et la gauche de l'armée ont vécu et vivent encore sur les grains que j'ai fait expédier de Marseille.

La droite tire sa subsistance de Gênes.

La Ligurie n'a plus d'approvisionnement d'aucune espèce ; tout est épuisé.

J'ai mis toutes les troupes à la demi-ration, moi-même j'en ai donné l'exemple ; l'habitant ne reçoit que 3 onces de pain pour 24 heures.

Aujourd'hui, la distribution de la demi-ration manquera presqu'en totalité, il y sera suppléé par de la viande.

Le peuple souffre, murmure, s'agite ; j'ai fait arriver à Gênes 2 000 hommes de renfort pour le contenir.

Cet état de choses alarmant est le résultat de l'abandon dans lequel la compagnie Antonini a laissé ses services.

Si les vents contraires règnent encore quelques jours, l'issue de cette crise ne se fait que trop appréhender.

J'apprends qu'un des membres de la compagnie Antonini, le citoyen Flachat, est arrivé à Marseille ; je sais bien comment j'en finirai avec lui, s'il ne s'exécute pas ; cette compagnie serait la seule cause d'un échec, si nous devions en essuyer un.

Absorbé par les détails et les soins d'une administration qui s'écroule de tous les côtés, vous concevez facilement, Citoyen Consul, *que le temps et les moyens de faire des opérations militaires me manquent.*

Il est temps cependant de remédier à tout ce désordre et d'avoir enfin des approvisionnements ;

autrement je ne pourrai avoir ni cavalerie, ni artillerie légère ; la saison s'avance, et il est à craindre
que l'ennemi commence ses opérations avant nous.

MASSÉNA.

Chaque jour ressortait plus clairement l'impossibilité de
prendre l'offensive et d'exécuter les instructions de Bonaparte, la nécessité pour celui-ci de prendre un parti énergique en dehors de l'armée d'Italie.

La difficulté des communications résultant de la distance
entre Gênes et Paris explique le désaccord, qui ne peut
manquer de frapper, entre les lettres écrites aux mêmes
dates à Nice et à Gênes par Masséna, ou à Paris par Bonaparte. Ce n'est que vers le milieu de février que celui-ci
put conclure que tout ce qu'il avait attendu de la seule
présence de Masséna à l'armée ne se réaliserait pas, et
qu'il devait agir en conséquence.

CHAPITRE IV

L'ARMÉE DE RÉSERVE

Les plaintes de Masséna, les renseignements navrants donnés sur sa situation, loin de porter le Premier Consul à renforcer l'effectif de l'armée d'Italie, l'engageaient de plus en plus dans une autre entreprise. Il estimait, avec raison, dès le 15 février, que tout ce qu'il enverrait en hommes en Ligurie serait à peu près perdu quant au but à atteindre : dégager la Haute Italie.

Aussi le mois écoulé du 26 pluviôse, date de sa dernière lettre à Masséna, jusqu'au 14 ventôse, date de la prochaine, semble-t-il changer la direction de ses idées. Bonaparte cherche ailleurs qu'à l'extrême midi la solution du problème.

Une note du 18 février nous indique de nouveaux projets. Il songe à utiliser la Suisse, occupée par nos troupes, pour la traverser dans toute sa longueur et paraître sur l'Adda par le Splugen, reproduisant en sens inverse, et en plus grand, le mouvement de Wurmser et de Quasdanowitch en 1796, arrêté à Salo, Lonato, Castiglione. Au lieu de tourner, comme eux, la seule Vénétie, c'était la moitié de l'Italie du nord qu'il rêvait alors d'englober dans un vaste coup de filet.

Note pour l'approvisionnement de la réserve.

Paris, 29 pluviôse an VIII
(18 février 1800).

L'on suppose la réserve arrivée à Zurich.

Il y a de là à Coire......... 30 lieues, ce qui fait 6 jours de marche.
De Coire au mont-Splugen. 10 lieues......... ci **2** jours ;
De Splugen à Morbegno..... 12 lieues......... ci **2** jours ;
De Morbegno à Bergame... 12 lieues........ ci 2 jours.

Total. . . .   64 lieues.   12 jours.

Il faudrait acquérir des renseignements sur cette route ; des voitures y peuvent-elles passer ?

Avoir le détail, lieue par lieue, avec les villages, leur population, mauvais passages, ponts, etc.

Il est difficile de se hasarder à placer des magasins à Coire ou au Splugen, parce qu'à la première marche rétrograde ils se trouveraient pris, et que d'ailleurs une opération de cette nature ne peut réussir qu'avec un extrême secret.

Il faudrait donc que l'armée partit de Zurich avec des vivres pour quinze jours. Il serait facile d'avoir un entrepôt de vivres qui serait conduit de Zurich jusqu'à l'extrémité du lac, par eau, ce qui diminuerait les transports de trois jours. Il ne s'agirait donc plus que de transporter des vivres pour douze jours.

Le soldat pourrait prendre, en partant de Zurich, pour quatre jours de vivres. Il n'en faudrait donc plus que pour huit jours.

Un mulet porte 200, c'est-à-dire qu'il faut 5 mulets pour nourrir 1 000 hommes pendant un jour, et, pendant huit jours, 40 mulets. En supposant 50 000 hommes, cela ferait 2 000 mulets.

Ainsi, en supposant 75 000 bouches, y compris d'ailleurs ce qu'il faudrait pour le transport de l'eau-de-vie, cela ferait 3 000 mulets.

Il est à remarquer que l'on suppose les choses au pire, parce qu'il serait facile, lorsqu'on devient dans le cas de faire ce mouvement, d'être maître de Coire et d'avoir fait faire une partie du voyage à une portion de ces mulets pour porter des vivres à Coire.

Peut-être serait-il possible d'avoir à Lucerne un dépôt de vivres, de les transporter par le lac à Altorf, et de là de faire faire un ou deux voyages au Splugen à un grand nombre de mulets.

Si les circonstances rendaient ces deux combinaisons possibles, alors la moitié des mulets suffirait.

Il faudrait donc avoir à Lucerne et à Zurich du biscuit pour les rations de quinze jours, moins quatre jours qui pourraient être donnés en pain, ce qui ferait onze jours. Il faudrait avoir au moins onze jours pour la retraite, qu'on ferait filer de Zurich à Lucerne au magasin de Splugen, dans le cas que l'armée serait pressée.

Ce seraient donc 1 650 000 rations de biscuit qu'il faudrait avoir en réserve à Lucerne et à Zurich.

BONAPARTE.

L'armée du Rhin s'organisait en même temps que l'armée de réserve.

Le Premier Consul au général Berthier, ministre de la guerre.

Paris, 10 ventôse an VIII
(1er mars 1800).

Je vous prie, Citoyen Ministre, de faire connaître par un courrier extraordinaire, au général Moreau, que mon intention est que son infanterie soit partagée en dix divisions, chacune de 10 000 hommes.

Le premier corps, composé de deux divisions. . . . . 20 000 hommes.

Le second, de trois divisions... 30 000 —

Le troisième, de deux divisions. 20 000 —

Le quatrième, de trois divisions. 30 000 —

Total..... 100 000 hommes.

Ce quatrième corps portera le nom de corps de réserve et sera commandé par le général Lecourbe. Il est en effet destiné à servir de corps de réserve aux trois autres corps, à garder la Suisse, et à combiner ses opérations avec ceux de l'armée d'Italie.

. . . .

. . . .

. . . .

Vous donnerez l'ordre qu'au 1er germinal il y ait à Genève 2 millions de cartouches et 5 000 cartouches à balles et à mitraille, des calibres de 48, et d'obusiers, dans la proportion suivante : moitié de 8, un quart de 4, un quart d'obusiers.

Vous enverrez le général Sauret commander à Genève. Vous donnez l'ordre aux généraux Berna-dotte, Macdonald, Chambarlhac, Launes, Broussier, Marescot et Saint-Remy de former leurs équipages pour entrer incessamment en campagne, ainsi qu'aux adjudants généraux Hulin, Herbin et, Nogués.

BONAPARTE.

Le Premier Consul au général Moreau, commandant en chef l'armée du Rhin.

Paris, 10 ventôse an VIII
(1er mars 1800).

Le ministre de la guerre vous aura instruit, Ci-toyen Général, de l'organisation que je souhaite que vous donniez à votre armée, pour qu'elle se trouve à même de remplir tous les objets que je désire ob-tenir de la campagne prochaine.

Votre chef d'état-major, ou le général Lecourbe, que le ministre de la guerre vous demande à Paris, vous reportera les idées précises de ce que je désire faire. Il n'est pas impossible, si les affaires conti-nuent à bien marcher ici, que je ne sois des vôtres pour quelques jours.

La Vendée continue à bien aller. Les Anglais font toujours, aux îles, des dispositions qui nous obligent de laisser une grande partie des forces de ce côté.

D'ailleurs, quoique la Vendée soit pacifiée, et que j'attende demain Georges, que le désarmement soit presque terminé, il ne m'est pas possible, cependant, d'ôter davantage que 12 ou 15 000 hommes.

Je prépare une bonne division de demi-brigades qui n'ont point fait la guerre l'année dernière et qui pourront donner un bon coup de collier.

Je désire que Lemarois aille dans les parties où n'a pas été Duroc, et spécialement au mont Saint-Gothard.

BONAPARTE.

Il comptait sur la pacification de l'Ouest pour lui donner le noyau principal de son armée de réserve et pour compléter l'armée du Rhin.

Le Premier Consul au général Brune, commandant en chef l'armée de l'Ouest. ¡

Paris, 11 ventôse an VIII
(2 mars 1800).

J'ai reçu, Citoyen Général, votre lettre du 7. Ni votre aide de camp, ni Georges ne sont encore arrivés. Vous avez 7 000 fusils ; j'espère qu'en cet instant vous aurez complété le nombre que je vous ai demandé.

Les Russes sont, au moment actuel, en Pologne. Il sera décidé dans quinze jours si la campagne s'ouvrira ou non ; et, en cas que nous devions la faire, j'ai de très vastes projets. Une armée de réserve que je vais former et dont je me réserverai le commandement, et dans laquelle vous serez employé, doit être composée des 40e, 58e, 6e légère, 60e, 22e demi-brigades. Ces cinq demi-brigades sont à votre armée. Si les événements le permettent, faites-les partir dans la décade prochaine, en en formant deux divisions. Fournissez à chaque division 6 pièces d'artillerie. A l'une vous attacherez le 22e de chasseurs, et à l'autre le 2e de chasseurs. Dirigez-les sur Dijon. Faites-les marcher par division, c'est le meilleur moyen pour qu'il n'y ait pas de désertion. Passez-en la revue et faites-moi connaître l'état de leurs besoins et leur nombre. Mettez leur solde à jour. Nantes doit pouvoir vous offrir quelques ressources en capotes, souliers, etc.

Faites commander les divisions ci-dessus par un très bon général de brigade et un bon adjudant général.

Je fais partir de la 17e ou 14e division militaire la 24e légère, la 43e et la 96e, ainsi qu'une douzaine d'escadrons. Cette division part également primidi pour former l'armée de réserve.

Envoyez au ministre de la guerre l'ordre de route que vous donnerez à vos divisions, afin de savoir où les prendre pour les diriger sur les points précis qu'elles devront occuper.

Faites-moi connaître si vous croyez qu'il y ait possibilité d'ôter d'autres troupes de l'Ouest ; et, dans ce cas, quels seront les corps les plus propres à faire la grande guerre.

Ce mouvement doit vous faire sentir combien il

est nécessaire d'activer, toutes les mesures. L'herbe va bientôt commencer à croitre, et l'heure de l'ouverture de la campagne va sonner.

. . . .
. . . .
. . . .

BONAPARTE.

Le Premier Consul au général Brune, commandant en chef l'armée de l'Ouest.

Paris, 14 ventôse an VIII
(5 mars 1800).

. . . .
. . . .
. . . .

Aurons-nous la paix? Aurons-nous la guerre? Cela est encore très problématique. Quoi qu'il en soit, l'Empereur [1] traite avec nous avec la plus grande gentillesse ; les formes sont en sa faveur autant qu'elles étaient contre notre ami Georges.

Il serait possible que, vers le 10 germinal, je me portasse au Rhin. Faites-moi connaître si, indépendamment des cinq demi-brigades que je vous ai demandées par mon dernier courrier, vous pouvez encore disposer d'une ou deux brigades des meilleures, et les diriger sur Dijon, sauf à les faire revenir dans trois mois. Il faut nous résoudre à

1. L'Empereur d'Autriche.

arpenter la France comme la vallée de l'Adige ; ce
n'est jamais que le rapport des décades aux jours.

BONAPARTE.

Désormais, malgré les promesses faites à Masséna, le
Premier Consul se borne à lui donner une part dans ce
qu'il distribue en argent et en vivres entre les trois armées.
Mais il réserve à un autre usage les conscrits et les volontaires nouvellement envoyés sous les drapeaux, ainsi que
les troupes disponibles de l'Ouest. Durant tout ce mois de
février, il semble avoir oublié l'armée d'Italie qui n'a plus
à jouer à ses yeux qu'un rôle secondaire. Il ne compte
plus sur elle que comme sur un corps accessoire, et, dans
ses lettres, il cherche à faire comprendre au général en
chef de l'armée d'Italie qu'il doit se tirer d'affaire seul sur
les Appennins, jusqu'au jour décisif où l'armée de réserve
viendra à son aide. Il ne lui demande plus de prendre l'offensive, mais il lui assigne un rôle plus modeste, et lui trace
la conduite à tenir avec les ressources dont il dispose. Tout
en admirant ces conseils, dont les événements démontrèrent
le haute sagesse, l'on ne peut s'empêcher de remarquer
qu'ils étaient difficiles à suivre dans l'état de dénûment où
se trouvaient nos troupes.

**Le Premier Consul au général Masséna, commandant en
chef l'armée d'Italie.**

Paris, 14 ventôse an VIII
(5 mars 1800).

J'ai reçu, Citoyen Général, vos lettres du 5 ventôse. Toutes les décades, l'on fait partir 800 000 fr.
pour votre armée ; cette décade il en partira 1 300 000.

Je réunis à Dijon une armée de réserve, dont je

me réserve le commandement directement. Je
vous enverrai d'ici à huit ou dix jours un de mes
aides de camp avec le plan de toutes les opérations
pour la campagne prochaine, où vous verrez que
votre rôle sera beau et ne dépassera pas les moyens
qui sont à votre disposition.

Cependant, si vous craigniez que l'ennemi n'ou-
vrît la campagne avant nous, je ne vois pas d'inconvénients que vous rappeliez 2 000 hommes des
6 000 qui sont aux Alpes. Les neiges couvrent le
Dauphiné, et d'ailleurs l'armée que je vais rassembler à Dijon sera toujours à même d'y accourir.

Si l'ennemi réunit des forces du côté de la Spezzia,
pour vous attaquer en même temps de ce côté-là,
par Novi et par Montenotte, ne laissez qu'un corps
très léger au col de Tende : pour deux mois, les
neiges le défendent suffisamment, et d'ailleurs l'ennemi ne peut rien entreprendre sur Nice.

A votre place, pendant ventôse et tout le mois de
germinal, j'aurais à Gênes les quatre cinquièmes de
mes forces. Ainsi, si la totalité se monte à 50 000
hommes, j'en aurais 40 000 dans les positions qui
ont pour appui Gênes ; 2 500 dans toutes les Alpes ;
1 500 dans Sospello et le col de Tende ; 2 500 pour
garnison d'Antibes, château de Nice, château de Vintimille, garnison de Savone ; 1 500 pour le Tanaro,
Ormea, et le reste sur les points de la circonférence,
à deux journées de Gênes. Dans cette situation, je
ne craindrais pas que l'ennemi m'enlevât Gênes.

Quant aux mois de floréal et de prairial, ce serait

une autre chose ; nous aurions pris l'initiative de la campagne, et les instructions que je vous enverrai dans dix jours vous traceront votre conduite.

Le fort de Savone doit être bien approvisionné, et tous vos dépôts doivent pouvoir se replier dedans.

L'armée du Rhin est magnifique ; elle a beaucoup gagné depuis votre départ ; elle a actuellement 120 000 combattants sous les armes, que l'on réunira sur le même champ de bataille. Ainsi, voyez, quand vous aurez 40 000 hommes à Gênes, nous, occupant le Saint-Gothard et le Saint-Bernard, si l'enne m peut tenter une expédition sur les Alpes.

Si l'ennemi fait la gaucherie de réunir 12 000 hommes dans la Rivière, entre la Spezzia et Gênes, tombez-lui dessus avec toutes vos forces et massacrez-le.

Enfin, je vous le répète, en votre place, je trouve votre position belle ; tirez-en parti. Ne vous effrayez pas si l'ennemi tend à se mettre sur vos derrières. Abandonnez de suite toutes les positions qu'il veut attaquer, pour vous trouver vous-mêmes avec toutes vos forces sur une de ses ailes.

La Vendée est parfaitement pacifiée.

Souwarow et les Russes sont déjà à quinze marches de Prague. Dieu merci, les voilà en Pologne.

Quels que soient les événements, mettez une bonne garnison dans Gavi, des approvisionnements , un brave homme ; recommandez-lui de ne pas se décourager ; car, dans tous les cas, nous le dégagerons, *fût-ce même par Trente.*

Dans les positions que nous occupons, on n'est jamais battu lorsqu'on veut fortement vaincre. Souvenez-vous de nos belles journées. Tombez sur l'ennemi avec toutes vos forces dès qu'il fera quelque mouvement.

Si vous avez bien battu ce qui se présentera par la Rivière du Levant, ce qui viendra ensuite par Montenotte sur Savone le sera également.

L'ennemi, à la manière autrichienne, fera trois attaques : par *le Levant, par Novi et par Montenotte.* Refusez-lui deux de ces attaques, et trouvez-vous avec toutes vos forces sur la troisième.

J'imagine que les forts de Vintimille et de San-Remo sont approvisionnés et armés de manière à pouvoir tenir contre de l'artillerie de campagne et des troupes légères. Au reste, je ne verrais pas de grands inconvénients à ce que vous fissiez sauter le fort de Vintimille.

BONAPARTE.

L'admiration qu'inspire cette clarté de vue, et la prévision si vite réalisée de ce qu'allaient faire les Autrichiens, ne doit pas faire oublier que l'armée était sans service d'approvisionnement régulier, que les places étaient à moitié démantelées, et que le pays était sans ressources. Pour que Masséna put concentrer ses forces à Gênes, il fallait y avoir de quoi les nourrir ; or, il n'existait ni magasins, ni approvisionnements d'aucune espèce ; le général en chef ne pouvait, avec ses seuls moyens, sans le secours du gouvernement, les organiser.

Les détails qui suivent montrent dans quel état étaient

les places que Bonaparte recommandait de mettre en état
de défense.

Soult, lieutenant général, au général en chef Masséna.

Armée d'Italie.

> Gênes, 2 ventôse an VIII
> (21 février 1800).

Vous ayant fait remettre, mon cher Général,
l'état des approvisionnements en tous genres qui
existent dans le fort de Gavi, je m'empresse de
vous rendre compte des observations que j'ai faites
en visitant cette place.

La situation du fort de Gavi est telle, que si l'ennemi nous forçait à l'abandonner à la garnison qui
y est pour le défendre, elle ne pourrait y faire
qu'une faible résistance, et, sous peu de jours, le
fort serait rendu.

Les objets de première nécessité y manquent;
plusieurs bouches à feu sont sans affûts, la plus
grande partie même de ceux qui y existent sont dans
un si mauvais état, qu'il serait impossible qu'ils pussent résister au feu que le fort serait dans le cas
de faire, s'il était attaqué. 37 obus et 20 bombes
sont le total des projectiles de ce genre; il n'y a ni
pompes à feu, ni seaux pour l'incendie, point de
bois de construction pour les réparations indispensables à faire, aucun cordage pour les manœuvres,
la pharmacie manque de médicaments pour le trai-
tement des malades, le chirurgien est sans caisse

6

d'amputation ; il n'y existe aucun effet de caserne-
ment, les fournitures sur lesquelles la troupe couche sont la plupart pourries, point de marmites,
gamelles, bidons, etc. Le gouvernement ligurien
négligeant d'y renouveler les subsistances, la garnison est obligée d'y consommer son reste d'approvisionnement et de manger le peu de viande
salée qu'il y a, abus d'autant plus grand que la
garnison, n'ayant que tous les 12 ou 15 jours une
demi livre de viande fraîche, éprouve beaucoup de
maladies ; le soldat n'est pas couvert et manque de
souliers, son armement seul est en bon état. Il
n'y a pas d'officiers du génie, et le commandant
de la place m'a paru trop faible et pas assez pénétré de l'importance de ses fonctions pour mériter
le commandement du fort. Je sollicite près de vous,
mon cher Général, de vouloir bien donner les ordres nécessaires pour qu'un approvisionnement
proportionné à la résistance que le fort de Gavi devrait faire en cas de siège, y soit promptement jeté,
et suivant l'état du besoin qu'il éprouve et que je
vous ai déjà soumis. Je crois nécessaire que le commandant du fort soit changé, et qu'il y soit mis un
officier du génie. Je vous prie, aussi, d'engager le
gouvernement ligurien à mettre une certaine somme
à la disposition de son commissaire à Gavi, pour
fournir aux frais de main d'œuvre nécessaires,
et surtout pour faire faire un chemin couvert pour
communiquer avec l'ouvrage avancé et détaché du
fort. Cette extension d'ouvrage est indispensable,

sans quoi cette partie détachée ne serait pas à l'abri d'un coup de main.

Soult.

La description faite par le général Soult pouvait s'appliquer à toutes les places de la frontière. En voici un autre exemple.

Un pareil état de chose était imputable, non au Consulat, mais au Directoire.

Charles-Joseph Caffe, chef de bataillon, commandant de la place, au Ministre de la guerre.

Armée d'Italie.

Place du Mont-Cenis, 12 germinal an VII
(2 avril 1800).

Ministre,

Je dois à la confiance que m'a honoré [1] le gouvernement, je dois à la sureté de la place que je commande, et aux besoins des braves soldats de vous faire, Citoyen Ministre, le rapport de la cruelle position de la troupe stationnée sur le mont Cenis, c'est-à-dire sur une frontière la plus épineuse comme la plus importante, et aux avant-postes les plus scabreux. Depuis longtems, j'ai fait entendre le cri de la misère du soldat ; mes rapports multipliés faits au général de brigade Kister, comman-

---

1. Nous rappelons que nous nous sommes fait une loi de reproduire nos documents sans en corriger l'orthographe ni la ponctuation, sauf les cas où la phrase eût été incompréhensible.

dant dans cette vallée, font foi de la misère des troupes, et de l'inutilité de mes réclamations. Ce général craignait sans doute le spectacle déchirant
qu'offre le dénuement absolu de cette place, et
n'ayant peut-être pas le moyen d'y remédier n'a
pas cru, depuis 4 mois, devoir sortir de Saint-Jean-
de-Maurienne, pour venir voir par lui-même la triste
vérité ; c'est de mon devoir de vous la dire toute
entière.

Les magasins de mont Cenis sont dépourvus de
tout ; aucun approvisionnement extraordinaire de
campagne, les distributions journalières de bois et
de pain sont sans cesse interrompues, point de cou-
vertures quelconques et ce n'est que d'après mes
vives sollicitudes que j'ai reçu, il y a trois jours,
6 quintaux de paille dont le soldat était privé depuis
2 mois et demi. Trente quintaux de biscuits environ,
60 pintes d'eau-de-vie et 4 cadres de bois, c'est
tout ce qui existe sur le mont Cenis. Voilà, en abrégé,
le tableau effrayant de notre position dans un
pays où tout manque, et où une saison rigoureuse,
un hivers de 9 mois, doublent tous les besoins. Ajoutez à cela une garnison de 160 hommes, y compris
45 canonniers, sur un point où les postes sont très
multipliés, et où la fonte des neiges va nécessiter
incessament d'en établir de nouveaux, en présence
d'un ennemi bien supérieur en force et très instruit
de la faiblesse de nos moyens. J'ai suppléé à cette
pénurie par toutes les ressources que dicte l'amour
de la patrie, de ses devoirs et du soldat, mais ces

moyens deviennent inutiles devant une troupe mal habillée, la plupart sans souliers, sans solde depuis 8 mois. Tous ces besoins urgents, Ministre, ne s'ajournent pas, et toute consolation morale est sans effet.

Témoin rapproché de pareils détails que j'ai l'honneur de vous faire part, j'ai promis que je ne vous le faisais pas en vain ; cette parole a contenu les meneurs ; mais vous savez mieux que moi, Citoyen Ministre, que l'approvisionnement en tout genre d'une armée et d'une place sont le thermomètre du courage et de la valeur en général du soldat.

Daignez donc prendre, Citoyen Ministre, en considération le rapport que je vous fait, j'aurais fait mon devoir. Il me reste à vous assurer, en finissant ma longue épitre, que malgré le peu de troupes que j'ai pour la sûreté du mont Cenis, je me défendrais jusqu'à mon dernier soupir.

Salut et respect,

CAFFE.

Cependant Masséna, sans concentrer ses forces autant que le désirait Bonaparte, avait déjà établi, dès le 14 ventôse, la majeure partie de ses troupes tant sur la ligne de Borghetto qu'à Gênes.

A l'heure même où le Premier Consul lui écrivait la lettre que nous venons de reproduire ci-dessus, il cherchait à réaliser, dans la mesure de ses forces, les instructions précédentes et se jetait sur le corps autrichien établi à Sestri di Levante, sur le golfe de Rappallo. Mais il ne donna à ce mouvement que les proportions d'une forte reconnaissance, et n'agit pas avec assez de monde sur un seul point pour obtenir de grands résultats et balayer la Rivière.

6.

Le général en chef Masséna au Ministre de la guerre.

Au quartier-général, à Gênes, le 17 ventôse
an VIII de la République française.

Citoyen Ministre,

Instruit que l'ennemi formait des magasins à Ses-
try du Levant, et que les insurgés de Fontana-
Buona augmentaient en audace et en nombre, je
résolus de punir les uns et de nourrir l'armée aux
dépens des autres.

Le 14 de ce mois fut choisi pour cette opération,
et les généraux Marbot et Gazan, commandant les
2ᵉ et 3ᵉ divisions de l'armée, furent chargés de la
faciliter en faisant une forte reconnaissance sur leur
front. Le premier partit, à cet effet, de Savone et
se porta jusqu'à Dego et Cosaria. Le deuxième alla
jusqu'aux portes de Novi, et partout l'ennemi ploya
devant eux.

La 1ʳᵉ division chargée de l'expédition marcha
sur deux colonnes ; celle de gauche châtia la vallée
de Fontana-Buona, tua beaucoup de monde aux insurgés, et leur brûla cinq villages. Celle de droite,
que le général Darmand commandait, et dont le général Soult suivit le mouvement, battit les Autrichiens, et après une perte considérable, leur fit évacuer Sestri, qu'ils occupaient avec trois bataillons,
un escadron de hussards et quatre pièces de canon.

Cette opération nous a valu cinq à six mille quintaux de bled, trouvés dans des bâtimens dont nos grenadiers se sont emparés.

Salut et fraternité,

MASSÉNA.

La situation resta à peu de chose près la même après ce mouvement.

Le général en chef Masséna au Premier Consul.

Armée d'Italie.

Gènes, le 10 mars 1800.

Citoyen Consul,

Le citoyen Flachat, membre de la compagnie Antonini, arrive ; ainsi je le tiens ; il fera son service ou sa responsabilité ne sera pas un vain mot.

Nous souffrons toujours, mais je vous ai assez fait connaître la position déplorable de l'armée, pour dérouler de nouveau ce tableau à vos yeux.

MASSÉNA.

Si le Premier Consul prodiguait à Masséna plus de bons conseils que de secours, il n'en préparait pas moins activement les moyens de faire réussir la campagne prochaine. Il se préoccupait d'agir sur l'esprit public.

**Le Premier Consul au général Berthier,
ministre de la guerre.**

Paris, 15 ventôse an VIII
(6 mars 1800).

Vous trouverez ci-joint, Citoyen Ministre, copie d'une proclamation qui paraîtra demain ou après.

Il est nécessaire que vous prépariez : 1° une proclamation ; 2° une instruction pour les préfets et commandants des places, sur la manière dont ils doivent diriger les conscrits sur Dijon ; 3° sur la manière dont doivent se former les compagnies de volontaires, surtout les compagnies à cheval.

En entrant dans ces détails vous y mettrez :

1° Qu'ils formeront des corps particuliers et qu'ils auront des officiers particuliers ; que, dans aucun cas, ils ne seront encadrés dans les autres corps ;

2° Que, lorsque le Premier Consul quittera l'armée, ils rentreront aussi en France ;

3° Que les extraits d'enrôlement dans un corps de volontaires, donnés par les conseils d'administration, seront les meilleures preuves de civisme qu'eux et leurs familles puissent fournir ;

4° L'état de ce que doit avoir un citoyen qui voudrait faire partie d'un escadron : cheval, habillement à la hussarde, sabre, porte-manteau, harnachement à la hussarde, etc.

Il sera donné à tous la subsistance, et la solde à ceux qui, par l'état de leur fortune, en auraient besoin.

Vous direz que pour ceux compris dans l'article 2, auxquels les préfets et généraux ne pourraient pas procurer d'habillement et équipement dans le pays, il leur en sera fourni à Dijon.

Vous arrêterez, pour les hussards, un uniforme qui soit très beau.

BONAPARTE.

Dans les endroits où les sous-préfets ne seraient pas encore nommés, les citoyens qui voudront s'inscrire le feront aux administrations militaires. Vous engagerez les généraux à seconder autant que possible l'inscription de ces citoyens. Je vous pris de tenir la proclamation secrète.

Tous les soldats qui auraient déserté à l'intérieur par une raison de mécontentement quelconque, et qui voudront prouver qu'ils ne l'ont pas fait par lâcheté, devront déclarer, dans les cinq jours de la publication, aux Préfets leur intention de rejoindre, et ils prendront leur route pour Dijon.

ARRÊTÉ.

Paris, 17 ventôse an VIII
(8 mars 1800).

Les Consuls de la République arrêtent :

Article 1er. — Il sera créé une armée de réserve forte de 60 000 hommes.

Art. 2. — Elle sera directement commandée par le Premier Consul.

Art. 3. — L'artillerie sera commandée par le

général Saint-Remy ; le parc, par le Chef de Brigade Gassendi ;

Le génie, par le premier inspecteur du génie, Marescot.

Art. 4. — L'ordonnateur Dubreton remplira les fonctions d'Ordonnateur en Chef.

Art. 5. — Les différens corps, et les conscrits qui doivent composer cette armée, se mettront sur-le-champ en marche pour Dijon ; ils seront cantonnés dans les villes, à vingt lieues à la ronde.

Art. 6. — Le ministre de la guerre est chargé de l'exécution du présent Arrêté. Il prendra toutes les mesures pour faire réunir à Dijon tous les objets nécessaires pour l'armement, l'habillement et l'équipement de l'armée de réserve.

BONAPARTE.

ARRÊTÉ.

Paris, 17 ventôse an VIII
(8 mars 1800).

Les Consuls arrêtent :

Article 1er. — Le département qui, à la fin de germinal, aura payé la plus forte partie de ses contributions, sera proclamé comme ayant bien mérité de la patrie.

Son nom sera donné à la principale place de Paris.

Art. 2. — Tous les anciens soldats qui auraient obtenu leur congé, tous ceux qui, même faisant partie des compagnies de vétérans, sont encore en état de faire la campagne, tous les jeunes gens de la réquisition et de la conscription, seront sommés, au nom de l'honneur, par une proclamation des Préfets et des Généraux commandant les divisions, de rejoindre leurs drapeaux avant le 15 germinal.

Ceux qui ne seraient attachés à aucun corps se rendront au quartier-général de l'armée de réserve, à Dijon, où ils seront armés et habillés.

Le Premier Consul les passera en revue dans le courant de germinal.

Art. 3. — Les citoyens français, autres que ceux nommés à l'article 2, qui, dans cette circonstance extraordinaire, voudront accompagner le Premier Consul et participer aux périls et à la gloire de la campagne prochaine, se feront inscrire chez les Préfets et Sous-Préfets.

Le ministre de la guerre donnera les ordres nécessaires pour qu'ils soient formés en bataillons volontaires. Ceux qui auraient le moyen de se procurer des chevaux seront formés en escadron volontaires. Ils seront définitivement organisés à Dijon, et les officiers seront nommés par le Premier Consul.

Art. 4. — Au 20 germinal prochain, les Préfets de chaque département enverront au ministre de l'intérieur l'état des jeunes gens qu'ils auront fait rejoindre et il en sera fait un rapport aux Consuls de la République, qui feront proclamer dans toute la République, et à la tête des armées, les six départe-

mens qui auront le plus fourni, comme les plus
sensibles à l'honneur et à la gloire de la patrie.

BONAPARTE.

Ces éléments, officiellement concentrés à Dijon, n'étaient
pas de nature à former une armée solide ; Bonaparte comptait plus sur eux pour rassurer l'ennemi sur ses intentions
que pour le combattre. Les divisions de l'armée de réserve
étaient, en réalité, prêtes sur divers points de la France [1].

**Le Premier Consul au général Moreau, commandant en
chef l'armée du Rhin.**

Paris, 21 ventôse an VIII
(12 mars 1800).

Le ministre de la guerre, Citoyen Général, vous
aura envoyé la proclamation et la création de l'armée de réserve. Elle ne sera pas sur le papier. Le
29, la première division part de Paris. Elle est com-

1. Voir *Correspondance de Napoléon Ier, t. XXX, OEuvres de
Napoléon Ier à Sainte-Hélène*, p. 437, et suivantes :
«... Le secret était le plus difficile à conserver ; comment tenir
caché aux nombreux espions de l'Angleterre et de l'Autriche le
mouvement de l'armée ? Le moyen que le Premier Consul jugea
le plus propre fut de le divulguer lui-même, d'y mettre une
telle ostentation qu'il devint un objet de raillerie pour l'ennemi........ On déclara donc par des messages au Corps légis-
latif, au Sénat, et par des décrets, par la publication dans les
journaux et par des insinuations de toute espèce, que le point
de réunion de l'armée de réserve était à Dijon ; que le Premier
Consul en passerait la revue, etc. »

posée des 24e, 59e, 96e et 43e, faisant 9.000 hommes, avec douze pièces d'artillerie et quatre régimens de hussards et de dragons, faisant 15 000 hommes.

A l'heure qu'il est, la 2e division, composée des 6e légère, 22e et 40e de ligne, et de six pièces de canon, doit être partie de Nantes.

La 3e division part également de Nantes dans la décade ; elle est composée des 19e légère, 58e et 60e de ligne et six pièces d'artillerie.

Toutes ces demi-brigades sont à 2 500 hommes, et seront, arrivées à Dijon, à 3 000.

Tout cela marche en colonne et ensemble. Aussi j'espère qu'avant le 15 germinal nous aurons près de 50 000 hommes à Dijon.

La 4e division se forme à Paris ; elle ne sera prête que dans la première décade de germinal.

J'imagine que Dessolle arrivera demain. Masséna a dû concentrer sur Gênes toutes les forces qui étaient sur les Alpes. Il a 40 000 hommes ; s'il joue bien, qu'il ne se fasse pas de craintes chimériques, il ne doit pas craindre 60 000 hommes ; et, pour que l'ennemi ait 60 000 hommes d'infanterie en bataille contre lui, il faut qu'il en ait au moins 90 000 dans son armée, tant pour tenir garnison dans ses places que pour le corps d'observation à Bellinzona et à Milan ; et 90 000 hommes d'infanterie supposent 120 000 hommes, en y joignant la cavalerie et l'artillerie. Ni l'une ni l'autre ne peut, vous le sentez, faire grand'chose dans la Rivière de Gênes.

Au reste, quand nous nous trouverions obligés d'éva-

7

cuer Gênes, ce n'est plus cela aujourd'hui qui décidera
la paix et donnera le succès de la campagne.

. . . .
. . . .

BONAPARTE.

On était arrivé en plein mois de mars, et le moment où
l'on pourrait entrer en campagne approchait. Bonaparte
ne cessait donc de recommander à Masséna une concentration qui lui semblait urgente, sentant tout le danger que
courrait l'armée d'Italie si elle était surprise dispersée au
pied des Alpes et des Appennins, qui forment un cercle
dont l'ennemi occupait le centre. Les Autrichiens pouvaient
facilement se porter sur l'un des débouchés que nous
avons indiqués plus haut, et couper l'armée d'Italie en deux
tronçons.

**Le Premier Consul au général Masséna, commandant en
chef l'armée d'Italie.**

Paris, 21 ventôse an VIII
(12 mars 1800).

Votre aide de camp Reille, Citoyen Général, m'a
remis votre lettre du 9 ventôse. Les nouvelles que
je reçois de Marseille m'annoncent qu'à l'heure
qu'il est plusieurs bâtiments chargés de blé sont
partis pour Gênes ; ainsi, j'espère bien que vous vous
trouverez un peu mieux approvisionné.

Vous aurez reçu, par un courrier extraordinaire,
ma lettre du 14 ventôse, par laquelle je vous faisais
connaître le parti que vous aviez à prendre, en con-
centrant autour de Gênes les forces du col de Tende

et des Alpes, afin de pouvoir prendre promptement votre parti et profiter des fautes que fera l'ennemi, en entreprenant de vous attaquer en même temps par les Rivières du Levant et du Ponant.

Tous les préparatifs se font ici avec la plus grande activité pour organiser à Dijon une armée de réserve et pour faire marcher les jeunes gens.

La campagne ne va pas tarder à s'ouvrir du côté du Rhin. Les coups que nous porterons attireront l'attention de nos ennemis. Mélas, que vous avez contre vous, n'est pas un homme très habile. Il n'a ni vos talents militaires, ni votre activité.

Les Russes, que vos troupes paraissaient estimer, sont aujourd'hui chez eux.

La création de l'armée de réserve vous met à même de retirer tout ce qu'il est possible de Lyon et des 7e et 8e divisions.

N'ayez point de ligne, mais tenez toutes vos troupes réunies et groupées autour de Gênes, en tenant vos dépôts dans Savone.

Voilà les vrais principes militaires; en agissant ainsi, vous battrez 50 000 hommes avec 30 000, et vous vous couvrirez d'une gloire immortelle. Le gouvernement et le public sauront apprécier les difficultés que vous aurez eu à vaincre.

Si vous étiez obligé d'évacuer Gênes absolument, appuyez-vous à Savone.

Reille partira sous quatre ou cinq jours et vous portera le plan de la campagne.

Des agents sont partis pour le Languedoc, afin

d'éviter l'exportation des blés. On en fait descendre beaucoup par le Rhône.

Je ne peux vous peindre mon indignation contre ces malheureux fournisseurs.

Toutes les décades, il part un million pour votre armée.

Je suis extrêmement peiné de la situation pénible où vous vous trouvez ; mais je compte sur votre zèle et vos talents.

BONAPARTE.

Masséna, général en chef, au Premier Consul.

Armée d'Italie.

Gênes, 24 ventôse an VIII
(15 mars 1800).

Citoyen Consul,

Je vous ai annoncé, par ma lettre du 19 de ce mois, la tardive arrivée de Flachat à Gênes ; il a repris tous les services dont le gouvernement ligurien était chargé ; ce gouvernement doit lui fournir cependant, sauf remplacement, 300 quintaux de blé, qu'il annonce être en route.

Telle a été notre position jusqu'à ce jour, que nous avons continuellement vécu au jour le jour, que souvent le soldat a été réduit à la demi-ration, et enfin que quelquefois le pain lui a totalement manqué.

Certes, sans l'abandon absolu où la compagnie Antonini avait laissé l'armée, je n'eusse pas hésité à confier ses services à d'autres entrepreneurs, si j'en eusse trouvé qui eussent eu assez de moyens.

Nous n'avons, au moment où je vous parle, d'approvisionnements ni en grains, ni en fourrages, je viens de donner les ordres les plus précis à l'ordonnateur en chef pour former des magasins considérables sur différents points de l'armée et notamment à Savone.

Flachat est ici pour exécuter ces dispositions ; si on doit l'en croire, toutes ses mesures sont prises, et sous peu de temps l'armée sera parfaitement approvisionnée, mais jusqu'à quel point peut-on se fier à cet homme ? Ce qu'il y avait de mieux à faire, était cependant de se servir de lui ; je ferai surveiller toutes ses opérations et l'emploi des fonds qui lui seront remis.

Votre lettre du 14 de ce mois me donne l'assurance que l'on expédie des fonds à l'armée, je n'ai qu'à vous prier d'en presser l'envoi et à vous rappeler que, *placée sur un territoire où l'on ne récolte rien, cette armée ne peut vivre qu'à force d'argent.*

Au surplus, je vais charger l'ordonnateur de me présenter un travail exact sur nos dépenses de chaque mois.

MASSÉNA.

Aubernon, commissaire-ordonnateur en chef, au général Soult.

Armée d'Italie.

Gênes, le 30 ventôse an VIII
(21 mars 1800).

J'espérais, Citoyen Général, avoir quelque chose de positif à vous annoncer en réponse à la partie de votre lettre d'hier relative aux subsistances de l'aile droite. Mais mon attente a été trompée ; lassé de n'obtenir que des promesses au lieu de résultats de la part du citoyen Flachat, entrepreneur général, j'ai déclaré au général en chef que nous ne pouvions plus compter sur ses dispositions. Son arrestation vient d'avoir lieu et, si cette juste sévérité ne détermine pas des efforts de sa part, il répondra sur sa tête des suites funestes de sa trop grande négligence.

. . . .

. . . .

AUBERNON.

CHAPITRE V

PLAN DE BONAPARTE

L'état de nos forces en Ligurie avait, dès la fin de janvier, décidé Bonaparte à préparer, plus au Nord, les éléments d'une armée à la fois indépendante de l'armée du Rhin et de l'armée d'Italie. Il cherchait la meilleure route à lui faire suivre pour dégager le Piémont et la Lombardie.

On ne pouvait concentrer des troupes à l'abri des Alpes qui garantissent, de ce côté, notre frontière, sans songer que, si l'on eût pu abaisser un moment leurs crêtes neigeuses, l'armée autrichienne prise au dépourvu, notre situation se fût trouvée rétablie d'un seul coup. Mais ce ne pouvait être là qu'un rêve, en une saison où les neiges amoncelées arrêtent toutes les communications , et l'obstacle à sa réalisation était de ceux que l'on ne mesure que pour les déclarer insurmontables. Aussi, derrière cette gigantesque muraille élevée par la nature entre deux nations, et qui leur devrait être un éternel gage de paix, chacun se croyait également à couvert. Un homme cependant se trouva pour réaliser l'impossible [1] : Bonaparte.

---

1. « L'art, le génie est d'accomplir en dépit des difficultés, et de trouver par là peu ou point d'impossible. » *Mémorial de Sainte-Hélène*, p. 683, t. Ier.

Il avait été bientôt frappé de l'avantage qu'il y aurait à déboucher en Italie, par la Suisse que nous occupons. N'était-il pas tentant d'éviter le long détour du Léman à Gênes, de se soustraire aux difficultés de ravitaillement sur un long parcours épuisé par plusieurs mois de guerre, de se garer de la contamination presque certaine de nos troupes fraîches par le contact d'une armée en dissolution? Si l'on pouvait franchir les Alpes, notre armée opérait dans des pays riches et ne rencontrait nulle part un ennemi préparé. Nous ressaisissions sans combat toute la Lombardie, tandis que, sans méfiance, l'armée autrichienne tournait toutes ses forces contre Masséna. Nous arrivions, à l'improviste, sans obstacles autres que ceux de la nature, dans ces plaines où, depuis un an, nos généraux cherchaient à ressaisir la victoire, et à terminer la lutte dont l'Italie était l'enjeu. San Giuliano, la Trebbia, Novi, Fossano y avaient trouvé l'ennemi préparé; quel résultat n'obtiendrait-on pas, si l'on pouvait l'y surprendre. Pour vaincre, il fallait trouver la route la moins prévue, fût-elle la plus audacieuse. En faisant un parallèle entre les difficultés morales et matérielles que rencontreraient ses plans, s'il voulait opérer derrière les Appennins, dans un pays sans ressources, en présence d'un ennemi puissant, renseigné sur nos mouvements, et la difficulté matérielle, énorme il est vrai, allant pour le vulgaire jusqu'à l'impossible, de passer les Alpes à leur point le plus élevé; Bonaparte en vint à se demander si cette dernière n'était pas plus facile à surmonter, que toutes celles qu'il rencontrerait en Ligurie.

Nous occupions, en effet, tous les débouchés depuis le Saint-Gothard jusqu'à l'Appennin. Mais il fallait y faire passer une armée nombreuse et pourvue d'artillerie, à une époque de l'année où les piétons s'y hasardent à peine. C'est là ce que le Premier Consul s'attacha à rendre possible!

Dès le milieu de février, le projet était à l'étude, et les aides de camp de Bonaparte parcouraient les Alpes. Au

1er mars, c'était chose décidée, et ses lettres rassuraient Masséna sur la situation qui lui était faite, en lui montrant nos troupes présentes à Gênes, au Saint-Gothard et au Saint-Bernard, formant un cercle autour de l'ennemi. Si, à cette date, le projet de passage n'était pas arrêté dans ses détails, tout au moins les mesures étaient-elles prises pour le rendre réalisable. Lemarrois complétait les reconnaissances de Duroc. Les arsenaux préparaient un matériel de montagne spécial, et des approvisionnements se concentraient dans les départements voisins des Alpes. Tandis qu'à Dijon se rassemblaient ostensiblement quelques bataillons peu faits pour inquiéter l'ennemi, les corps de la véritable armée de réserve devaient arriver tout formés des divers points de la France, et se concentrer en quelques jours sur les bords du Léman.

Bonaparte comptait, de là, leur faire traverser la Suisse et les faire passer en Italie en abordant les Alpes. Mais, pour enserrer les corps autrichiens dispersés dans la plaine du Pô, sans être obligé d'aller jusqu'à Coire et au Splugen, il devait aller, par le lac de Lucerne, gagner avec le gros de l'armée le Saint-Gothard ; tandis qu'un corps détaché de l'armée du Rhin passerait à sa gauche, au Splugen, et qu'une partie de l'armée de réserve prendrait la route du Simplon. Il fallait pour cela que Moreau eût entièrement dégagé la Suisse et éloigné l'armée impériale du lac de Constance.

Le 22 mars, le Premier Consul envoyait aux trois généraux en chef, Moreau, Berthier et Masséna, son plan de campagne dont il modifiait déjà un détail, se contentant de désigner le Saint-Gothard et le Simplon comme points de passage, au lieu du Splugen. Nous croyons devoir donner ici ces trois lettres, bien que celle qui fut adressée à Masséna, le 19 germinal, résume à elle seule l'ensemble des opérations projetées, et l'expose dans toute son ampleur.

7

Le Premier Consul au général Moreau, commandant en chef l'armée du Rhin.

Paris, 1er germinal an VIII
(22 mars 1800).

Les Consuls de la République ont arrêté, Citoyen Général, après avoir considéré la position de nos troupes en Suisse, sur le Rhin, en Italie, et la formation de l'armée de réserve à Dijon, le plan d'opération suivant :

1° Qu'il est nécessaire d'ouvrir la campagne au plus tard du 20 au 30 germinal ;

2° Que l'armée actuelle du Rhin sera partagée en corps d'armée et en corps de réserve. Le corps de réserve, aux ordres du général Lecourbe, sera composé du quart de l'infanterie et de l'artillerie de l'armée et du cinquième de la cavalerie ;

3° Du 20 au 30 germinal, vous passerez le Rhin avec votre corps d'armée, en profitant des avantages que vous offre l'occupation de la Suisse pour tourner la Forêt Noire et rendre nuls les préparatifs que l'ennemi pourrait avoir faits pour en disputer les gorges ;

4° Le corps de réserve sera spécialement chargé de garder la Suisse. Son avant-garde, forte de 5 à 6 000 hommes, occupera le Saint-Gothard. Elle aura six pièces de canon de 4 sur affûts-traîneaux. Vous ferez préparer de simples traîneaux, pour pouvoir traîner le reste de l'artillerie de votre corps de réserve.

Vous ferez réunir à Lucerne 100 000 boisseaux d'avoine, 500 000 rations de biscuit, un million de cartouches. Le premier objet de votre corps de réserve sera, pendant vos mouvements en Souabe, de protéger la Suisse contre les attaques que pourrait avoir faites l'ennemi pour l'envahir par Feldkirch, le Saint-Gothard et le Simplon.

Il est à la connaissance du gouvernement que l'ennemi a fait des approvisionnements considérables sur les lacs d'Italie ;

5° Le but de votre mouvement en Allemagne avec votre corps d'armée doit être de pousser l'ennemi en Bavière, de manière à lui intercepter la communication directe avec Milan par le lac de Constance et les Grisons ;

6° Dès l'instant que ce but sera rempli, et que l'on sera sûr qu'à tout événement la grande armée ennemie ne pourra, même en supposant qu'elle vous obligeât à vous reployer, reconquérir l'espace qu'elle aurait perdu qu'en dix ou douze jours de temps, l'intention des Consuls est de faire garder la Suisse par les dernières divisions de l'armée de réserve, composées de troupes moins aguerries que les corps qui composeront votre réserve, et de détacher votre réserve, avec l'élite de l'armée de réserve de Dijon, pour entrer en Italie par *le Saint-Gothard et le Simplon*, et opérer la jonction avec l'armée d'Italie dans les plaines de la Lombardie.

Cette dernière opération sera confiée au général en chef de l'armée de réserve rassemblée à Dijon, qui se concertera avec vous et dont les Consuls vont faire choix [1].

Par ordre du Premier Consul.

Le Premier Consul au général Berthier, commandant en chef l'armée de réserve.

Paris, 19 germinal an VIII
(9 avril 1800).

L'instruction que vous avez adressée, Citoyen Général, par ordre des Consuls, le 4 de ce mois, au général Moreau sur l'ouverture de la campagne, et dont je vous envoie copie, contient les bases du plan général des opérations qui doivent s'exécuter. L'instant approche où les colonnes de l'armée du Rhin vont s'ébranler, et c'est l'armée de réserve à vos ordres qui, entre celle du Rhin et celle d'Italie, doit établir entre elles le concert d'opération qui doit avoir lieu et former le centre de la grande ligne dont la droite est à Gênes et la gauche au Danube.

L'intention des Consuls est qu'avant d'aller à l'armée de réserve, vous vous rendiez au quartier général de l'armée du Rhin, pour vous concerter avec le général Moreau sur la série des opérations combinées, le plus parfait ensemble étant indispensable.

Vous avez trois objets à remplir : le premier est d'appuyer le mouvement que l'armée du Rhin doit faire en Souabe pour ouvrir la campagne, et lui

---

1. Officiellement, ce fut Berthier.

donner du secours au besoin ; le second est de pénétrer en Italie avec la majeure partie de l'armée de
réserve et la colonne du général Lecourbe, qui s'y
trouvera réunie sous votre commandement ; le troisième est de laisser en Suisse, lors de votre passage
par le mont *Saint-Gothard* et le *Simplon,* un corps de
troupes suffisant pour garantir la Suisse de toute
invasion du côté de Rheineck et Feldkirch. Ce corps
devra rester attaché à l'armée du Rhin, dès l'instant
de votre entrée en Italie.

C'est sur ces divers points que vous avez à vous
concerter avec le général Moreau ; et, comme il
est essentiel que le gouvernement sache avec précision ce dont vous serez convenus, l'intention des
Consuls est que vous m'adressiez la rédaction que
vous aurez faite, signée de l'un et de l'autre.

Lorsque les premières opérations seront faites,
je vous transmettrai les nouvelles instructions qui
me seront données par les Consuls.

Par ordre du Premier Consul.

**Le Premier Consul au général Masséna, commandant
en chef l'armée du Rhin**

Paris, 19 germinal an VIII
(9 avril 1800.)

Les Consuls de la République me chargent, Citoyen Général, de vous faire part des projets qu'ils
ont formés pour la campagne prochaine.

Les opérations de l'armée du Rhin commandée
par le général en chef Moreau, et de l'armée de

réserve aux ordres du général Berthier, qui se rassemble à Dijon, doivent se correspondre et s'exécuter avec beaucoup de concert et d'ensemble.

L'armée du Rhin entrera la première en campagne, ce qui aura lieu du 20 au 30 de ce mois ; elle sera partagée en deux corps ; l'un d'environ 100 000 hommes, sous les ordres immédiats du général Moreau, passera le Rhin, entrera en Souabe et s'avancera du côté de la Bavière, jusqu'à ce qu'il puisse intercepter, par sa position, la communication de l'Allemagne avec Milan par la route de Feldkirch, Coire et les bailliages italiens de la Suisse.

L'autre corps de l'armée du Rhin, formant son aile droite, sera d'environ 25 000 hommes, sous les ordres immédiats du général Lecourbe. Sa destination est d'occuper d'abord la Suisse pour assurer le flanc droit du corps qui doit entrer en Souabe, faciliter cette invasion et contenir les ennemis hors de la Suisse, en les empêchant de pénétrer par Rheineck, Feldkirch, le Saint-Gothard et le Simplon ; le premier objet rempli et le général Moreau étant parvenu à douze ou quinze marches de ces passages sur le Rhin, le général Lecourbe passera avec son corps sous les ordres du général Berthier, traversera le *Saint-Gothard* et entrera en Italie. En même temps, une partie de l'armée de réserve se portera dans le Valais et pénétrera aussi en Italie, soit par le *Simplon*, soit par le *Saint Gothard*, pendant que le reste de la même armée prendra, en Suisse, la place du corps conduit par le général Lecourbe.

C'est à cette époque précise, Citoyen Général, où les troupes dirigées par le général Berthier entreront en Italie, que vous devez combiner vos mouvements avec les siens, afin d'attirer sur vous l'attention de l'ennemi, l'obliger à diviser ses forces, et opérer votre jonction avec les corps qui auront pénétré en Italie. Jusqu'alors vous vous tiendrez sur la défensive. Les montagnes qui vous couvrent, rendant forcément inactives la cavalerie et l'artillerie de l'ennemi, vous assurent la supériorité dans ce système de guerre, c'est-à-dire la certitude de vous maintenir dans vos positions, ce qui, jusqu'alors, doit être votre véritable et seul objet.

L'offensive de votre part serait dangereuse avant cette époque, parce que, lors de votre entrée dans les plaines, elle remettrait en action des forces ennemies que la nature des pays de montagnes occupés par vous tient paralysées. *Il serait impossible de vous faire parvenir directement des secours suffisants pour vous donner une supériorité décidée. C'est par la Suisse que ces secours vous arriveront en prenant les derrières de l'ennemi.* Votre jonction faite, cette supériorité sera décidée ; alors l'offensive sera reprise, les places du Piémont et du Milanais seront enlevées ou bloquées, et l'armée française sortira par son propre courage de l'affreuse pénurie dont nous gémissons et à laquelle nous ne pouvons efficacement remédier.

Les colonnes qui pénétreront en Italie, soit par le Saint-Gothard et le Simplon, soit par un seul de ces deux points, si des circonstances particulières les déterminent à se réunir, seront probablement d'environ 65 000 hommes, résultant de la colonne du général Lecourbe, forte de 25 000 hommes, et de celle du général Berthier, forte de 40 000 hommes; sur quoi il se trouvera à peu près 6 000 hommes de cavalerie et 2 000 d'artillerie.

Pour déboucher en Italie, vous rassemblerez les forces que vous avez disponibles sur les derrières jusqu'au Var; vous tirerez de celles qui sont répandues depuis le Var jusqu'au Mont-Cenis tout ce que vous jugerez convenable et prudent pour vous renforcer, et ce qui restera du Mont-Cenis jusqu'au Valais pourra former un corps particulier, qui sera mis à la disposition du général Berthier pour faciliter son mouvement.

Si vous jugez pouvoir nourrir, pendant ce court intervalle, la cavalerie qui est sur le Rhône, vous la ferez venir pour déboucher plus en force avec ce que vous avez. Dans le cas contraire, vous m'en donnerez avis, pour que je la fasse réunir à Lyon et déboucher par la frontière voisine de ce fleuve.

Lorsque vos opérations seront avancées à ce point, je vous transmettrai les instructions ultérieures qui me seront données par les Consuls pour l'achèvement de la campagne.

Vous connaissez trop bien, Citoyen Général, l'importance du plus profond secret en pareilles circonstances, pour qu'il soit nécessaire de vous le recommander. Vous emploierez toutes les démons-

trations et apparences de mouvement que vous jugerez convenables pour tromper l'ennemi sur le
véritable but du plan de campagne, et lui persuader
que c'est par vous-même qu'il doit d'abord être attaqué. Ainsi, vous exagérerez vos forces, vous annoncerez des secours immenses et prochains venant
de l'intérieur; vous éloignerez enfin l'ennemi, autant qu'il sera possible, des vrais points d'attaques,
qui sont le *Saint-Gothard* et le *Simplon*.

Il me reste à vous prévenir que l'intention des
Consuls est qu'en opérant votre jonction avec le
général Berthier, vous vous portiez autant que possible sur votre gauche, et même en deça de Turin,
si vous le jugez nécessaire pour ne pas compromettre
le salut de l'armée.

Par ordre du Premier Consul.

Trois armées manœuvrant, de concert, dans trois pays
différents, séparés par de hautes chaînes de montagnes,
devaient agir en quelque sorte à heure fixe, les mouvements de l'une déterminant les mouvements de l'autre.
Chacune devait se lier à sa voisine, lui prêter avec désin-
téressement son appui, et régler sur elle sa marche. Le but
avoué était de dégager l'armée d'Italie; le but réel, autrement ambitieux, apparaîtrait aussitôt l'armée de réserve
arrivée dans les plaines du Pô.

Dans ce gigantesque mécanisme, réglé par le génie, le
plus remarquable n'est peut-être pas cette combinaison en
apparence si simple; mais bien d'avoir su laisser à chaque
pièce assez de jeu pour parer, comme nous le verrons, à
l'inattendu et permettre le succès.

DEUXIÈME PARTIE

DÉFENSE DE LA LIGURIE

CHAPITRE PREMIER

OUVERTURE DES HOSTILITÉS SUR L'APPENNIN

Cependant, en Ligurie, la campagne s'ouvrait à l'improviste, et les événements prenaient, dès la première heure, un
caractère de gravité qui obligeait Bonaparte à modifier ses
plans. Masséna avait fait son possible, à la fin de mars,
pour réaliser quelque chose des instructions reçues ; mais,
outre qu'il était trop tard pour laisser dégarnis les débouchés de l'Appennin, comme le conseillait le Premier Consul
en février, les vivres manquaient à Gênes pour y réunir toute
l'armée. Il avait néanmoins lancé la division Miollis sur
Sestri di Levante, à l'orient de Gênes, en couvrant ce mouvement par une reconnaissance vigoureuse, poussée sur le
versant nord de l'Appennin, par Suchet jusqu'à Ceva, et par
les généraux Marbot et Gazan sur Dego, Cossaria et Novi.

Mais une seule division n'avait pu agir avec assez d'é-
nergie pour nettoyer la base de l'Appennin. Les insurgés
de Fontana-Buona avaient été châtiés, et l'ennemi avait dû
évacuer Sestri ; quelques navires de grain avaient été saisis,

mais la situation au point de vue militaire était restée à peu de chose près la même. Les reconnaissances n'accusèrent pas au nord la présence de forces considérables ; les nouvelles d'Italie représentaient les corps autrichiens comme dispersés sur les deux rives du Pô et jusqu'en Vénétie. Bien que l'ouverture prochaine de la campagne fût prévue, l'on ne pouvait s'attendre à une action énergique immédiate, encore moins à la mise en mouvement d'une centaine de mille hommes.

Cependant, c'est là l'effectif que le général Mélas portait en avant, dès la fin de mars, en majeure partie sur les débouchés des Appennins, depuis ceux du Taro [1] jusqu'au col de Tende, massant surtout ses forces en face de la dépression de Cadibone.

Sa droite, sous les ordres des généraux Hadick, Kaim et, Wukassowitch, cherchait à remonter les vallées formées par les affluents du Pô, tandis que son extrême gauche, sous Ott et Klenau, agissait au levant.

Il trouvait l'armée d'Italie répandue sur la côte, cherchant tant bien que mal à vivre en tirant la majeure partie de ses ressources de Marseille, de Nice et de Gênes. L'épidémie continuait à la décimer, et elle n'était réellement en force nulle part. Son sort était facile à prédire, et les craintes formulées dans la note, remise en janvier, au ministre de la guerre, se réalisèrent point pour point. Mais ce que l'on ne pouvait prévoir, et ce qui étonna au plus haut degré les masses autrichiennes, c'est l'énergie, la résistance et l'élan de ces hommes que l'on représentait comme prêts à déserter. Ils allaient, sans vivres et parfois sans cartouches, lutter à coups de crosses ou à coups de pierres au besoin, contre trois fois leur nombre de troupes fraîches, et contre une armée régulièrement approvisionnée ; ils allaient lui tuer et lui prendre plus de monde qu'on ne leur en prit à eux-mêmes, et fixer l'attention de 120 000 hommes, pen

1. A l'orient de Gênes.

dant que, secrètement, Bonaparte débouchait en Italie.

Le 15 germinal an VIII (5 avril 1800), Masséna était attaqué au levant de Gênes, à Recco, tandis qu'à l'aile gauche de Suchet, les Autrichiens se présentaient à Ponte-di-Nava, dans la vallée du Tanaro, où commandait le général Jablonowski.

Le général Mélas avait surtout pour but d'attirer, par ces deux attaques, l'attention vers les extrémités, de façon à affaiblir le point sur lequel devait se porter son principal effort. Le 16 au matin, le col de Cadibone était en effet menacé par des forces imposantes.

Par suite de la difficulté de vivre, du petit nombre d'hommes dont on disposait, et à cause de la nature du pays, les corps d'armée de Suchet et de Soult, qui se donnaient la main à la hauteur de Savone, occupant l'un le mont Saint-Jacques, l'autre Cadibone, étaient insuffisamment liés sur les crêtes. Chacun tendait à se rattacher à son centre de ravitaillement : Suchet à la direction de Nice, Soult à celle de Gênes. Les accidents de terrain ne permettaient des communications sûres entre les deux corps, que par Vado et Savone, c'est-à-dire par la côte. De plus, les positions que peut occuper une armée chargée de défendre la Ligurie, fortes contre les attaques dirigées le long de la mer, sont plus difficiles à tenir contre celles qui viennent du Nord. Au Midi en effet, l'Appennin plonge presque à pic dans la Méditerranée, et chacun de ses contreforts est une barrière qu'il faut enlever. Au Nord, au contraire, les pentes sont beaucoup moins abruptes, et les affluents du Pô, longeant la direction principale du massif montagneux, permettent, en s'élevant insensiblement jusqu'aux plus hauts sommets, de tourner, l'une après l'autre, des positions en apparence imprenables.

Mélas, choisissant avec habileté le point le plus faible de la ligne, entre le centre et la droite de l'armée d'Italie, porta en avant 25 000 hommes d'Acqui sur Savone, par Altare et Cadibone, et sur Finale, par Malère et Saint-Jacques. Il agissait en même temps sur Montenotte et Sassello, et plus à sa gauche encore, sur la Bocchetta, pendant qu'à sa droite, le général Ulm remontait à Settepani par la vallée de la Bormida, pour tourner le mont Saint-Jacques.

Dans la journée du 16, l'ennemi, appuyant de tout son poids sur les débouchés de Savone, se fit jour.

Une seule division, faisant partie du corps du général Soult, était dispersée depuis Vado jusqu'à Cadibone, Altare et Montenotte. Elle supporta tout l'effort de la première attaque. Elle résista à Altare, à Torre, puis à Cadibone et Monte-Ajuto, mais dut bientôt se replier partout devant des forces supérieures. Le général Soult la rallia sur le Monte-Maro, au-dessus de Vado et de Savone. Mais, menacé d'être coupé par les troupes qui venaient d'enlever Montenotte à sa droite, il finit par abandonner Savone, et se retira le soir sur Albissola.

Le 17 germinal (7 avril), Suchet, menacé d'être enveloppé à la fois par Vado et par Settepani, fut obligé d'abandonner Saint-Jacques. Heureusement le général Jablonowski avait eu raison de l'attaque de Ponte-di-Nava, et avait rejeté les Autrichiens dans la vallée du Tanaro, ce qui permit à Suchet de limiter son mouvement de recul. Il ne se retirait, du reste, que pour se donner de l'air; prêt à fondre, avec sa poignée d'hommes, sur les positions que les Autrichiens s'empressaient de fortifier et de garnir de troupes.

Ce sont les lettres du lieutenant-général Suchet, commandant le centre de l'armée d'Italie, qui vont désormais nous tenir au courant des événements [1].

1. Nous avons eu, pour les premiers jours de lutte en Ligurie, surabondance de documents. Nous n'avons donné dans le texte que les trois lettres de Suchet. Elles empiètent l'une sur l'autre et se répètent, ce qui complique le récit. Nous avons cru cependant ne pas pouvoir les tronquer.

Nous donnons en note à la page 135 une lettre de l'adjudant-général Coussaud qui embrasse à elle seule les mêmes événements que les trois lettres de Suchet des 26 germinal, 1er et 12 floréal. Elles les expose avec moins de complications.

Le général Suchet, lieutenant du général en chef, au général Bonaparte, Premier Consul de la République.

Au quartier-général de Melogno, le 26 germinal an VIII
(16 avril 1800).

Mon Général,

Depuis dix jours, l'armée d'Italie est aux prises avec l'ennemi. Me trouvant détaché de l'armée du général en chef Masséna, et plus à portée de vous donner des nouvelles de l'armée, je crois devoir vous en rendre compte directement.

Le 16 germinal (6 avril), le général Mélas attaqua en personne les hauteurs de Savonne. Le lieutenant-général Soult, qui y commandait, soutint pendant toute la journée les attaques de l'ennemi sur Cadibona et Montenotte, afin de pouvoir faire rentrer dans le fort de Savonne ce qui était nécessaire à sa défense, et de pouvoir effectuer sa retraite sur Gènes ; car dès le commencement de la journée il lui fut très facile de s'appercevoir que l'ennemi avait sur lui une trop grande supériorité de forces pour qu'il pût espérer de vaincre.

Il jetta 700 hommes de garnison dans le fort de Savonne, et le soir opéra sa retraite sur Albissola.

Le même jour, le général Miollis est attaqué dans la rivière du Levant ; il est d'abord obligé de se replier [1]; mais le 17, le général Masséna s'y porte en personne, bat les Autrichiens, et leur fait 2.500 prisonniers, parmi lesquels le général-major baron d'Aspre.

Le 20 (10 avril), le général Masséna attaqua l'ennemi par Sassello et par Albissola [2]; l'affaire dura toute la journée; le 21, le général Masséna repoussa vivement l'ennemi en lui fesant une grande quantité de prisonniers.

Les 23, 24 et 25, le général Masséna a eu des affaires très vives, dont le résultat a toujours été à notre avantage.

Il a fait à l'ennemi 4 500 prisonniers, pris 7 drapeaux et 6 pièces de canon [3].

Cependant, dans la journée du 17 (3 avril), j'avais évacué les positions de Saint-Jacques, et je m'étais porté sur la ligne de Borghetto.

La Madona de la Nave [4] a été prise et reprise plusieurs fois; les grenadiers hongrois ont beaucoup souffert à l'attaque de Melogno, où ils ont été vivement repoussés.

La 17ᵉ et les grenadiers de la 34ᵉ se sont particulièrement distingués.

Voyant que l'ennemi cherchait à me tourner, je me suis décidé à me porter sur la ligne de Borghetto.

1. Les Autrichiens vinrent couronner les hauteurs qui dominent Gênes à l'Est.
2. Pour rejoindre Suchet, qui marchait en avant vers Gênes, ce même jour, afin d'opérer la jonction de la droite et du centre.
3. Sur le général Saint-Julien (voir note, p. 138).
4. Près des sources du Tanaro.

Pendant ce temps-là, le général Jablonowsky a complettement battu la division ennemie qui débouchait par le Tanaro et était déjà arrivée à la Pieva [1]; il lui a fait 500 prisonniers.

Le 19 [2] (9 avril), ayant reçu les ordres du général Masséna pour attaquer l'ennemi, je me suis mis en marche le 20. Les troupes ont enlevé à la course et à la bayonnette la tour et la redoute de Melogno, et fait 400 prisonniers, dont 12 officiers. C'est le chef de bataillon Vidal, de la 34ᵉ demi-brigade, qui a sauté le premier dans les retranchements. Le colonel du régiment ennemi d'Orange a été tué.

Les nombreuses redoutes de Settepani ont été enlevées dans les journées du 21 (11 avril) [3]. Le général Compans, avec une partie de la 7ᵉ légère, les grenadiers de la 34ᵉ et de la 10ᵉ, favorisés par un brouillard très épais [4], ont enveloppé l'ennemi et fait 1 200 prisonniers des régiments d'Hoff et du prince d'Orange, parmi lesquels un major et deux lieutenants-colonels. Un seul drapeau est tombé

1. On verra par la suite l'importance de cette position, p. 361.
2. Il était rassuré sur ce qui se passait à sa gauche, par l'avantage emporté par Jablonowsky.
3. Suchet ne dit pas dans cette lettre (*voir* celle du 12 floréal, page 144) que ses troupes avaient échoué la veille devant les retranchements du mont Settepani dans les circonstances suivantes : les redoutes allaient être enlevées par le chef de brigade Boyer, lorsqu'un officier d'état-major prit sur lui d'arrêter le mouvement, à portée de fusil, pour sommer les Autrichiens de se rendre. Ils répondirent par une fusillade qui, surprenant nos troupes arrêtées, mit le désordre dans nos rangs.
4. Au milieu des neiges et des glaces. (*Voir* Mathieu Dumas. *Précis des événements militaires*, t. 1, *et Correspandance de Napoléon Iᵉʳ, Œuvres de Napoléon. Défense de Gênes*, t. XXX, p. 413.

en mon pouvoir, les autres ayant été cachés dans
les rochers.

Ma perte dans ces différentes affaires n'a pas été
au delà de 120 blessés et de 30 morts. La perte de
l'ennemi, indépendamment des prisonniers, a été
beaucoup plus considérable.

Parmi les braves que l'armée regrette, on distin-
gue le chef de bataillon Clavel, de la 10e. J'ai beaucoup à me louer du général Clausel, qui a commandé ces différentes expéditions. La 7e légère et
son chef Boyer se sont particulièrement distingués.

Le 20 (10 avril), le général Clauzel s'est battu
toute la journée sur les mamelons qui avoisinent
Saint-Jacques. Il a fait 150 grenadiers hongrois prisonniers. Le chef de bataillon Chevalier, adjoint à
l'adjudant-général Solignac, a été tué.

Nous nous sommes battus toute la journée du 22
(12 avril). Le général Solignac a été blessé [1].

Le général Oudinot, chef de l'état-major-général,
portant des nouvelles du général en chef, vient de
me rejoindre. Je suis sur les hauteurs de Finale et
de Melogno.

---

1. Un coup de biscaïen à la main.

Solignac (Baron Jean-Baptiste), né à Milhaud en 1773, engagé
volontaire en 1791, adjudant-général au moment de l'ouverture de
la campagne de l'an VIII, général de division en 1804, commanda
la 9e division militaire sous la Restauration, fut élu membre de
la chambre des représentants en 1815, et fut mis à la retraite
en 1818.

La 101ᵉ demi-brigade vient d'arriver. Nous allons redoubler d'efforts pour une attaque générale et décisive [1].

SUCHET [2].

1. Voir lettre du 1ᵉʳ floréal, p. 146.
2. La lettre de l'adjudant-général Coussaud expose les mêmes événements que les lettres de Suchet. Nous y intercalons le compte rendu des mouvements de Masséna correspondant à ceux de Suchet.

Coussaud, adjudant-général, au général Lacuée,
conseiller d'État.

Armée d'Italie.

Bardino-Vecchio, 3 floréal an VIII
(23 avril 1800).

Je saisis le premier moment de repos, mon cher Général, pour me rappeler dans votre souvenir et pour vous transmettre quelques détails sur les opérations de la campagne qui pour nous ne s'est pas ouverte sous des heureux auspices.

Arrivé à Gênes dans les premiers jours de germinal, j'y ai trouvé deux lettres de vous, j'ai été extrêmement sensible à l'intérêt affectueux de mériter votre estime et votre amitié. Vous ne devez pas douter de la réciprocité des mêmes sentiments de ma part, une de vos lettres contient des détails politiques, elle sera le sujet d'une réponse postérieure, ne voulant consacrer celle-ci qu'aux détails militaires.

Après une route très dispendieuse par des chemins tellement dégradés qu'à peine ils sont praticables à cheval, j'arrivai à Nice dans les derniers jours de ventôse; point d'étapes approvisionnées depuis Valence jusqu'à Nice, les routes sont couvertes de militaires revenant de l'armée d'Italie, qu'on peut appeler des squelètes ambulants, couverts de haillons, demandant humblement l'aumône aux passants; ce trajet depuis Valence jusqu'à Nice est livré à la rapacité des brigands qui dévalisent journellement les voyageurs; les militaires qui le parcourent pour aller à l'armée d'Italie sont partout mal reçus, ne reçoivent point de subsistances et sont excités par tous les habitants à retourner dans leurs foyers, ce qu'ils exécutent généralement.

A Nice, les militaires y sont mendiants couverts de haillons; depuis Nice jusqu'à Gênes même spectacle, des soldats exténués de faim mourants sur les chemins et réduits à s'alimenter de quelque citrons qu'ils cueillent sur les arbres le long des chemins; j'arrivai à Gênes le 3 germinal, j'eus occasion de voir la

La lettre suivante, écrite quelques jours plus tard, adressée au général Berthier, reprend avec plus de détails l'his-
torique des événements au 15 germinal, et nous conduit au
12 floréal. Nous intercalerons une lettre de Suchet au
Premier Consul, donnant avec détail le récit de l'affaire du
30 germinal.

Le lieutenant-général Suchet au général en chef de l'armée de réserve Berthier.

Albenga, 2 mai 1800
(12 floréal an VIII).

Le général Oudinot, qui se trouve à Allassio, me
fait passer à l'instant, mon cher Général, votre cour-

plus grande partie des troupes de l'aile droite sous les ordres du
lieutenant-général Soult, j'ai remarqué sur la physionomie
sèche, pâle et livide du soldat un caractère irrité par les souffrances de tout genre qu'il a éprouvées depuis longtemps ; les
propos qu'il tient ordinairement lorsqu'il voit passer quelque
officier supérieur ou général sont les reproches les plus satiriques
de leur conduite à son égard, ce qui annonce ouvertement qu'il
n'a plus ni estime, ni confiance pour ses chefs.

Le 14, je partis de Gênes pour me rendre près le lieutenant-
général Suchet dans son quartier général à la Pietra.

Le 15, l'armée autrichienne fit toutes les dispositions pour
l'ouverture de la campagne. Dans les journées des 16 et 17, les
ennemis se présentèrent sur tous les points de la ligne des divisions aux ordres du lieutenant-général Suchet, et firent mine de
tourner tous les postes. Comme il existait un intervalle non
occupé par nos troupes, à la gauche des divisions aux ordres du
lieutenant-général Soult et à la droite des divisions aux ordres
du lieutenant-général Suchet, une colonne ennemie se dirigea
par cet intervalle sur Vado et sépara ainsi les troupes commandées par ces deux lieutenants-généraux . Le quartier du
lieutenant-général Soult était à Conegliano, celui du général en
chef était à Gênes ; le lieutenant-général Soult avait les généraux de divisions Marbot et Miolis sous ses ordres, le lieutenant-
général Suchet avait les généraux de divisions Puget et Clauzel.
Par cette manœuvre, les Autrichiens se réunirent aux Anglais
en occupant Vado, point important par l'occupation duquel on

rier extraordinaire, qui porte au général en chef
Masséna votre lettre du 5 floréal, celle de votre
chef d'état-major, du 6, je ferai tout pour les expédier dans la nuit à Gênes, où se trouve le général
en chef.

est maître de la rivière du Levant, parce que presque tous les
bâtiments sont obligés de se rapprocher de la côte pour doubler
le cap de Vado.

Le général Suchet ne fut averti que le 17, par une lettre du
lieutenant-général Soult, de l'évacuation de la ville de Savone
et que dans le fort de cette ville il y était resté une garnison de
800 hommes dépourvus de toute espèce d'approvisionnement de
siège. Ce même jour, le lieutenant-général Suchet se détermine
à abandonner toutes les positions des monts Saint-Jacques, de
Melogne, la redoute espagnole, la redoute de Saint-Pantaléon, le
fort et ville de Finale en faisant sa retraite par Finale, Gorra,
Bardino-Vechio, la Pietra et Loano sur la position de Borghetto,
dans le dessein de procurer des subsistances aux troupes, de les
rassembler, et de reprendre de suite l'offensive, pour opérer sa
jonction avec les généraux Soult et Masséna.

Sa retraite, commencée dans la nuit du 17, continua dans la
matinée du 18, en présence de l'ennemi qui ne chercha nullement
à l'inquiéter; avant de quitter Finale, on fit passer deux bâtiments chargés de subsistances dans le fort de Savone pour l'ap-
provisionner; ils arrivèrent heureusement à leur destination.

La journée du 19 fut consacrée à procurer aux troupes du
repos et des subsistances. Ce même jour, le lieutenant-général
Suchet reçut un courrier du général en chef qui lui apprenait
qu'il avait battu les Autrichiens auxquels il avait tué ou pris
2 500 hommes, parmi lesquels plusieurs officiers et notament le
baron d'Aspre, chef des insurgés de Fontana-Bona, il le pré-
venait en même temps que le lendemain, 20, il attaquerait vigoureusement l'ennemi de Cadibona, l'engageant à attaquer de
son côté pour seconder ses efforts en conséquence. »

*Masséna, après avoir battu, le 17, les Autrichiens au levant de
Gênes, était en effet revenu au secours de ses lieutenants. Il avait
trouvé Soult à cheval sur l'Appennin, le dos tourné à Gênes,
occupant une série de positions à la hauteur de Varaggio, sur la
Méditerranée, et séparé de Suchet par les troupes autrichiennes.
Nous avons vu que ce dernier lui faisait face avec les 4e et 5e divisions, et s'était retiré le 17 germinal (7 avril) en arrière de*

8.

*Les espérances qu'elles nous donnent de votre pro-
chaine arrivée en Italie* ranimeront tous nos braves,
et opéreront, je l'espère, une diversion salutaire. Je

Finale sur la mer, et du sommet de Sellepani dans l'Appennin.

    *Le général en chef, après avoir fait tenir à Suchet l'ordre d'at-
taquer le 20 (10 avril), lança Soult le 19 germinal (9 avril., avec
une division, sur les hauteurs, la dirigeant par Ciampani sur
Sassello. Lui-même, avec une autre division, devait, le lendemain, de
Varaggio s'élever vers Montenotte et rejoindre son lieutenant au
sommet de l'Appennin pour tomber, de là, en masse sur les lignes
autrichiennes, pendant que Suchet, agissant en sens contraire,
porterait son effort sur Saint-Jacques.*

    *Mais, à la même heure, le général Mélas se hâtait de forcer les
postes français autour de Gênes et, ne croyant pas que Masséna
fût encore en mesure de l'attaquer à l'Est comme il venait de le
faire à l'Ouest, combinait une série d'opérations qui allaient se
croiser avec celles du général français. Les Autrichiens se portaient en avant le 19 germinal (9 avril), sur la Bocchetta, et les
sources de l'Orba, pénétrant jusqu'à quelques milles de Voltri
Soult, qui se mettait en marche sur Sassello, dut obliquer à droite
pour assurer ses derrières. Il dispersa le corps autrichien, le re-
jeta au delà des crêtes et lui fit de nombreux prisonniers; mais
il se trouvait lancé dans une tout autre direction que celle de
Sassello, qu'il dut regagner à marche forcée, le 19 germinal
(9 avril), par le versant nord. Le même jour, le général autrichien
Saint-Julien se portait, par l'autre versant (sud), de Sassello sur
Monte Fayole, manœuvrant de façon a couper Masséna de Voltri; Soult se croisa avec lui sans le voir et sans en être vu, et se
trouva, à l'improviste, le 20 au soir (10 avril), sur les derrières du
corps autrichien, à Sassello qu'il se hâta d'occuper. Le lendemain,
21, il se rabattait sur le général Saint-Julien et lui faisait 2.000
prisonniers. Ce dernier regagna à grand'peine les communications
avec Acqui.*

    *Cependant, Masséna était sorti le 20 de Varaggio en deux
colonnes, s'élevant l'une vers Stella, l'autre, plus à droite, vers San
Giustino.*

    *Mais la marche de Mélas, qui se disposait lui aussi à attaquer
Varaggio, obligeait Masséna à arrêter sa colonne de gauche à
Santa-Croce et à rappeler celle de droite. Il était sans nouvelles
de Soult, qui n'était pas encore arrivé à Sassello et qui était séparé de son chef par le corps du général Saint-Julien.*

    Le 21 (11 avril), Mélas, averti de ce qui arrivait à son lieute-

ne saurais trop vous engager, mon cher Général, à doubler vos marches, le salut de l'armée d'Italie en dépend. Au premier détachement que l'ennemi fera

nant, lui envoya des renforts. Masséna, voyant filer les troupes autrichiennes vers les crêtes, porta dans la même direction le général Fressinet qui parvint à donner la main à Soult. Ces deux généraux, agissant de concert, enlevèrent la montagne de l'Hermette. Mais la confusion et le retard produits par les mouvements contrariés des deux armées ennemies ne permettaient pas de former une seule masse, et de rejoindre pour l'instant Suchet qui s'était jeté de tout son élan sur les positions de Settepani, de Melogne et Saint-Jacques, et qui avait dû battre en retraite. La lutte continua du côté de Gênes jusqu'au 25 germinal.

Suite de la lettre de l'adjudant-général Coussaud.

« Le lieutenant-général Suchet mit en mouvement ses troupes dans la soirée du 19 [1], en les dirigeant sur Toirano, Bardinetto, et Gallissano, laissant au général Pouget les forces suffisantes pour défendre la position de Borghetto ; l'ennemi fut rencontré dans Calissano, il en fut bientôt chassé. Comme quelques troupes autrichiennes s'étaient montrées sur les monts Saint-Bernardo et Spinardo, qui dominent la vallée de la Bormida, le général de brigade Seras fut chargé de les observer et de les contenir en prenant poste à Bardinetto et à Calissano. Le même jour, le général Clauzel, ayant sous ses ordres, les généraux Compans te Solignac, fut dirigé sur la tour de Mélogne avec ordre de s'emparer de suite des retranchements de Mélogne et de la montagne de Settepani qui est la plus élevée de la Ligurie ; ces deux postes retranchés furent pris d'assaut, 1 500 prisonniers du régiment Hoff, plusieurs officiers et un major tombèrent en notre pouvoir

Le 21, le général Clauzel, avec les généraux Compans, Solignac et Seras, fut dirigé sur le poste de la Madona et vers la montagne Saint-Jacques, partout l'ennemi fut repoussé ; nous prîmes poste sur le col de Pino en enlevant 300 grenadiers hongrois et plusieurs officiers ; dans la soirée les montagnes retentirent des combats livrés par les troupes sous les ordres des généraux Soult et Masséna et par les nôtres. Nous aperçûmes même les feux de leurs bivouacs.

Le 22, nous entendîmes encore les fusillades des généraux Soult et Masséna ; le général Suchet, pour seconder leurs efforts,

---

1. 19 avril.

sur vous, je ne doute pas que le général en chef ne
concerte avec moi un dernier effort pour opérer
notre jonction et agir ensemble.

résolut d'attaquer le mont de Saint-Jacques sur le sommet duquel les Autrichiens s'étaient retranchés, cette attaque n'ayant
pas été aussi heureuse que les précédentes, vu que les troupes
étaient exténuées de fatigue et de faim, il se détermina à faire
pendant la nuit une marche rétrograde sur les postes de la Madona, de Melogne et Settepani.

Le lendemain 23, le lieutenant-général Suchet fit occuper la
ligne des hauteurs au-dessus de Finale, le village de Gora, les
redoutes de Saint-Pantaléon et de Mélogne, le mont Settepani,
les villages de Calissano, de Bardinetto dans la vallée de la Bormida, les postes des monts Saint-Bernardo et Spinardo.

Les journées des 24 et 25 furent consacrées au repos et à procurer des subsistances aux troupes qui, un peu rebutées par l'attaque infructueuse du mont Saint-Jacques, avaient manifesté
hautement leur mécontentement et leur reproches satiriques
contre les généraux.

J'interromprai un moment le cour de ma narration pour
vous témoigner la douleur que j'éprouve de me trouver confondu dans l'opinion des troupes avec tous les scélérats coquins
qui servent moins pour défendre leur patrie que pour voler et
s'enrichir au détriment des soldats avec lesquels on serait presque
toujours sûr de la victoire, s'il leur était fourni tout ce qu'il leur
revient. Mais, je vous assure que je sens mon cœur se déchirer
toutes les fois que j'entends les soldats se déchaîner de la manière la plus outrageante et la plus scandaleuse contre ses chefs,
car ici l'honnête homme, dans son opinion, est confondu avec
celui qui ne l'est pas. (Ah ! que ceux qui nous gouvernent aujourd'hui ont des reproches à se faire pour avoir entièrement
démoralisé les militaires par l'appas des richesses pour lesquelles
on a franchi toutes les bornes de la pudeur.)

La journée de 26 fut employée à faire diversion du côté de
Finale en fesant masquer et attaquer le fort de Finale, occupé
par 200 Autrichiens.

Le 27, à 3 heures du matin arriva par Méo au quartier général,
à Loano, le général Oudinot, chef d'état-major général, envoyé
par le général en chef, il nous assura que le général Masséna
avait remporté les plus brillants succès qu'il avait fait 6 000 prisonniers et pris 8 drapeaux, mais que, faute de subsistances, il
avait rendu les prisonniers à condition qu'ils seraient échan-

Depuis le 15, l'armée est aux prises, l'ennemi a débuté par attaquer Ponte di Nava et Recco (à l'ouest de Gênes), et s'est porté rapidement sur Sa-

gés et qu'ils ne serviraient qu'un mois après leur reddition, il pressa, de la part du général Masséna, le général Suchet de redoubler ses efforts pour se réunir à lui sous les murs de Savone. »

Après avoir lutté sur les hauteurs et sur le rivage, autour de la montagne de l'Hermette, jusque sous les murs de Savone, Masséna avait dû se replier sur Varaggio, d'où il avait envoyé Oudinot[1], son chef d'état-major, porter à Suchet un ordre d'attaqué sur le mont Saint-Jacques, pour le 19 avril (29 germinal).

Suchet ne croyait pas que l'on pût avoir raison d'une position défendue par des forces imposantes, que servait la disposition du terrain. Il eût voulu gagner par sa gauche Millesimo, et donner la main à la droite du général Masséna, pour se réunir et tomber de concert sur le centre des Autrichiens.

Il se conforma aux instructions du général en chef, et prit d'habiles dispositions pour tenter une seconde fois de déloger, malgré son infériorité numérique, les Autrichiens de leurs retranchements.

« Le 28, le général Seras eut ordre de s'emparer de Murialto. Le 29, le général Clauzel eut ordre de s'emparer du poste de Runchi-di-Molle ; il fut emporté par les généraux Compans et Seras et Jablonowski avec trois cents prisonniers ; le même jour, le chef de brigade Mazas eut ordre de s'avancer sur les hauteurs voisines de Saint-Jacques où il prit poste ; le général Clauzel avec les généraux de brigade sous ses ordres, prit poste en avant du village de la Bormida et sur le col del Pino : pendant la nuit, les troupes se mirent en marche sur cinq colonnes pour attaquer le mont Saint-Jacques, les généraux Compans et Seras se portèrent sur Malère, le général Seras occupa le village, quartier général du lieutenant-général autrichien Elsnitz. Le général Compans gravit les hauteurs qui le dominent pour attaquer l'ennemi sur le mont Saint-Jacques par sa droite, le général Jablonowsky fut chargé de l'attaque, le chef de brigade Mazas fut chargé de l'attaquer par sa gauche, cent grenadiers eurent ordre de se porter sur la Rocca, derrière l'ennemi, pour lui couper la retraite sur Savone au cas qu'il fût expulsé de ses posi-

1. A bord du *Masséna* commandé par le célèbre corsaire Bavastro.

vone et Finale le 16 (6 avril), en même temps qu'il occupait par des corps de troupes, les 2 500 hommes qui composent la 4ᵉ division, et la chassait de ses positions de Cadibonne et Montenotte. Le général

tions. L'ensemble qu'il est si difficile de donner à une attaque faite en plein jour à 7 heures du matin sur trois colonnes par des chemins inconnus et presque impraticables par lesquels il faut gravir des montagnes escarpées, a encore fait échouer cette attaque dont les dispositions étaient parfaitement ordonnées. La colonne du centre qui avait le moins d'espace à parcourir, arrivée avant les colonnes latérales, fut obligée d'attendre que les autres fussent en mesure d'attaquer. L'ennemi, spectateur de tous nos mouvements, détacha aussitôt deux corps qui tombèrent sur les flancs de la colonne du centre, la mit en pleine déroute, la poursuivit vigoureusement, et marcha ensuite contre les colonnes latérales dont quelques hommes étaient déjà parvenus au pied des retranchements. Ils furent écrasés par une grêle de pierres et les deux colonnes furent aussi repoussées. Notre perte a été considérable, celle de l'ennemi ne l'a pas été moins, le général Compans a été grièvement blessé, l'adjudant-général Cravey, employé près de lui, planta deux fois le drapeau de la 58ᵉ de ligne sur le parapet des ouvrages, mais les troupes ne purent le gravir ni répondre au courage énergique de cet officier général.

Nous opérâmes notre retraite sur nos positions dans lesquels nous nous sommes paisiblement maintenus depuis cette époque.

Demain, 4, nous ferons de nouveaux efforts pour nous réunir au général Masséna qui, après s'être enfermé dans Gènes pour faire disséminer les troupes autrichiennes, nous a marqué qu'il allait faire de nouvelles tentatives pour marcher sur nous et nous rejoindre.

J'ai pensé que ces détails de nos premiers combat qui jusqu'ici n'ont pu être annoncées officiellement, étaient dignes de votre attention.

Les généraux Masséna et Soult avaient, à l'ouverture de la campagne, environ 15 000 hommes, le général Suchet en avait 4 000, ses forces ont été augmentées par l'arrivée de la 104ᵉ demi-brigade, forte de 1,200 hommes, arrivée ici sans chefs; la perte en blessés, tués ou prisonniers peut être portée à 1 200, ainsi il nous reste quatre mille hommes. On peut évaluer qu'il reste 12 000

Soult, qui commandait en personne, me prévint dans
la nuit qu'il se retirerait sur Varaggio ; dès lors, et
depuis ce temps, toute communication par terre a
été interceptée. Le 17 (7 avril), j'ai été attaqué dans
toutes mes positions de Melogno et Saint-Jacques,
l'ennemi, qui ce jour-là avait reuni presque la totalité de ses forces, est parvenu à en déloger mes
troupes, il a continué toute la journée à manœuvrer
il est parvenu à placer 11 000 hommes à Calissano
2 000 à Settepani ; 2 000 avaient déjà pénetré dans
Calice près Finale, tandis qu'un corps très considérable couronnait toutes les hauteurs de Saint-Jacques, et qu'une forte colonne était parvenue jusqu'au
bourg de Finale, comme sous celui de Pia, dans cette
position M. Melas fit sommer le général Solignac à
la redoute espagnole et Seras à Melogne, de se
rendre à discrétion ; ils répondirent à coups de fusil ;
mes petites forces se trouvaient disséminées extrèmement et ne pouvaient opposer à l'ennemi de résistance sur aucun point.

Je me déterminai donc à les retirer et à les réunir dans la matinée sous les murs de Finale, résolu

aux généraux Soult et Masséna, total de nos forces 16 000, tandis qu'on assure que la force de l'ennemi se porte à 30 000.

Adieu, etc.

COUSSAUD. »

*Masséna avait fait une nouvelle tentative dans la direction de
Cairo, pendant que Suchet se heurtait au mont Saint-Jacques.
Mais arrêté par un ennemi solidement retranché, Soult avait dû,
dès le 21, se replier sur Voltri, et Masséna avait renoncé à agir,
avec des troupes épuisées, à une pareille distance de Gênes.*

que j'étais à réunir tous mes moyens et à marcher en masse sur l'ennemi. Dans la journée du 17 (7 avril), le général en chef battait l'ennemi à Recco et lui faisait 2 500 prisonniers, parmi lesquels se trouvait le baron d'Aspres. Dans la même journée, le général Jablonowski débloquait la Pieva, cerné par les Piémontais et les Autrichiens, leur tuait beaucoup de monde et reprenait toutes ses positions jusqu'à Ponte di Nava.

Dans cet état, toutes les forces réunies du centre de l'armée ne s'élevaient pas à 4 ou 5 000 combattants. J'en réunis la majeure partie, laissant au reste à observer la vallée d'Oneille, et mon extrême gauche ; je marche sur Bardinetto et Calissano, j'en chasse l'ennemi que je tiens en échec, tandis que, dans la journée du 20, je fais attaquer Melogne et Settepanni. Melogne et ses redoutes sont enlevées ; 400 prisonniers et 13 officiers sont le résultat de cette journée.

Mes troupes sont repoussées à Settepanni. Je fais de nouveau attaquer, le lendemain matin ; tous les retranchements y sont enlevés à la bayonnette ; 1 200 prisonniers, 43 officiers, 2 lieutenants-colonels, un major, le vieux colonel d'Orange et un drapeau sont le résultat de cette affaire.

Je fais poursuivre l'ennemi jusqu'à Saint-Jacques. Le général Clauzel s'empare de toutes les hauteurs, fait 150 grenadiers prisonniers et 2 officiers et leur en tue un nombre presque égal. Le feld-maréchal Elsnitz commandait là une réserve de 6 bataillons de grenadiers hongrois et 4 régiments, il avait fait relever tous les ouvrages détruits de Saint-Jacques, les avait garnis de canon, et profitant de l'escarpement que présente cette position dans cette partie, il en avait fait un poste extrêmement difficile à enlever. Les retranchements de la redoute espagnole, tournés sur Feligno et également armés, se liaient avec Saint-Jacques et présentaient un front redoutable.

Victorieux avec 3 500 hommes, entraîné par le bruit de la fusillade du général en chef qui se faisait entendre au loin, pressé par le cri des officiers et des soldats, je me déterminai à attaquer Saint-Jacques, en face lequel je me trouvais dès la veille. Mes troupes, marchant avec impétuosité, renversèrent leur première ligne, mais arrêtées dans leur course par la profondeur du ravin que l'ennemi avait armé pendant la nuit et par l'épaisseur d'un taillis qui les empêchait de se former, je fus forcé à la retraite après un combat opiniâtre et sanglant.

Je couchais dans mes positions et aurais pu tenter une nouvelle attaque si les soldats, exténués de fatigue et de faim, ne m'eussent fait prendre la résolution de m'établir en avant de la Madone de la Nève.

Point d'eau-de-vie, un pain pour 10 ou 20 était, depuis le 15, la distribution journalière.

Aux mêmes époques, le général en chef faisait de grands efforts pour arriver sur Savone.

Le général Soult, sur sa droite, se battait avec

9

opiniâtreté contre un ennemi nombreux et faisait une immense quantité de prisonniers et en tuait à proportion.

Tous les jours ont été marqués par de nouveaux combats, j'ai eu à diverses reprises 300 prisonniers à la Rinucci, 150 à Saint-Jean de Murialto, j'ai encore attaqué Saint-Jacques, ma dernière attaque, qui a eu lieu le 30, a été faite avec toutes mes forces réunies. J'avais alors près de 5 000 hommes. L'affaire a été des plus sanglantes ; j'attaquais avec le plus gros de mes troupes vers Malère et tournais les redoutes en même temps ainsi que je marchais sur la grande route. Le général Pouget attaquait par Feligno et par les hauteurs qui conduisent à la Madone de la Nève à Saint-Jacques.

Je n'ai pu emporter cette position, j'ai eu 6 à 700 blessés, desquels était le général Compans, et un grand nombre d'officiers ; l'ennemi avoue sa perte à 800 hommes.   (*A suivre.*)

Nous interrompons la lettre de Suchet à Berthier pour intercaler le récit de l'affaire du 30 germinal, donné avec plus de détails par Suchet lui-même, dans une lettre au premier Consul.

Cette attaque directe, qui n'aboutit pas, avait été exigée par Masséna. Il comptait attaquer lui-même en sens inverse. Suchet, qui connaissait l'obstacle pour s'y être heurté, eût voulu le tourner en se glissant dans la vallée de la Bormida, pendant que Masséna aurait marché sur Cairo et Carcare. Mais le général en chef ne voulait pas s'exposer à être coupé de Gênes, et ses ordres furent exécutés avec l'élan que nous allons voir.

Le lieutenant-général Suchet au Premier Consul.

Armée d'Italie.

A Melogne, le 1ᵉʳ floréal an VIII
(21 avril 1800).

Mon Général,

J'ai attaqué l'ennemi le 29, sur di Rouchi, afin de
dégager ma gauche et pouvoir plus facilement marcher sur Saint-Jacques, le général Clauzel a conduit les brigades Jablonowski et Compans, la montagne quoique très escarpée à été gravie au pas de
charge et enlevée dans moins de deux heures, 300
soldats et 13 officiers sont tombés en notre pouvoir.

J'ai fait le lendemain attaquer Saint-Jacques avec
toutes mes forces [1], la principale attaque était dirigée par Malère sur la grande route qui conduit à
Saint-Jacques par la gauche, en tournant la montagne
et sur la redoute. 100 grenadiers marchèrent sur la
Roche-Blanche pour couper la retraite à l'ennemi sur
Vado ; les troupes ont marché avec ardeur et sont
parvenues jusques sous la redoute, grand nombre
de braves y ont été écrasés par les pierres. C'est à ce
moment que l'ennemi a attaqué en grande force la
colonne de droite prête à mettre le pied dans la re-

---

1. En quatre colonnes. L'ensemble était difficile à obtenir dans
une pareille opération ; et en effet les Autrichiens qui, de leur
nid d'aigle, voyaient évoluer les quatre corps d'attaque, purent
profiter de ce que l'un était plus avancé que les autres, pour
porter sur lui seul tout leur effort, et le repousser. Il est juste de
dire que Suchet n'avait pas le choix, et ne pouvait diriger autrement ses troupes, le mont Saint-Jacques n'étant accessible que
par des chemins très étroits. C'est là ce qui rendait le général
peu partisan d'une attaque directe sur ce point.

doute en même temps que le général Compans par la gauche faisait les plus grands efforts pour pénétrer.

L'adjudant général Cravey a par deux fois planté le drapeau de la 68ᵉ dans le retranchement ennemi, mais tous ses efforts ont été inutiles. Le général Compans blessé, la gauche, vivement attaquée, fut repoussée et a été poursuivie, tandis que la droite vivement poussée se retirait sur Malère ; la 99ᵉ en réserve a protégé ces mouvements et a tenu assez longtemps pour donner à la colonne de gauche le temps de se dégager.

La brigade Mazas qui a attaqué par les hauteurs de la Madone, après un combat long et sanglant a été forcée de céder au grand nombre et a été repoussée jusqu'à la Madone de la Nève.

La 87ᵉ, qui s'est portée de Feligno sur la redoute espagnole a fait de grands efforts pour y pénétrer, mais là comme ailleurs elle a été forcée de céder au nombre, surtout l'ennemi nous a opposé une nombreuse artillerie.

Notre perte est de 6 à 700 hommes tués ou blessés parmi lesquels le général Compans, le chef de brigade Philippon, 4 chefs de bataillons dont 3 de la 34ᵉ et plusieurs officiers d'état-major et autres.

Je n'ai pu ordonner une nouvelle attaque, les fatigues et la faiblesse physique des chefs et soldats s'y opposaient et de plus l'impossibilité de faire parvenir un ordre général à Feligno et à la Madone de la Nève.

Saint-Jacques était défendu par le général Elznitz

et deux autres, ils avaient avec eux six bataillons de grenadiers hongrois et 4 régiments d'infanterie ; à 3 heures MM. Bellegarde et Lattermann y sont arrivés avec 5 bataillons de grenadiers allemands et 4 régiments venant d'Albissola ; cette nouvelle est sure elle m'est rapportée par trois déserteurs français qui sont partis de Saint-Jacques.

Il y a donc un camp de près de 12 000 hommes sous Saint-Jacques.

L'affaire a été sanglante, l'ennemi a fait de grandes pertes, les 68e, 104e, 34e, 87e et 71e légère se sont battues avec acharnement.

Le chef de bataillon Vidal, commandant les grenadiers, la cuisse percée d'une balle, a continué longtemps à rallier ses grenadiers.

L'aide de camp du général en chef Drouin à côté du général Jablonowski a fait les plus grands efforts pour ramener les troupes et les rappeler à leur première ardeur. Pendant l'action un corps détaché d'Asture [1] se portait sur Malera, le général Seras l'a arrêté avec la 20e légère.

Suchet, repoussé au mont Saint-Jacques, espérait encore rejoindre le général en chef par Carcare, ignorant que celui-ci était définitivement bloqué dans Gênes.

Le général Oudinot a assisté à l'affaire d'hier, il a paru sentir comme moi l'inutilité d'attaquer l'ennemi en grande force dans ses retranchements et il partage, je crois, l'opinion où je suis que le général

1. Probablement Altare.

en chef ne doit tenter avec succès sa réunion avec
moi que par sa droite, car, je vous le répète, les obstacles à renverser à Saint-Jacques, à Cadibonne,
Montenotte, etc., sont de nature à nous arrêter.

Je marche aujourd'hui par Murialto sur Roccavi-
gnole, demain je ferai en sorte de m'établir à Millesimo et Cossaria, mes reconnaissances pousseront
sur Cairo et Carcare, une brigade occupera Settepani
et Melogne en occupant l'ennemi sur Saint-Jacques.
De cette manière j'espère gagner une marche ou
deux à l'ennemi. Si, pendant ce temps, le général en
chef peut tromper l'ennemi sur la Rivière et marcher
rapidement, il y a tout à espérer sur notre réunion.

A l'instant je reçois du général en chef deux lettres à la date des 28 et 29, par lesquelles il me pré-
vient qu'il se réunit en masse et va tenter un dernier
effort pour arriver jusqu'à Savone du 2 au 3 floréal
(22 au 23 avril), je lui annonce cette nuit le résultat
de la journée d'hier, je lui signale l'écueuil (Saint-
Jacques et Montenotte défendus par plus de 12 mille hommes) contre lequel je crains que tous nos
efforts se brisent, et en même temps que je lui annonce que j'attaquerai de nouveau. Je l'instruis qu'un
corps conduit par le général Seras poussera s'il est
possible jusqu'à Cossaria et Carcare, pour faciliter
notre jonction.

Au milieu de toutes ces incertitudes, Citoyen Consul, et des combats que j'ai soutenus et livrés depuis le 16 germinal, je me trouve dans une position
extrèmement difficile et qui ne manquera pas d'at-

tirer toute votre attention. Mes troupes sont exténuées, découragées ; il est à remarquer que les
corps les plus délabrés composent le centre. J'ai
déjà plus de 12 à 1 500 blessés, parmi lesquels un
nombre considérable d'officiers. Les 6e et 60e n'arrivent pas et j'ai des raisons de croire à une direction à l'intérieur que déjà j'éprouve (?) ; je me détermine donc à vous envoyer mon aide-de-camp
Ricard, il vous dépeindra toute notre position et les
besoins pressants que nous avons d'être secourus de
toute manière. Je donne ordre au général Saint-
Hilaire d'envoyer sur Nice toutes les troupes disponibles, afin qu'à tout événement nous puissions
arrêter l'ennemi.

Vous connaissez, Citoyen Consul, la nature du pays,
vous savez qu'en cas de malheur, je ne pourrai pas
me maintenir sur la ligne de Borghetto avec 4 000
hommes, et combien je me trouverais compromis.
Je serai infailliblement forcé d'aller m'appuyer à
Vintimiglia. Je conserve encore l'espérance que
notre jonction pourra s'opérer, mais je ne dois pas
dissimuler mes craintes au premier magistrat de
mon pays. L'ennemi a réuni des forces considérables sur le nombre desquelles l'on s'est toujours
abusé, voilà ce qui nourrit mes inquiétudes et m'ordonne de les lui communiquer toutes.

Puissé-je, Citoyen Consul, vous annoncer bientôt
la réunion de la malheureuse armée d'Italie, ce sera
pour moi un des plus beaux instants de ma vie.

SUCHET.

Mais, dès le 21 avril (1ᵉʳ floréal), Masséna n'était plus en
état de lui tendre la main. Soult s'était butté contre les retranchements de Sassello, Ponte-Invrea et du Monte-Ga-
lera, solidement défendus par les Autrichiens, ce qui avait
paralysé son mouvement sur Cairo. L'épuisement de ses
troupes, qui venaient de faire de véritables prodiges, l'obligea à se retirer. Le blocus de Gênes était formé.

Suite de la lettre du 12 floréal du général Suchet
au général Berthier.

Dans ce moment, le général en chef s'était retiré
dans Gênes et les environs. Je n'en ai été instruit
par lui que le 7 floréal (27 avril), ce qui m'a mis dans
le cas de harceler l'ennemi jusqu'à cette époque.
Depuis lors [1] c'est lui qui est devenu l'attaquant ;
tous les jours des forces imposantes me harcèlent et
me forcent à soutenir des combats que le petit
nombre de mes troupes me permet difficilement de
soutenir avec avantage.

Depuis le 9 (29 avril), je suis établi sur la ligne de
Borghetto ; hier encore l'ennemi m'a attaqué rude-
ment sur Loano, d'où il a chassé mes troupes, favo-
risé par les Anglais. Je vais être attaqué sur tous les
points dans la journée. Je doute pouvoir résister
aux forces qui me sont opposées. Le lieutenant général Elznitz, qui commande devant moi, a de 12 à
14 mille hommes. Il vient d'être renforcé par les
brigades Bellegarde et Lattermann, ce qui ne me laisse

---

1. Le 27 avril, le général Mélas revenait sur Vado, avec ce qu'il
avait pu retirer des troupes du blocus de Gênes, et il attaquait
en forces Mélogne et Settepani ; Suchet, sentant sa petite troupe
très menacée, évacua Settepani, Mélogne et San Pantaleone.

pas de doute sur les projets qu'ils ont de me pousser. Je défendrai, s'il m'est possible, le terrain pied à pied, jusqu'à Vintimiglia [1].

Le général Masséna a écrit à la date du 9 (29 avril) qu'il a encore pour vingt jours de vivres dans Gênes, que ses troupes sont bien reposées et prêtes à faire de la bonne besogne. Nous occupons toujours le fort de Savone ; je viens de vous donner de longs détails sur la position de l'armée d'Italie ; il y a certitude que nous avons détruit à l'ennemi ou fait prisonniers 1 500 hommes, hâtez-vous, mon Général, de venir à notre secours, vous verrez par le tableau que je vous présente combien il est important de secourir la toujours malheureuse armée d'Italie, je vous le recommande au nom du salut et de la gloire de nos armes. Les garnisons sont toutes avec Mélas. J'ai la certitude qu'il n'y a pas 300 hommes à Coni et que c'est la garnison de Turin qui a enlevé le Mont-Cenis, que cette attaque n'a été que simulée. Nous avons beaucoup d'amis dans Turin, vous pouvez tout espérer, mais je dois vous le répéter, mon cher Général, célérité ! célérité ! pour assurer la victoire, la conquête de l'Italie et la paix.

SUCHET.

Masséna fit passer son chef d'état-major, Franceschi, à travers les lignes pour assurer le ravitaillement de la place et pour aller instruire le Premier Consul de sa situation.

1. Cette lettre était transmise au général du génie de Campredon, à qui il donnait en même temps l'ordre de mettre la ligne de Vintimille en état de défense (voir page 200).

Le général de brigade Franceschi au commandant des armes, à Toulon.

Armée d'Italie.

30 germinal an VIII
(29 avril 1800).

J'apprends par différents rapports que l'ennemi a envoyé sur la côte un grand nombre de petits corsaires pour arrêter les subsistances que j'envoye à l'armée. Il en est même qui paraissent des pêcheurs et trompent ainsi l'attention et la vigilence de nos bâtiments.

Le salut de l'armée tient à l'arrivée prompte et suivie des subsistances. Si l'ennemi s'en empare, elle est perdue sans ressource, je vous invite en conséquence, au nom du salut public et d'après les ordres que m'a donné le général en chef, de faire sortir sur-le-champ le plus grand nombre de bâtiments armés que vous pourrez et de faire établir une croisière régulière depuis Nice jusqu'à Toulon et de Toulon à Marseille. Tous les jours l'ennemi s'empare de nos bâtiments sous les yeux mêmes de nos armements. J'ai plusieurs navires chargés de blé qui ne peuvent partir, à défaut de protection de notre part. Je vous prie instamment de remédier au désordre qui compromet la chose publique et de forcer les chefs de ces armements à remplir exactement le devoir qui leur prescrit de protéger nos communications avec l'armée. Dans la saison actuelle, où le calme va faciliter à l'ennemi les moyens de nous bloquer très étroitement, la galère serait bien utile, si elle pouvait être mise en croisière.

FRANCESCHI.

**Le général de brigade Franceschi,
sous-chef d'état-major de l'armée d'Italie,
au citoyen Carnot, ministre de la guerre.**

Armée d'Italie.

3 floréal an VIII
(23 avril 1800).

Citoyen Ministre.

Je vous fais passer deux arrêtés que je viens de prendre : l'un pour assurer promptement au corps d'armée qui couvre la ville de Gènes un secours de 2 500 charges de blé; l'autre pour contraindre l'entrepreneur des aprovisionnements des hôpitaux à envoyer sans délai à l'armée les médicaments et autres objets, qu'il dit avoir achetés ici, et dont la privation coûte à notre brave armée la perte d'un grand nombre d'hommes précieux qui périssent faute de secours.

Les motifs développés dans ces deux arrêtés vous porteront, je n'en doute pas, Citoyen Ministre, à en approuver les dispositions, qui intéressent le salut de l'armée d'Italie.

Je vous annonce que 1 814 charges de blé partiront cette nuit sur un bâtiment ligurien très bon voilier, et armé de quelques pièces de canon ; j'y ai fait embarquer un detachement, il a des instructions

pour s'éloigner de la Rivière du Ponent, et se soustraire aux découvertes de tous croiseurs qui sont
devant cette Rivière. Si ce chargement peut arriver
à Gênes à bon port, et promptement, l'armée sera
sauvée; dans deux jours j'hazarderai une autre expédition. Tout se fait dans le plus grand secret. Je
n'agis que d'après les ordres du général en chef de
sauver de l'armée, à quelque prix que ce soit, et
certes je ne crains pas qu'on me reproche d'avoir
abusé de mes pouvoirs dans un objet qui intéresse
également le sort de la République.

FRANCESCHI.

Le commandant d'armes de Toulon au général Franceschi.

Toulon, 1er floréal an VIII.

J'ai prévenu les intentions que vous m'avez ma-
nifestées dans votre lettre du 30 germinal dernier,
relativement à la nécessité de faire sortir promptement des bâtiments armés pour protéger la naviga-
tion des navires chargés de grains et autres aprovisionnements nécessaires à l'armée d'Italie. L'ordre a été donné à la frégate *l'Égyptienne* et au che-
beck *le Good'Union* d'appareiller au premier vent
favorable et d'établir leur croisière depuis le cap
Couronne jusqu'à l'isle de Maire. Je vais actuellement disposer de la flottille destinée à l'expédition
de Corse, et assigner à ces bâtiments une croisière
de Toulon à Nice.

Quant à ceux, Citoyen Général, que vous m'annon-cez être continuellement dans le port de Marseille, je vais écrire à ce sujet à l'officier chargé des fonc-tions d'état-major ; mais je vous observe que la pé-nurie de marins et le manque d'objets indispensa-bles pour les mettre en état de prendre la mer con-trarient souvent, comme vous le savez, nos cons-tants efforts. Soyez bien assuré, Citoyen Général, que je n'ai d'autre désir que de vous prouver ma bonne volonté et mes dispositions à faire tout ce qui dépendra de moi tant pour seconder vos opérations que pour concourir au salut de l'armée par tous les moyens qui sont en mon pouvoir.

VENCE.

Désormais, nous abandonnons Masséna dans Gênes, dont la belle défense a été bien des fois célébrée, et nous sui-vons les 5 000 hommes de Suchet, qui vont chercher à dé-fendre le terrain pied à pied. Les attaques de front ne peuvent les ébranler ; mais l'ennemi s'attachera à les faire reculer, en manœuvrant sur le versant Nord de l'Appennin et en menaçant sans cesse de tourner leur gauche.

CHAPITRE II

INFLUENCE DES ÉVÉNEMENTS EN LIGURIE
SUR LES PLANS DE BONAPARTE

Dès les premières nouvelles de l'échec de Masséna en Ligurie, Bonaparte modifia ses projets. Jusque-là, croyant avoir du temps devant lui, il avait donné à ses plans toute leur ampleur. Il avait considéré les Impériaux comme séparés de la Suisse, du côté de l'Allemagne, par l'entrée en campagne de Moreau; et les Autrichiens contenus sur les Appennins ; ce qui lui permettait de gagner le Saint-Gothard pour envelopper dans son mouvement toute la Lombardie. Il descendait ainsi dans les contrées les plus riches de l'Italie, il donnait la main, dans les plaines de Plaisance, à Masséna, et acculait l'armée autrichienne aux Alpes.

Mais les circonstances étaient désormais autres. En Allemagne, Moreau n'avait même pas commencé ses opérations; en Italie, nos troupes avaient subi un échec grave et allaient être en pleine retraite. Il est vrai que si la division de nos forces en Ligurie rendait la situation critique, l'ardeur de Mélas à s'enfoncer dans les Appennins, à la suite de Masséna et de Suchet, pouvait, en revanche, faciliter à l'armée de réserve le passage des Alpes. Toutes les forces autrichiennes étant engagées dans le haut Piémont, il n'était plus nécessaire, pour les envelopper, d'aller à travers la Suisse chercher le Saint-Gothard. C'eût été même désormais dangereux, car on eût agi à portée des armées d'Allemagne, que Moreau n'avait pas encore écartées. Bien plus, si Mélas s'enfonçait, fort à propos pour nous sans doute, au delà des débouchés de Savone, c'était cependant en vainqueur. Qu'allaient devenir nos troupes, rompues en deux tronçous ; qu'allait devenir Masséna dans Gênes et surtout Suchet, demeurant seul avec 4 000 hommes entre la frontière et l'armée d'invasion ? S'il savait, en un point quelconque, opposer une barrière à l'ardeur de notre enne-mi, celui-ci, engagé dans une impasse, était perdu. Mais si la disproportion des forces ne permettait pas de résister, la Provence était envahie; c'était la guerre, et pis encore, l'insurrection portée au cœur du pays.

Il était urgent de déboucher en Italie avant que cette éventualité vînt à se produire ; il fallait arriver rapidement sur les derrières de l'armée autrichienne, par la ligne la plus courte, pour dégager au plus tôt Masséna et Suchet. Le Simplon ou le Saint Bernard [1] parurent au Premier Con-sul indiqués comme points de passage vu l'urgence des circonstances. Bientôt même, les nouvelles de Ligurie [2] le portèrent à fixer au Saint-Bernard le centre de l'opération qui paraissait ainsi mieux proportionnée aux moyens dont on

1. Quelques historiens reportent au dernier moment le choix du Premier Consul, et l'attribuent exclusivement aux renseigne-ments donnés par Marescot à la dernière heure. On verra, par les lettres qui suivent, que Bonaparte se réserva en effet jusqu'à la fin la possibilité de modifier ses plans, et ne prit une décision définitive qu'à Lausanne ; mais que ce fut surtout pour confor-mer ses opérations aux mouvements des autres armées et pro-portionner son entreprise aux ressources dont il disposait à ce moment. Dès les premiers revers en Ligurie, il abandonna le Saint-Gothard pour le Simplon, puis pour le Saint-Bernard ; et s'il avait prévu que Mélas s'enfoncerait jusqu'à Nice, ou s'il avait été averti à temps, peut-être aurait-il donné suite au projet de passer par le Mont-Cenis. Voir page 16 . (Comparer : *Corres-pondance de Napoléon Ier*, t. *XXX. Œuvres de Napoléon Ier*, p. 440.

2. Voir pages 164 et 172. — Comparer : *Correspondance de Na-poléon Ier*, t. *XXX. Œuvres*, p. 437. « Aussitôt que l'on eut des nouvelles de l'ouverture des hostilités et de la tournure que prenaient les opérations de l'ennemi, le Premier Consul jugea indispensable de marcher directement au secours de l'armée

disposait. Si la route était, au col même, plus difficile, l'abord en était considérablement facilité par le voisinage du lac Léman. De Villeneuve à Aoste, en Italie, on estimait la durée du passage à quatre ou cinq jours de route, pendant lesquels on pouvait, sans trop de difficultés, nourrir l'armée. qui déboucherait en plein Piémont, et pourrait, soit courir à Gênes, soit marcher sur Milan.

Si, au dernier moment, la situation en Ligurie s'aggravait encore, si Suchet, de qui dépendait désormais la portée à donner à l'opération, ne pouvait arrêter l'ennemi, Bonaparte était à peu de distance du Mont-Cenis : il pouvait filer le long des Alpes, de Genève à Chambéry, déboucher sur Suze au lieu d'Ivrée, ou même gagner le Var. Il fit tout préparer à Chambéry et au Mont-Cenis, qu'occupait le général Turreau avec la gauche de l'armée d'Italie, pour le passage possible de l'armée de réserve.

Le Premier Consul envoyait en même temps un officier de confiance au général Masséna pour l'informer de la modification apportée au plan primitif; mais il ne se mit pas en route lui-même, sa présence ne pouvant hâter l'heure où es troupes seraient concentrées. On ne connaissait pas, du reste, à Paris toute la gravité des événements survenus en Ligurie. La réunion des deux tronçons de l'armée d'Italie était encore considérée comme probable.

Le Premier Consul au citoyen Carnot, ministre de la guerre.

> Paris, 4 floréal an VlII
> (24 avril 1800).

L'armée d'Italie est aux mains avec l'armée autrichienne. Soit qu'elle vainque, soit qu'elle soit vain-

---

d'Italie; mais il préféra déboucher par le grand Saint-Bernard, afin de tomber sur les derrières de Mélas, enlever ses magasins, ses parcs, ses hôpitaux, et enfin lui présenter la bataille après l'avoir coupé de l'Autriche. »

cue, il est indispensable que l'armée de réserve ne perde pas une heure. Si nous sommes vainqueurs, l'armée autrichienne se trouvera considérablement affaiblie et hors d'état de résister à l'armée de réserve. Si notre armée d'Italie est vaincue, et qu'elle soit obligée de prendre la ligne de Borghetto ou toute autre, pour défendre les Alpes maritimes, il est encore indispensable que l'armée de réserve attaque le Piémont ou le Milanais, afin de faire une diversion, et d'obliger l'armée autrichienne à revenir à la défense de la Lombardie et de ses magasins.

Je vous prie, en conséquence, de donner ordre au général chef Berthier :

1° De porter, en toute diligence, l'armée de réserve à Genève ;

2° De faire passer à Villeneuve, par le lac, tous les approvisionnements de guerre et de bouche qui ont été rassemblés à Genève ;

3e De se porter, le plus rapidement possible, en Piémont et en Lombardie, soit en passant le *Grand-Saint-Bernard, soit en passant le Simplon.*

Quelle que soit l'issue des événements d'Italie, l'armée autrichienne, qui s'est enfournée sur Gênes et sur Savone, se trouve d'autant plus éloignée des passages des montagnes, et dans un état de délabrement tel [1], qu'elle est absolument hors d'état de

---

1. Bonaparte paraît s'être fait illusion pendant toute cette campagne sur la force réelle de l'armée autrichienne. Les troupes qui tentèrent de forcer le Var souffrirent, nous le verrons, de leur séjour prolongé dans l'Appennin ; mais à la date de cette

tenir la campagne contre les 40 000 hommes que le
général Berthier peut facilement réunir.

Je vous prie également, Citoyen Ministre, d'activer le départ de Paris des chevaux et des pièces
d'artillerie destinées pour l'armée de réserve.

*Avant que cette armée n'ait franchi le Saint-Bernard
et le Simplon,* nous aurons des nouvelles positives
de la situation où se trouvera notre armée d'Italie.

Le télégraphe d'aujourd'hui, de Bâle à Strasbourg,
m'apprend qu'il n'y a rien de nouveau. *Réitérez
l'ordre au général Moreau d'attaquer l'ennemi. Faites-
lui sentir que ses retards compromettent essentiellement
la sûreté de la République.*

Envoyez un courrier extraordinaire au général
Saint-Hilaire, commandant la 8ᵉ division militaire,
pour qu'il rassemble toutes les forces en infanterie,
cavalerie, etc., qui pourraient se trouver dans sa
division, afin de pouvoir renforcer l'armée d'Italie,
et qu'il prenne des mesures pour assurer les approvisionnements de guerre et de bouche de la ville
d'Antibes. Le même courrier portera l'ordre au
général commandant à Nice de veiller à l'approvisionnement de Monaco et du château de Nice, et celui d'expédier fréquemment des courriers extraordinaires pour vous instruire des événements qui
auraient lieu en Italie.

Écrivez également au général en chef Masséna

lettre, elles étaient loin d'être délabrées, et à l'heure critique,
elles surent fournir, sur le champ de bataille de Marengo une
carrière héroïque.

que nous n'avons pas encore de nouvelles officielles de ce qui se passe en Italie ; que les armées du Rhin et de réserve se mettent en marche, que nous attendons impatiemment l'issue des évènements, que nous ne connaissons encore qu'imparfaitement.

BONAPARTE.

Le Premier Consul au général Berthier, commandant en chef l'armée de réserve, à Dijon.

Paris, 4 floréal an VIII
(24 avril 1800).

Le ministre de la guerre vous a envoyé hier, Citoyen Général, la copie d'une lettre sur l'armée d'Italie.

Je n'ai point encore de nouvelles officielles ; mais voici ce qui résulte de tout ce qui est venu à ma connaissance :

Le 16 germinal, le général Mélas avait son quartier-général à Cairo ; il avait avec lui une vingtaine de mille hommes ; il a forcé les redoutes de Monte-Legino, s'est emparé de Savone, et le 17 de Saint-Jacques.

La division française, qui était sur Montenotte, a fait sa retraite sur Gênes, après avoir renforcé la garnison de Savone.

Les deux divisions françaises qui étaient aux ordres de Suchet ont fait leur retraite sur la ligne de Borghetto.

Cependant, le 17, une division de 15 000 Autrichiens a attaqué la Bocchetta. Masséna s'y est porté en personne, les a battus et leur a fait 2 500 prisonniers.

Une lettre de Nice, datée du 23, porte que le général Suchet venait de faire 1 200 prisonniers. On ignore les manœuvres qu'a faites le général Masséna, mais il paraît que le 23 l'ennemi était encore maître de Savone.

Le jour où Masséna aura rouvert ses communications, nous recevrons nécessairement un courrier ; et, comme je n'ai point de nouvelles aujourd'hui, je suis fondé à penser que, le 26, les communications n'étaient pas rétablies.

Que fera donc Masséna ? S'il échoue dans l'entreprise de rétablir les communications, il restera à Gênes tant qu'il aura des vivres ; ou il se portera rapidement sur Acqui, pour de là gagner les Alpes ; ou il ira chercher du pain, dans le Parmesan ou tout autre point de l'Italie.

Dans cet état de choses, vous sentez combien il est essentiel que l'armée de réserve donne à plein collier en Italie, indépendamment des opérations de l'armée du Rhin.

Pour cela faire, vous avez deux débouchés : *le Bernard et le Simplon.* Vous pouvez, dans ce cas, vous renforcer des troupes que Moreau a laissées dans le Valais.

Par le Saint-Bernard, vous vous trouverez agir beaucoup plus près du lac de Genève, et dès lors vos subsistances seront beaucoup plus assurées. Mais il faut que vous vous assuriez bien de la nature des chemins depuis Aoste au Pô. Vous pouvez, dans le corps italien, avoir tous les renseignements nécessaires [1].

Par le Simplon, vous arrivez tout de suite dans un plus beau pays.

Rien, en Italie, ne pourra résister aux 40 000 hommes que vous avez. Que l'armée autrichienne soit victorieuse ou vaincue, elle ne pourra, dans aucun cas, soutenir le choc d'une armée fraîche.

Avant que votre armée ne soit arrivée à Genève et à Villeneuve, j'aurai des nouvelles positives de la situation de l'armée d'Italie, qui me mettront à même de vous donner des instructions plus précises.

Votre plus grand travail, dans tout ceci, sera d'assurer vos subsistances.

Mes guides doivent arriver à Dijon le 6. Vous pourrez disposer de l'artillerie comme vous voudrez, et employer à atteler des pièces les attelages destinés au double approvisionnement.

La 30e est partie depuis 3 jours, mais il y a dans cette demi-brigade beaucoup de conscrits.

La 72e, bonne et excellente demi-brigade, est partie de Caen et se dirige à grandes marches sur Dijon. Vous pouvez regarder cette troupe comme une espèce réserve.

Laissez à Dijon Vignolles [2], ainsi que les dépôts

---

1. *Voir* la lettre du général Mainoni, page 183.
2. Vignolles (comte Martin de), né à Massillargues (Hérault) le 18 mars 1763, entré dans l'armée en 1780, comme cadet gentilhomme dans le régiment de Barrois, continua à servir après la Révolution, se distingua particulièrement à Montenotte comme

de chaque corps, pour réorganiser les conscrits
à mesure qu'ils arrivent, et vous les faire passer.

Faites-moi connaître, par le retour de mon aide-
de-camp, la situation de votre armée.

BONAPARTE.

*Il serait peut-être essentiel, par mesure de précaution,
que vous envoyassiez un officier ou un commissaire des
guerres à Chambéry, afin de préparer dans cette place
la manutention et les approvisionnements pour pouvoir
nourrir votre armée si, lorsqu'elle sera arrivée à Genève,
les événements de l'armée d'Italie obligeaient à les faire
filer par le Mont-Cenis [1].*

BONAPARTE.

Le Premier Consul au général Moreau, commandant en chef l'armée du Rhin.

Paris, 4 floréal an VIII
(24 avril 1800).

. . . .

J'espère qu'à l'heure qu'il est vous avez passé le
Rhin. Ayez le plus tôt possible un avantage afin de

---

adjudant-général, fut fait, en 1803, général de division. Il fit la
plupart des campagnes de l'Empire et perdit un œil à Wagram.
Sous la Restauration, il devint préfet de la Corse, fut élu député
du Gard en 1820, et mourut conseiller d'Etat en 1824. Son éloge
funèbre fut prononcé par son ami le général baron de Campredon. (*Moniteur officiel* du 19 novembre 1824.)

1. « Le Premier Consul avait préféré le passage du grand
Saint-Bernard à celui du Mont-Cenis, l'un n'était pas plus difficile que l'autre.... Cette difficulté était la même pour le passage
du Mont-Cenis ; mais en passant par le Saint-Bernard, on avait
l'avantage de laisser Turin sur la droite et d'agir dans un pays
plus couvert et moins connu, et où les mouvements seraient

pouvoir, par une diversion quelconque, favoriser les opérations d'Italie. Tous les jours de retard seraient extrêmement funestes pour nous.

BONAPARTE.

Sous le coup des nouvelles venues de Ligurie, le général Berthier écrivait de Dijon au Premier Consul :

**Berthier, général en chef de l'armée de réserve,
au Premier Consul.**

5 floréal an VIII
(25 avril 1800).

Citoyen Consul,

Il n'y a pas un moment à perdre pour faire un mouvement qui dégage Masséna ; je serais déjà à Genève, si la formation de cette armée et tout ce qui tient essentiellement à son organisation me le permettaient ; mais elle est en retard *de vingt jours*.

Je pense qu'il est indispensable de prendre un parti indépendant des événemens du Rhin et de ceux de l'aile droite de l'armée d'Italie, et je propose..... Ordre impératif au général Moreau de réunir le 15 floréal (10 mai), à Lucerne, un corps de 15 000 hommes aux ordres du général Lecourbe, avec les approvisionnemens et tout ce qui est nécessaire pour passer le Saint-Gothard..... Ordre direct au général Lecourbe, qui est indispensable-

plus cachés que sur la grande communication de la Savoie, où l'ennemi devait avoir nécessairement beaucoup d'espions. » *Œuvres de Napoléon à Sainte-Hélène, loc. cit.*

ment nécessaire par ses connaissances du pays.

Vous verrez par l'état de situation que je n'ai dans ce moment que 22 000 hommes d'infanterie disponible, 6 000 hommes en marche, et 3 000 seulement annoncés.

La légion italique de 4 000 hommes est sans armes et sans habits ; observez que dans le nombre ci-dessus il y a un quart de conscrits, dont la désertion est journalière : je ne puis donc passer les Alpes qu'avec 25 000 hommes portant des baïonnettes, non compris la cavalerie et l'artillerie ; ajoutez 3 000 hommes du général Thureau, et vous trouverez au plus 30 000 hommes d'infanterie (calcul de général en chef, et non de bureau, ce que vous savez apprécier mieux que personne) ; je ne compte pas les bataillons de l'armée d'Orient destinés à garder la Suisse.

Il est indispensable, quelque chose qui arrive, que l'armée du Rhin me donne le général Lecourbe avec 15 000 hommes organisés pour passer le Saint-Gothard ; quelles que soient les circonstances , Moreau restera toujours avec plus de forces qu'il ne lui en faut.

Genève et l'Helvétie sont des pays ruinés ; je ne puis donc que les traverser et ménager ces faibles ressources pour mon passage.

Suivant les circonstances, je me mettrai en mouvement de Genève, le 18 ou le 19 floréal (13 ou 14 mai), pour me jeter en Italie, soit par le Saint-Bernard, soit par le Simplon, soit par le Saint-Go-

thard. Je me déciderai au moment même. Le Simplon
est impraticable pour les traîneaux ; le Saint-Bernard et le Saint-Gothard sont les débouchés pré-
férables.

Je vous fais connaître ma véritable position, non
pour me plaindre, mais pour vous mettre à même
de faire vos dispositions. Je marcherai avec ce que
j'aurai, sans compter le nombre des ennemis : les
troupes ont de l'ardeur ; nous vaincrons les difficultés, nous en aurons beaucoup, et par conséquent
plus de gloire.

BERTHIER.

Comparons l'évaluation du Premier Consul à celle de
Berthier.

**Le Premier Consul au général Berthier, commandant en
chef l'armée de réserve.**

Paris, 6 floréal an VIII
(26 avril 1800).

. . . .

Voici comment je vois votre armée :

La division Loison, composée des

13e légère
58e de ligne   } 6 à 7 000 hommes.
60e de ligne

La division Chambarlhac, composée des

24e légère
43e de ligne   } 9 000 hommes.
96e de ligne

La division Boudet, composée des

9e légère ⎫
30e de ligne ⎬ 7 à 8 000 hommes.
59e de ligne ⎭

La division Watrin, composée des

6e légère ⎫
22e de ligne ⎬ 6 à 7 000 hommes.
40e de ligne ⎭

Ces quatre divisions disponibles et prêtes à marcher au 10 floréal (30 avril).

La 5e division du général Chabran, composée de neuf bataillons des quinze de l'armée d'Orient, que vous formerez en brigades comme je l'avais projeté. Cela vous formerait une division de 6 000 hommes, qui pourrait marcher avec les 4 premières divisions.

La 6e division, qui pourrait partir de Dijon du 25 au 30 floréal (15 au 20 mai), serait composée des

19e légère ⎫
70e de ligne ⎬ 6 à 7 000 hommes.
72e de ligne ⎭

La 7e serait composée de la 17e légère et des six bataillons restant des quinze de l'armée d'Orient.

Enfin, vos 4 000 Italiens, en laissant un dépôt qui puisse former les 3 ou 4 000 Italiens qui sont encore dans les différentes parties de la France, et qui se rendront à Dijon lorsque le mouvement sera démasqué.

Ainsi il me semble que le 15 floréal (5 mai) vous pourrez avoir à Genève, prêtes à se porter partout où il sera nécessaire :

1° Les 4 premières divisions, 28 à 30 000 h.

2° La 5ᵉ division Chabran,   5 à 6 000 h. } 40 000

3° Qqs jours après, les Italiens.   4 000 h.

Au 30 floréal (20 mai), vous pourriez avoir à Genève :

La 6ᵉ division.............. 6 à 7 000 hommes.

Et vers le 15 prairial (4 juin), la 7ᵉ .... 6 000 hommes.

· Le général Turreau pourrait vous seconder avec.......... 3 000 hommes.

Les troupes de l'armée du Rhin, qui sont dans le Valais.. 3 000 hommes.

Ainsi vous pouvez être arrivé à Aoste et à Suze du 20 au 30 floréal (10 au 20 mai), avec 44 000 hommes d'infanterie, et vous seriez suivi, à 10 jours de distance, par une division complète de 8 000 hommes, et à 20 jours, de six autres mille hommes ; indépendamment du détachement de l'armée du Rhin proportionné aux circonstances où elle se trouvera, et qui pourra aller depuis 30 jusqu'à 10 000 hommes, selon les événements. Mais je vous vois assuré, appartenant à vous, de 50 à 60 000 hommes d'infanterie[1].

---

1. Nous arrêtons la lettre de Bonaparte, trop longue pour être donnée ici en entier. Voici le résumé :

Infanterie disponible tout d: suite......	44 000	} 50 000 h.
Cavalerie...........................	4 000	
Artillerie..........................	2 000	
Infanterie..........................	8 000	} 11 000 h.
Cavalerie...........................	3 000	
7ᵉ division pour mémoire.............		
Total...........	61 000 h.	

Quant à l'artillerie : 48 bouches à feu.

. . . .

Envoyez le général Marescot au Saint-Bernard afin qu'il soit de retour à Genève le 15 floréal (5 mai), avec des croquis exacts de la route. S'il a des pionniers, qu'il les mène avec lui...

Le Premier Consul au général Berthier, commandant en chef l'armée de réserve, à Dijon

Paris, 7 floréal an VIII
(27 avril 1800).

Votre aide de camp arrive à l'instant, Citoyen Général. Je désire que vous réunissiez toute l'armée à Genève, et que vous donniez des ordres pour que l'on transporte à Villeneuve, par le lac, du biscuit, du blé et de l'eau-de-vie.....

. . . .

Mon projet ne serait plus de passer *par le Saint-Gothard;* je ne regarde cette opération possible et dans les règles ordinaires de la prudence *que lorsque le général Moreau aurait obtenu un grand avantage sur l'ennemi.*

D'ailleurs il est possible que ce ne soit plus à Milan où il faille aller, mais que nous soyons obligés de nous porter en toute diligence sur Tortone, pour dégager Masséna, qui, s'il a été battu, se sera enfermé dans Gênes, où il a pour trente jours de vivres. C'est donc par le Saint-Bernard [1] *que je désire que l'on passe. Ar-*

1. Remarquons que cette lettre est écrite de Paris, bien avant la conversation rapportée par Thiers comme ayant décidé au dernier moment le choix du Saint-Bernard.

rivé à Aoste, on sera à même de se porter sur le lac Ma-
jeur et sur Milan en peu de marches et dans un pays
abondant et tel qu'il nous le faut, s'il devenait inutile de
se porter tout de suite sur la Rivière de Gênes. D'ail-
leurs, l'opération de passer par le Saint-Bernard me
parait beaucoup plus proportionnée à vos moyens
actuels, puisque vous n'aurez à vous nourrir que depuis
Villeneuve à Aoste, pouvant transporter vos vivres
par le lac à Villeneuve; vous n'avez que quatre jours
de Villeneuve à Aoste.

Vous voyez que, dans l'une ou l'autre de ces opérations, vous aurez toujours, ou les débouchés du
Dauphiné par votre flanc droit, ou les débouchés de
la Suisse, occupés par l'armée du Rhin, par votre
flanc gauche. Ainsi, dans tous les cas, vous avez une
ligne d'opération assurée, et vous restez en contact
avec la République.

Si vous vous portez sur Milan, tout ce qui sera sur
le Saint-Gothard ou le Simplon vous joindra successivement.

Je partirai d'ici le 10 pour Genève ; je passerai
par Dijon.

BONAPARTE.

Les reconnaissances faites en dernier lieu par le général
Marescot, et les renseignements donnés à Berthier par le
général Mainoni, officier d'origine italienne chargé de la
défense des Alpes, vinrent confirmer Bonaparte dans le
choix que la situation de l'armée d'Italie le portait à faire
du Grand-Saint-Bernard, comme point principal de passage.

10.

Précis de l'itinéraire des principaux passages des Alpes en Italie, depuis le mont Cenis jusqu'au Splugen.

Premier passage par le Petit-Saint-Bernard.

On ne peut absolument parvenir à la montagne du Petit-Saint-Bernard au mois de mai, en partant de Genève, qu'en passant par Annecy, Ugine, Conflans, Moutiers et Saint-Maurice; l'autre route, par Bonneville et le Petit-Bon-Homme, n'est praticable que pendant quinze jours du mois d'août.

Du sommet du Petit-Saint-Bernard, on peut descendre sur Aoste et sur Turin; mais ce chemin est toujours très difficile.

Deuxième passage par le Grand-Saint-Bernard.

Le passage du Grand-Saint-Bernard est moins difficile dans la belle saison que celui du Petit-Saint-Bernard. On y monte par Martigny, dès l'entrée dans le Vallais; on descend sur Aoste à Ivrea, *en passant sous le fort de Bard.* Ce chemin offre différentes *passes ou chiusa très resserrées;* cependant, par le moyen des traîneaux et d'autres précautions, on y peut passer de petites pièces d'artillerie.

Lorsqu'on est arrivé à Ivrea, on trouve deux grands chemins; le premier, qui va vers le Sud, conduit directement à Turin; l'autre, vers le Nord-Est, conduit au lac d'Orta et à l'extrémité méridionale du lac Majeur, passant par Massarano, Gattinara, Romagnano et Borgomanero.

De Gattinara et Massarano, on peut suivre le

chemin de Novarre et Vercelli. A Borgomanero, on trouve le chemin qui va à Novarre, à Sesto, à Arone, ainsi qu'à Buccione qui est à l'extrémité méridionale du lac d'Orta. Toutes ces routes, depuis Ivrea, sont larges, commodes, et presque toutes routes de postes.

Il y a aussi à Ivrea une route qui communique avec la vallée de la Sesia : en passant par Biella, Crevacore et Borgo-Sesia, on peut y faire passer de petites pièces d'artillerie.

Troisième passage par le Simplon.

La route depuis Genève jusqu'à Brieg, dans le Haut-Vallais, est très praticable pour les voitures de toute espèce ; on monte depuis Brieg dans la vallée méridionale qui conduit au Simplon, et passant par Varzo et la vallée de Vedro, on descend à Crevolo. A Crevolo, on peut choisir entre trois routes différentes : 1° celle qui, par Domo d'Ossola, Villa, Pedemulera, Magiandone, va à Ornavasso et Gravelona. Lorsqu'on est à Gravelona, cette route se divise ; une branche conduit à Omegna, qui est à l'extrémité septentrionale du lac d'Orta. Le chemin de Crevolo à Omegna est praticable pour l'artillerie et parfaitement uni ; l'autre branche conduit à Feriolo, Tresa, Belgirate, Arone et Sesto, qui sont à la droite de la partie méridionale du lac Majeur.

2° La route de Crevolo à Masera, qui est sur la rive gauche de la Toce, qui arrose la vallée d'Ossola.

A Masera, cette route se divise aussi ; une branche côtoyant la montagne du Nord au Sud, passe à Vo-

gogna, et de là à Margozzo, Palanza, Intrafi, et
aboutit sur la rive droite septentrionale du lac Majeur ; l'autre monte de Masera vers le Levant, dans
la vallée Oegezzo. Par cette vallée, on tombe sur
Locarno, qui est à l'extrémité supérieure du lac
Majeur sur la droite.

A Locarno, il y a deux routes : l'une sur la droite,
qui, passant par Asçona, va à Canobio, et de là à
Intra, Palanzefi ; l'autre, sur la gauche, qui, par
Magadino, entre dans la vallée du Tésin et va à
Bellinzona.

3° La route de Crevolo monte vers le Nord, et conduit dans la vallée Premia et Formazza, par lesquelles on communique avec la vallée de Göms,
celle de Münster, et supérieurement avec le Saint-
Gothard, quoique au commencement de la belle
saison cette communication avec le Gothard ne soit
pas praticable.

Quatrième passage par le Göms.

Lorsqu'on est à Brieg, on continue de monter
dans le Haut-Vallais jusqu'au-dessus de Bister ;
après on arrive à Göms, et on entre dans la vallée.
On descend vers Formazza, et l'on suit la vallée
de ce nom qui, dans la direction du Sud, porte à
Crevolo.

Avant d'arriver à Crevolo, on peut passer dans
différens endroits la rivière Toce, et se porter sur
la gauche de la vallée Premia, et par Monte-Cres-
tese aller à Masera, d'où l'on a les continuations

des routes indiquées ci-dessus n° 2, et de celle du Simplon.

Cinquième passage par Münster.

De Brieg, continuant de monter dans le Valais, on va à Münster; puis, tournant dans la vallée à droite, on descend dans la partie supérieure de la vallée Formazza, par laquelle on retombe sur les positions indiquées dans la route du Göms.

Soit qu'on arrive au Saint-Gothard par le Sud, soit qu'on y monte par l'extrémité orientale du Vallais, on se trouve au même point de jonction des deux routes qui descendent dans la vallée Levantina. Par cette vallée on va à Airolo, et de là, tournant à gauche à l'extrémité de la vallée, on entre dans celle de Musocco par Rogoretto. A Rogoretto, deux routes se rencontrent, une qui monte vers le Nord-Est, et qui porte vers Chiavenna à l'extrémité supérieure du lac de Como; l'autre à droite, assez difficile, qui monte dans la vallée Morobia, par laquelle on descend sur Saint-Antoine, derrière Bellinzona, dominant les trois forts qui environnent cette petite ville.

Débouchant de la Levantina et tournant à droite, on arrive à Bellinzona; de Bellinzona, on passe le Monte-Cenere. On y monte aussi de Locarno par Magadino; les deux routes se réunissent sur le Monte-Cenere.

Lorsqu'on a descendu le Monte-Cenere, un peu plus bas que le village de Bironico, on peut suivre

le chemin qui va à Lugano, ou celui qui conduit au
Ponte-Tresa. On va par cette route à Lavens, La-
vino, et directement aussi à Varese, et de là à
Angera et Sesto, sur la rive gauche du lac Majeur.

De la Rocca-d'Angera on peut sans danger canonner le fort d'Arone.

Depuis Lugano, il y a aussi la route qui vient à
Ponte-Tresa [1].

1. Pour compléter cet ensemble de documents sur les Alpes, qui est du reste
déjà connu, nous donnons les notes du général Lecourbe sur la défense de l'Helvétie.
Elles présentent un intérêt tout particulier, en présence de la situation faite aujourd'hui à la Suisse par la Triple Alliance menaçante pour la France, et forcément tentée de violer la neutralité du territoire helvétique. Nous ne les avons pas
donné·s dans le texte même du volume, parce qu'elles se placent à un point de vue
purement défensif étranger à notre sujet.
Il ne faut pas oublier, en lisant les lignes qui suivent, que les masses d'hommes
mises en mouvement étaient, en 1800, peu considérables, comparées à celles qui
joueraient aujourd'hui le rôle d'assaillants.

*Lettre du lieutenant-général Lecourbe, commandant l'aile droite
de l'armée du Rhin, au général en chef Berthier, commandant
l'armée de réserve.*

Au quartier-général, à Zurich, le 2 floréal an VIII de la République
(22 avril 1800).

Conformément à vos intentions, je vous adresse quelques
notes sur l'Helvétie.

Vous y verrez les troupes que j'y laisse, et mes réflexions sur
les projets et les progrès de l'ennemi.

Je ne m'étends pas sur la description topographique de l'Helvétie. Je me borne à indiquer les principaux débouchés : toutes
les montagnes sont praticables pendant deux ou trois mois,
mais il faut cependant être entreprenant.

N'étant point chargé de faire les préparatifs du passage et de
la subsistance de vos colonnes, je ne m'en occupe pas.

Mais pensez qu'il vous faut bien des choses pour faire passer
par le Saint-Gothard une armée nombreuse. Songez qu'il vous
faut de l'argent, des subsistances, des bêtes de somme, des trai-
neaux et des barques. Je n'ai rien, ou peu de tout cela. Vous
devez vous le procurer ou le demander au général Moreau.

Je ferai tout pour vous seconder.
Signé : LECOURBE.

NOTES SUR L'HELVÉTIE.

Pendant le mouvement de l'armée en Souabe, vu la position
actuelle des armées belligérantes en Italie, il est nécessaire de
laisser en Helvétie un corps de troupes.

Lettre du général de brigade Mainoni au général Berthier, commandant en chef l'armée de réserve.

Au quartier général de Sion, le 16 floréal an VIII
(6 mai 1800).

Je me suis rendu à Martigny pour avoir une conférence avec le général Marescot, inspecteur géné-

Si l'on considère la situation topographique de la Suisse, les défilés par lesquels l'ennemi devrait passer pour y pénétrer, les difficultés qu'il y éprouverait pour des subsistances, et les chicanes que l'on peut lui apposer à chaque pas, chicanes qui sont telles que, dans certaines positions, peu de troupes peuvent en arrêter beaucoup ; j'estime qu'avec 7 à 8.000 hommes, on peut garder les débouchés des Alpes méridionales et la partie du Rheinthal qui avoisine les Grisons, jusqu'à ce que l'armée du Rhin ait débordé le lac de Constance, non compris ce qu'on doit laisser au camp de Bâle et dans le Frickthal pour escorter les convois.

LE VALLAIS.

Ce canton est difficile à garder. Les différens débouchés qui y arrivent du Milanais, du Piémont, feraient penser, au premier aspect, qu'il faut beaucoup de troupes pour conserver ce pays.

Cinq ou six bataillons suffisent pour la défense de la vallée du Rhône, mais il ne faut pas les disséminer. Il faut les tenir dans la vallée, et avoir seulement des postes sur le sommet des montagnes où sont les passages.

Les principaux sont les Griess, le Simplon, ceux du Vispac, d'Hérens, de Bagnes, du Saint-Bernard. Il y en a encore beaucoup d'autres qui ne sont praticables que pendant deux ou trois mois. Si l'on peut se procurer des moyens de transport, il importe de tenir dans la vallée de Gums, ou Haut-Vallais, deux bataillons que l'on placerait aux environs du lac de Münster. Ce corps de troupes aurait le double avantage de défendre les passages de Griess et d'Erner, et de menacer le Gothard et la vallée de la Reuss, si l'ennemi entreprenait sur ces points. J'estime que le Gothard doit se garder par le Vallais, mais il faut des troupes dans la vallée de Gums, qui seront toujours dans le cas de traverser le Furca pour venir dans la vallée d'Urseren. Si l'ennemi, pendant le mouvement que feraient les troupes campées à Münster en se portant à Urseren, forçait les débouchés de

ral du génie, et le général Watrin. Après cette conférence, dans laquelle je leur ai fait connaître ma
position et mes moyens de défense, il a été convenu

Griess, etc., et s'emparait du Haut-Vallais et du Gothard, ainsi
qu'il l'a fait l'an dernier, il faudrait, dans ce cas, qu'un bataillon ou deux se jetassent dans la vallée de l'Aar ou celle d'Urseren par le Furca, ou encore dans le Haut-Vallais sur Oberghes-
telen.

Le Grimsel est essentiel à garder.

Si l'ennemi est maître du Haut-Vallais, il faut donc jeter un
ou deux bataillons dans la vallée de l'Aar, qui auront leur poste
au Grimsel.

Le restant des troupes du Vallais doit couvrir le Simplon et
garder Brieg ; la position est assez bonne.

Le restant des troupes doit être placé à Sierres, Leuk, Martinac, au Saint-Bernard.

Si l'ennemi faisait des efforts sur tous les débouchés du Vallais ; qu'il forçât le Simplon, les débouchés de la Visp, etc., le
Saint-Bernard même, les résultats de ces entreprises ne seraient
pas aussi malheureux qu'ils peuvent le paraître au premier
aspect. Dans tous les cas, les troupes qui seraient forcées à évacuer le Vallais se retireraient en partie, comme je l'ai déjà dit,
dans la vallée de l'Aar. (Si cependant d'autres troupes pouvaient
se porter dans cette vallée, elles éviteraient des marches pénibles à celles du Vallais, qui seraient forcées de remonter jusqu'au
Grimsel.)

Une autre partie couvrirait le passage de la Gemmi, et occu-
perait Kandersteg et en avant : ce passage est difficile, et aisé à
garder par les tournans et escaliers pratiqués dans les rochers.

L'autre partie, forcée d'abandonner la position de Martinac
sur la Dranse et le Saint-Bernard, se retirerait à Saint-Maurice.
Cette position, belle et aisée à défendre, serait le nec plus ultra
de l'ennemi.

Les chances de ce dernier dans l'invasion du Vallais, et même
de la vallée de la Reuss, sont toutes à son désavantage ; car s'il
y a un corps considérable de troupes, il y mourra de faim. Le
pays ne lui offrant aucune ressource, il sera obligé de faire traverser toutes les montagnes à ses convois, soit par des bêtes de
somme, soit à dos d'homme. On sent les inconvénients de cette
circonstance.

Si au contraire il ne tient dans les endroits cités plus haut
que peu de troupes, le moindre renfort qui arriverait de notre

qu'à leur arrivée à Genève ils vous rendraient compte de nos observations. A mon retour, j'ai reçu la dépêche du général Dupont, chef de l'état-major,

part nous mettrait bientôt à même de reprendre tous ces postes ; car toutes ces montagnes, le Saint-Bernard, le Gothard, etc., n'offrent point de belles défenses : celui qui les attaque est presque toujours sûr de réussir.

C'est dans les vallées qu'il faut défendre les montagnes. Cette réflexion paraîtra peut-être suprenante à ceux qui n'ont pas fait la guerre de montagnes ; mais si au débouché d'une montagne vous avez de bonnes réserves, faites-les donner à propos au moment où l'ennemi, harassé de fatigue, vient de parcourir souvent sept à huit lieues de montée et de descente : il est presque sûr, dans ce cas, qu'il ne remontera pas, et qu'on le prendra. J'en pourrais citer bien des exemples. Voilà pour le Vallais.

Gothard et Vallée de la Reuss.

Tant que nous ne sommes pas maîtres des Grisons et de la vallée Levantine, il est presque impossible de se maintenir dans ces lieux, si l'ennemi veut réellement y faire des efforts, et réunir pour ses attaques plus de monde qu'il n'y en a pour les défendre. J'ai donné à cet égard une instruction au général Chabert, dont je joins ici copie. Elle renferme tout ce que l'on peut employer en cas d'attaque et de retraite ; je l'ai éprouvé, 7 à 8 000 hommes suffisent sur ces points. Cependant il serait à propos d'avoir un bataillon de plus pour jeter d'avance dans la vallée de l'Aar sur Meyringen, Guttannen et Im-Grund : il est vrai qu'en ce moment le Grimsel et le Furca ne sont pas praticables.

Glaris ou Vallée de la Linth.

Ces points offrent aussi des débouchés venant des Grisons. Les principaux sont le Linthal par le Pantenbruck, qui n'est praticable que deux ou trois mois pour des piétons seulement, et la vallée d'Engi, dite Kleinthal, la même par où s'est retiré Souvarow. Cette vallée n'est point encore praticable ; elle est d'ailleurs facile à garder en occupant Schwenden. Trois ou quatre compagnies restant à Glaris suffiront pour observer cette vallée. Dans le cas cependant où les Autrichiens feraient des tentatives sur ce point, et qu'ils réussiraient à s'emparer de Schwenden et de Glaris, il faut que le commandant de ces troupes fasse prévenir, dans le premier cas, le commandant des troupes qui

11

expédiée le 12 de Dijon. Je m'empresse, Citoyen Général, de répondre à vos désirs.

Je défends, depuis les sources du Rhône jusqu'à

sont à Altorf, de veiller sur le Schachenthal ; et dans le second cas, il faut qu'une partie des troupes qui étaient à Glaris se retire par le Clonthal et le Muttenthal, et ait soin de garder le premier de ces passages, afin de couvrir Schweiz. L'autre partie prendrait position à Nœffels, en attendant quelques renforts envoyés de Zurich. Mon projet est de laisser un bataillon dans ce dernier lieu et à Glaris.

HAUT ET BAS-RHEINTHAL.

Pendant le mouvement de l'armée, il est nécessaire de laisser au moins une demi-brigade dans ces lieux. Cette demi-brigade doit continuer à garder tous les postes qu'elle occupe en ce moment, depuis le mont Kunkels jusqu'à Rheineck ; seulement, elle devra un peu s'étendre sur sa gauche et doubler son service pendant le mouvement que je ferai de droite à gauche.

Si l'ennemi faisait des tentatives sur le haut Rheinthal, du côté de Mels et Sargans, soit en passant le Rhin, soit en venant de Kunkels ; les troupes qui défendent ces points, si elles étaient forcées, devraient d'abord couvrir Wallenstadt, le passage du lac, et le chemin praticable pour les chevaux sur la rive gauche du lac. Ces troupes, forcées à Wallenstadt, devront avoir soin, en se portant à Wesen, d'enlever avec elles toutes les embarcations et défendre la tête du défilé.

Les autres troupes auront à couvrir les débouchés de Wildehausen, qui arrivent sur la Thur, et les montagnes du Toggenbourg.

Si l'ennemi venait en force dans le Rheinthal, qu'il effectuât plusieurs passages, et que les troupes qui seraient forcées à évacuer la vallée vinssent prendre de bonnes positions sur Wildehausen et sur les autres montagnes d'Appenzell, pour couvrir les passages de Griess et ceux de Rheineck, il serait alors impossible à l'ennemi de faire de grandes entreprises. Quelques renforts que l'on pourrait jeter sur Roschach ou sur la Sitter, et que l'on ferait passer promptement par les ponts du Rhin, que nous aurions le plus près du lac de Constance, suffiraient pour arrêter l'ennemi, voulût-il même venir avec un corps considérable.

Si les progrès de l'armée du Rhin allaient en croissant, et que nous fussions maîtres du lac de Constance, un corps de

Saint-Maurice, tous les débouchés sur l'Italie, qui sont :

La vallée d'Immloch, par laquelle on arrive en sept heures à Airolo, en passant au col de Bedretto sur la gauche. Airolo, qui forme le commencement de la vallee Levantina, est situé au pied du Saint-Gothard. En passant à droite de la montagne du Gries, on arrive dans la Formassa, qui va abou-

troupes, se portant du côté de Lindau et de Bregentz, l'aurait bientôt forcé à la retraite : alors, la demi-brigade laissée dans le Rheinthal pourrait passer le Rhin, et venir à Brégentz se joindre à la droite de l'armée du Rhin qui nécessairement doit s'y appuyer.

L'armée de réserve, qui, d'ailleurs, arrive ou va arriver en Helvétie, devra envoyer une réserve à Lucerne et à Zurich.

Voilà des idées sur la défense de l'Helvétie pendant les opérations de l'armée du Rhin, que je dois appuyer avec plus des deux tiers de mon corps de troupes.

Les mesures que je prends pour garder en ce moment l'Helvétie, où tout doit s'ébranler, devraient changer dans une autre hypothèse, c'est-à-dire, *si les armées du Rhin et d'Helvétie restaient sur la défensive; alors il n'y aurait pas assez de dix à onze bataillons pour la défendre.*

Il faut laisser dans le *Vallais* cinq bataillons : un de la 9ᵉ légère, un de la 44ᵉ, trois de la 28ᵉ.

Vallée de la Reuss. — Un bataillon de la 1ʳᵉ légère.

Zurich, vallée de Lintz. — Deux bataillons de la 44ᵉ, dont un serait disponible pour le porter au Rheinthal, soit par Saint-Gall, soit par Wallenstadt.

Rheinthal. — Trois bataillons de la 102ᵉ. Si un bataillon de la 101ᵉ se portait au Vallais, l'autre bataillon de la 44ᵉ devrait revenir ou à Lucerne ou à Zurich. D'ailleurs, l'armée de réserve, en arrivant à Genève, doit envoyer une réserve à Vevay.

Il y aurait encore quelque chose à ajouter à la présente ; mais les instructions particulières que je laisserai aux généraux ou commandans seront calquées sur celles-ci. Plusieurs autres débouchés partent encore du Vallais sur Berne, par l'Oberland ; mais, en couvrant le Gemmi, on n'omettra pas les autres.

Signé : LECOURBE.

tir à Basseno. En suivant dans la même vallée le chemin de la montagne de Saint-Jacques, on se jette dans la Maggia, et on tombe sur Locarno.

Le second passage est celui de la Binda, qui, en partant d'Arnen, conduit en dix heures à Basseno, commune assez considérable sur la Tousa; en suivant la rivière, on va à Domo-d'Ossola, etc., etc.

Le troisième passage est celui de Brieg, par le Simplon. On monte pendant six heures ; on descend presque autant, et après avoir traversé le village de Davedro, on arrive à Domo-d'Ossola, etc. Ce passage est le plus praticable des trois, on y passe à cheval, avec des mulets ; on y a même fait passer du canon.

Le quatrième débouché est celui de la vallée de Saas par celle de Vièges. Ce chemin, praticable pour l'infanterie seulement, conduit à Varallo sur le lac d'Orta, par le Monte-Moro et la montagne du Turlo. Arrivé au pied de Monte-Moro, on peut éviter la montagne de Turlo, en suivant la vallée Mastellone et celle de Strona. Ce passage deviendrait intéressant pour tourner et prendre à dos les ouvrages que les Autrichiens ont établis à Ornavasso, dans le but de nous empêcher de déboucher par la vallée de Domo-d'Ossola.

Le cinquième passage est celui de la vallée Saint-Nicolas, qui conduit aux glaciers d'Hères et dans la vallée d'Aoste.

Le sixième, celui du val d'Annivière, par le glacier de la vallée d'Hères, aboutit dans la vallée d'Aoste.

Le septième, celui de la vallée d'Hères, conduit dans la vallée d'Aoste par deux chemins ; le plus direct passe par le glacier d'Hères, l'autre par la vallée d'Hermanns et le glacier de Bagnes.

Le huitième mène également dans la vallée d'Aoste par le glacier de Bagnes.

Le neuvième est celui de la plaine de Froux ; en côtoyant le Mont-Velan, on arrive sur la montagne contiguë au Grand-Saint-Bernard, d'où l'on descend à Saint-Remy, premier village de la vallée d'Aoste.

Le dixième passage, celui du Grand-Saint-Bernard ; on monte pendant huit heures depuis Martigny jusqu'à l'Hospice ; on descend ensuite pendant deux heures pour arriver à Saint-Remy.

Le onzième passage, par le col Ferrès sur Cour-Majeur.

Il y a beaucoup d'autres sentiers qui conduisent soit en Piémont, soit en Italie ; mais dans cette saison, ils sont presque tous impraticables ou au moins très difficiles. Les passages nécessaires pour plonger sur l'ennemi en Italie sont :

Celui du val Maggia : on couperait par ce débouché les troupes autrichiennes postées dans le Levantina à Bellinzona, etc.

Celui du Simplon, par lequel on peut faire marcher beaucoup de troupes, de vivres, etc. Il devient indispensable pour chasser l'ennemi des bords du lac Majeur, et faciliter les opérations du Grand-Saint-Bernard.

Celui de la vallée de Saas, par le Monte-Moro. On

peut prendre à dos les ouvrages d'Ornavasso, et remplir le même but que les troupes descendant le Simplon.

Celui du Grand-Saint-Bernard doit être le principal; il est, selon moi, le plus facile, et surtout décisif, si l'on fait marcher à temps calculé, par le Petit-Saint-Bernard, une colonne. avec du canon et des obusiers, afin d'attaquer de concert le fort de Bard, et de l'écraser pour sauter à l'instant cet obstacle qui pourrait retarder la jonction et l'ensemble des opérations.

Les forces de l'ennemi devant moi, si elles n'ont point changé depuis quelques jours, sont réparties ainsi qu'il suit :

Dans le Levantina, 3 000 hommes d'infanterie et 3 ou 400 chevaux commandés par le général Davidowich, la plupart Croates. A Lugano et Locarno, 1 800 hommes ; sur mon front, à Domo-d'Ossola et dans les environs, 1 000 hommes du corps des chasseurs du Loup, le corps de Rohan, fort de 8 à 900 hommes, celui de Laudon, stationné le long du lac, 2 000 hommes, et 2 à 300 hussards de nouvelle création ; beaucoup d'artillerie de petit calibre en batterie à Ornavasso et à Arona.

Dans la vallée d'Aoste, 1 500 hommes du régiment de Kinski, et quatre compagnies de Croates ; au fort du Bard, 150 hommes et 4 pièces de canon ; à Varèse, un parc assez considérable, et un camp de 10 à 12 000 hommes commandés par le général Wukassowich.

Je m'aventure à vous assurer, mon Général, que,

s'il y a effectivement une expédition, qu'elle soit
bien secondée par le Gothard, et soutenue sur tous
les points, elle ne peut que réussir complètement.

Signé : MAINONI.

Enfin le 11, le Premier Consul reçut la lettre de Suchet
tenant lieu de rapport. Sa décision était à cette heure prise,
les nouvelles officielles vinrent la confirmer. Il donna
l'ordre d'envoyer un officier sûr pour exposer à Suchet
et à Masséna les modifications apportées au plan primitif.

Le Premier Consul au citoyen Carnot, ministre de la guerre.

Paris, 11 floréal an VIII
(1er mai 1800).

Je vous prie, Citoyen Ministre, d'expédier un
officier d'état-major ou du génie très intelligent ; il
aura l'ordre d'aller joindre le général Suchet, et de
là, le général Masséna.

Il fera connaître à ces généraux que l'armée de
réserve est en pleine marche pour déboucher par
les Alpes, et que *le 21 floréal* (11 mai) elle sera en
Piémont.

Vous ne lui remettrez aucune lettre, afin qu'en
allant rejoindre le général Masséna, l'ennemi, s'il
le prenait, ne trouvât aucune dépêche.

Vous ferez connaître à cet officier à peu près la
marche que doit tenir l'armée de réserve, afin qu'il
en fasse part aux généraux Masséna et Suchet,
qu'ils agissent selon les circonstances, et que, lorsque l'ennemi se sera affaibli devant eux pour se por-

ter sur l'armée de réserve, ils tâchent de regagner le terrain perdu.

BONAPARTE.

Écrivez au général Saint-Hilaire qu'il mette en mouvement, par Antibes et Nice, les différents régiments de cavalerie qui sont sur le Rhône.

Il faudrait que cet officier fût porteur d'une centaine de mille francs, pour les hôpitaux de Nice.

Le ministre de la guerre choisit, pour la mission dont parle cette lettre, le chef de brigade du génie Vallongue [1], qui ne pouvait être employé qu'à l'intérieur. Cet officier, fait prisonnier par les Turcs au retour de l'expédition d'Égypte, avait été retiré du bagne par les Anglais et relâché sur parole. Il présentait toutes les garanties réclamées par le Premier Consul et se mit en route sur l'heure. Ses lettres vont nous permettre de le suivre pendant toute sa mission.

Pascal-Vallongue, chef de brigade du génie,
au Ministre de la guerre [2].

Nevers, le 15 floréal an VIII, à midi
(5 mai 1800).

Citoyen Ministre,

Ce n'est qu'à dix heures du soir que je pus avoir le 13 à la trésorerie la traite de 100 000 francs. Elle

---

1. Pascal-Vallongues (Joseph), né à Sauve (Gard), en 1763, était ingénieur des ponts et chaussées lorsqu'il entra comme capitaine dans le corps du génie militaire ; fut fait prisonnier lors de la campagne d'Egypte, était chef de brigade au moment de la campagne de l'an VIII, devint général de brigade après la bataille d'Austerlitz, et mourut en 1806 devant Gaëte, frappé d'un éclat d'obus.

2. *Voir* note 2, page VIII de la Préface.

est divisée en 4 lettres de change sur Draguignan,
l'une de 10 000 fr. et les trois autres de 30 000 fr. Je
dois les remettre au payeur général de l'armée
(Scittivaux). Je n'en remplirai pas moins vos intentions dans l'indication que je lui donnerai de l'emploi de cette somme selon les besoins urgents que
j'aurai été à portée de reconnaître sur les lieux
après ceux des hôpitaux.

Je suis parti le 13 à minuit et je profite du temps
qu'il fait pour réparer un accident que le mauvais
état de la route de la Charité ici a occasionné à ma
voiture, pour vous donner avis de ma marche. Je
compte de repartir dans une heure et être demain
soir à Lyon, d'où j'aurai l'honneur de vous écrire.

Salut et dévouement respectueux,

PASCAL-VALLONGUE.

**Le Premier Consul au général Berthier, commandant en chef
l'armée de réserve, à Dijon.**

Paris, 12 floréal an VIII
(2 mai 1800).

Le quartier général du général Moreau était, le
12, à Saint-Blaise. Il avait pris deux pièces de canon
et fait 300 prisonniers. Le général Vigovich, contre
qui nous avons eu à faire en Italie, est chargé avec
un corps de 9 000 hommes, dont 3 000 seulement de
bonnes troupes, de la garde du Simplon, de Bellinzona et du Saint-Gothard. Son quartier-général est
à Arona.

. . . .

11.

. . . .

. . . .

Dans la position où se trouve l'armée autrichienne d'Italie, affaiblie considérablement par la lutte terrible qu'elle soutient dans la Rivière de Gènes, 30 000 hommes et trente pièces de canon vous rendent momentanément maitre de l'Italie; mais je sens la nécessité de diriger une grande quantité de chevaux sur Auxonne, afin de pouvoir faire filer les munitions d'infanterie, les pièces de 12 dont vous avez besoin, sinon pour le premier, du moins pour les deuxième et troisième actes de la campagne.

. . . .

D'après tout ce que je vois des manœuvres du général Mélas, je suis intimement persuadé que sur toute la ligne de la Rivière de Gênes, compris le Levant, il n'avait pas plus de 40 000 hommes [1]. A l'heure qu'il est, il en a perdu 15 000, prisonniers, tués ou malades. Ainsi il ne lui en reste pas 25 000. Je n'y comprends pas 6 000 hommes de cavalerie qu'il peut avoir dans les plaines d'Italie, ni le corps de 8 000 hommes qu'a ce général, dont je vous ai parlé plus haut.

Il faudrait tâcher d'avoir à Aoste vos quatre premières divisions le 22, ainsi que la division du général Chabran [2].

1. Il avait présenté 25 000 hommes à la seule attaque des débouchés de Savoie, et il manœuvrait à la même heure sur toute la ligne.
2. Cette division passait par le Petit-Saint-Bernard.

D'après tous les renseignements qu'on m'a donnés, j'imagine que de Villeneuve à Aoste il n'y a que cinq jours. Il faudra au moins deux jours pour que ces cinq divisions puissent défiler par le Saint-Bernard.

L'ennemi ne s'attend pas du tout à l'opération que vous faites. Il suppose bien qu'il est possible qu'une division de 10 à 12 000 hommes se présente pour dégager l'armée d'Italie, et dans ce cas-là il ne la craint pas. J'ai des renseignements très sûrs que l'on se moque à Vienne et en Italie de l'armée de réserve, on ne croit pas qu'elle soit prête avant le mois d'août, et on la regarde comme un rassemblement de conscrits pour compléter l'armée du Rhin.

Il faudrait, le 16, avoir à Villeneuve, 40 à 50 0000 rations, et le 20, le double de biscuit et 150 mulets au moins de réquisition ou autrement qui porteraient 30 000 rations au village de Saint-Pierre. Vous pouvez prendre des chars-à-bancs du pays. Ils y seraient arrivés le 19 et seraient de retour à Villeneuve le 21, pour prendre une pareille charge qui arriverait à Saint-Pierre le 24. Si vous aviez deux transports de cette nature, vos approvisionnements seraient parfaitement assurés ; il faut que vous envoyiez sur-le-champ un agent des transports, un commissaire des guerres et quelques brigades de vos mulets, si vous en avez, et de l'argent pour ce transport essentiel.

Il est nécessaire d'établir de suite un magasin à un

village entre Saint-Pierre et le pied du Saint-Bernard, où vous ferez bien également de mettre un
commandant et d'établir un hôpital, qui évacuera sur
l'hôpital qui sera à Villeneuve et sur celui qui sera
à Saint-Maurice.

Ainsi, les troupes pourraient prendre à Villeneuve
pour quatre jours de biscuit; elles prendraient à
Saint-Pierre pour trois jours où le soldat seul prendrait. La cavalerie, les charretiers, l'état-major,
tout ce qui est à cheval, pourraient être tenus de
prendre pour huit jours, ce qui les conduirait à
Aoste; et pendant ce temps-là on continuerait d'ap-
provisionner le dépôt de Saint-Pierre pour pourvoir
au passage et à la retraite, si on y était forcé.

La saison, heureusement, rend la nourriture des
chevaux plus facile; il faudrait cependant avoir un
peu d'avoine au pied du Saint-Bernard et au cou-
vent. Les moines doivent, à ce qu'on m'assure, avoir
de l'orge et de l'avoine, qu'avec un peu d'argent ils
déterreraient.

Vous voyez que je m'occupe beaucoup de vos détails, mais c'est que c'est dans votre opération
qu'est véritablement le succès de la campagne, et
que je ne doute nullement que vous n'ayez la
gloire de reconquérir ce beau théâtre de la valeur
française.

Quant à l'armée du Rhin, il est bien clair qu'au 20
il y aura quelque chose de décidé; et dès lors elle
pourra, dans le temps où vous arriverez à Aoste,
préparer une forte diversion par le Saint-Gothard

et le Simplon, de manière à déboucher au moment
où vous auriez concentré sur vous toutes les forces
de l'ennemi. J'estime qu'à la rigueur une simple
division de 6 000 hommes d'infanterie et de 1 000
hommes de cavalerie qui viendraient par le Saint-
Gothard, et 4 000 par le Simplon, vous seraient
d'un secours puissant et rendraient infaillible
votre opération.

Si Masséna ne se fait pas trop écraser, et s'il a le
bon esprit ou de forcer la ligne et prendre une
position quelconque dans la Rivière de Gênes, ou de
se laisser enfermer dans Gênes, *l'attaque sur Gênes
nous vaudra de grands avantages. Car vous n'auriez
pas pu faire la même diversion sans une coopération
immense de l'armée du Rhin, si l'armée autrichienne
eût eu le bon esprit de rester cantonnée sur le Pô.*

BONAPARTE.

Ainsi, le plan de Bonaparte commençait à se dérouler
dans l'ordre prévu, avec quelque peu de retard seulement
de la part de Moreau à passer le Rhin, et de la part de
Berthier à Genève. Masséna et Suchet supportaient tout le
poids de cette situation tendue.

CHAPITRE III

LIGNE DE BORGHETTO
BATAILLE D'ONEILLE. RETRAITE DE SUCHET
SUR LE VAR

Nous venons de voir Bonaparte exprimer l'espoir ou que Masséna percerait les lignes ennemies et prendrait une bonne position dans la Rivière avec toutes ses troupes, ou qu'il s'enfermerait dans Gênes, et attirerait à lui toute l'attention des Autrichiens. C'est la deuxième hypothèse qui s'était réalisée, mais elle avait l'inconvénient de laisser l'armée coupée en deux tronçons sans force. Le centre surtout, sous Suchet, réduit au chiffre insignifiant de 4 000 hommes, paraissait impuissant à barrer la route de Provence à l'armée de Mélas, et semblait destiné à être bientôt cerné et pris. C'est là ce qui fût probablement arrivé, s'il n'avait été commandé par un homme dont le caractère allait, au point de vue militaire, se révéler pour ne jamais se démentir.

Chef d'état-major de l'armée d'Italie, Suchet avait été choisi, en janvier, par Masséna comme lieutenant. A peine appelé au commandement du centre, il se trouvait brusquement séparé de son chef et abandonné à lui-même sans ressources, en présence de la situation la plus difficile. De son énergie, de son esprit de conduite, allaient dépendre, d'abord l'intégrité du pays, puis le sort d'un projet gigantesque combiné par autrui, et qu'il ne connaissait qu'imparfaitement. Il était investi, par le seul fait des hasards de la

guerre, de toute la responsabilité d'un général en chef
chargé du commandement le plus délicat ; cela sans en
avoir le titre et peut-être l'autorité. Il ne pouvait s'étayer
d'aucun conseil autre que celui de ses inférieurs, les dis-
tances et la difficulté des communications laissant, en ce
temps-là, aux chefs d'armées une initiative qu'ils n'ont
plus aujourd'hui. Les instructions du Premier Consul, données
sur le vu des lettres venant de Ligurie, arrivaient souvent
à contre-temps, alors que la situation à laquelle elles se
référaient était changée, et que les décisions les plus graves avaient dû sur l'heure être prises. Suchet ne pouvait
en somme compter que sur lui-même et sur ses aides :
c'est ce qu'il comprit bientôt, se mettant résolûment à la
hauteur des circonstances.

On ne peut parcourir les lettres que nous avons la bonne
fortune de pouvoir reproduire ici, sans être frappé de l'esprit qui, dès la première heure, les anime. Quelque désespérée que soit sa situation, quelque réduites que soient ses
forces, quelque puissant que soit l'ennemi, Suchet ne perd
jamais l'espoir de se porter en avant, et s'il recule, c'est
pour mieux s'élancer. Sans se laisser en rien troubler par
le danger que court sa poignée d'hommes, il tire hardiment parti de l'avantage que donne la guerre de montagne à sa petite troupe, profitant de l'abri des vallées pour
harceler l'ennemi et le tenir partout en éveil.

Si, dans cette première phase de la lutte, il ne parvint pas
à joindre son général en chef, ce qui était le but de ses efforts, l'on peut affirmer que ce fut son énergique attitude
qui retint Mélas dans la Rivière de Gênes, avec la meilleure partie de ses forces. Si le général autrichien n'avait
pas été certain que son adversaire donnerait droit sur
Gênes, à la moindre apparence de faiblesse, et se réunirait
à Masséna, il n'eût pas hésité à ne laisser devant Suchet
qu'un rideau de troupes et à filer sur Tende, qui était à
peine défendu.

Voyons à l'œuvre ces défenseurs « d'une sorte de défilé des Thermopyles »[1].

Nous les avons laissés à l'heure où, après 54 jours de lutte autour du mont Saint-Jacques, ils prenaient position entre les crêtes et la mer pour arrêter les progrès de l'ennemi.

A la hauteur de Loano, le pic de Rocca-Barbena se dresse, séparant, avec le Mont-Galet et le Saint-Bernard, la vallée du Tanaro de la Rivière de Gênes. A cette masse se rattache une arête qui se rapproche, par un crochet, du rivage, et qui plonge dans la mer à Borghetto, séparant le lit du torrent de Tanaro de celui de l'Arozia ; quelques retranchements échelonnés depuis la rive jusqu'au sommet des monts rendent cette ligne, résolûment défendue, à peu près inabordable de front. Elle avait été mise en état de défense, dès le 18 germinal ; elle avait servi d'appui pour lancer nos hommes jusqu'à Cossaria et Carcare, sur les communications même de l'ennemi. Suchet s'y établit le 9 floréal, attendant les ordres de Masséna et se tenant prêt à se porter en avant[2].

Le lieutenant-général Suchet au général en chef Masséna.

(11 floréal an VIII)
1er mai 1800.

Le 9 dans la soirée, mon cher Général, le général Seras, de la division Clauzel, toujours aux prises avec l'ennemi, s'est établi à Rocca-Barbena et Champ di Preti, tandis que la brigade Cravey, de la division Pouget, se portait aux rochers d'Erli, aux

1. Lettre de Suchet à Carnot sur la défense du Var, p. 350.
2. La division Clauzel, de Loano à Rocca-Barbena, la division Pouget, de Castel-Bianco à Ponte di Nava ; la brigade de réserve (adjudant-général Blondeau), près d'Albenga.

redoutes de Zucarello et celles en avant de Nazino.
Le 10 il a été attaqué sur toute la ligne par un corps
de deux ou trois mille hommes ; l'action a été chau-
de, de part et d'autre. La 20ᵉ légère a combattu avec
autant d'acharnement que la 10ᵉ, l'ennemi, malgré
la supériorité de ses forces, n'a pas pu nous déloger. Il y a eu un grand nombre de morts et de blessés tandis que notre perte n'excéda point 25 ou 30
hommes tant tués que blessés. Il y a eu quelques
prisonniers.

D'après tous les rapports secrets et d'après le rapport des reconnaissances, il n'y a pas de doute que
l'ennemi réunit près Saint-Bernard, Bardinetto et
Calissano la plus grande partie de ses forces. On
m'assure qu'un corps parti de Sestri y est arrivé.
Il s'occupe maintenant à construire une route pour
l'artillerie, afin de nous chasser de Rocca-Barbena
et Champ di Preti. Je descends à l'instant de Castel-
Vecchio, il continue d'y faire un temps affreux, le
pont de Nazino est aujourd'hui particulièrement
menacé, je vais en rapprocher ma réserve.

Dans la journée d'hier, en même temps que Seras
était attaqué, à Rocca-Barbena, Solignac, de la division Clauzel, était chassé de ses positions, en avant
de la Piétra et forcé de se replier sur les hauteurs à
gauche de Loano, que nous continuons cependant
d'occuper. Les habitants de cette ville se conduisent
parfaitement.

L'ennemi continue d'avoir un camp de 2 500
hommes à Saint-Jacques, il en a près de 3 000 à Finale

et à Borzi, Bardino, Gora et la Pietra; je ne sais pas encore ce qu'il a fait ce matin sur Loano, je suis fondé à le croire fort de 6 000 hommes sur Seras et Cravey.

Les frégates anglaises nous inquiètent constamment, elles canonnent dans ce moment sur quelques bateaux qui se trouvent à la marine; le canon se fait également entendre sur Borghetto.

Si je ne suis pas très incessamment forcé sur la ligne actuelle et que malgré ce que vous dira Reille, vous soyez dans l'intention de venir me joindre; veuillez me tracer, mon cher Général, la marche que j'aurai à tenir; je ferai tout pour vous prouver que personne au monde ne désire plus sincèrement concourir à la jonction de la malheureuse armée d'Italie que celui qui se dit tout à vous.

Je suis depuis huit jours sans nouvelles de France. Par l'envoi des Moniteurs qu'Oudinot vient de me faire passer, il m'annonce, comme plusieurs autres, que Mélas fait marcher sur Nice.

Me voilà de nouveau obligé de requérir des grains pour subsister, que ne pouvez-vous être partout, mon cher Général, je vous dirais: venez nous voir, et vous pourrez juger de nos efforts.

Je vous envoie un de mes officiers qui vous fera part de ma position. La viande manque aujourd'hui, par la faute des employés.

Il est cinq heures. A l'instant j'entends une forte canonnade, elle vient de servir de signal à une attaque qui se fait sur deux points, en face de Toirano et près de Nazino, je regrette de ne pouvoir vous donner des détails, le rapport que je reçois du général Clauzel m'annonce que l'ennemi a déployé de grandes forces et menace de forcer la ligne de Borghetto. Son but principal est de m'envelopper la brigade Seras. Dans tous les cas, il est hors de doute que le projet de Mélas ne soit de me chasser le plus qu'il pourra, si je suis forcé je défendrai le terrain pied à pied.

Je ne puis m'empêcher de vous le répéter, vous avez été trompé sur la véritable force de l'ennemi. J'attends tout des mouvements de l'armée de Berthier et j'espère ne pas me tromper. J'ai envoyé tant que j'ai pu des approvisionnements sur Savone ; beaucoup ont été pris, je ne me décourage pas.....

SUCHET.

Sa force résidait surtout dans les alertes incessantes dont il fatiguait l'ennemi ; dès qu'il s'en tenait à la défensive, ses troupes étaient rapidement débordées. A Borghetto même, elles n'étaient en sûreté que contre les attaques venant de face ; chaque jour, Suchet s'attendait à être tourné.

Dès le 12, ses lettres prévoient un mouvement en arrière, et il donne l'ordre au général de Campredon, qui vient de lui être envoyé pour commander en chef le génie, de mettre en état de défense la ligne de Vintimille. Appuyée d'une part au château, de l'autre aux montagnes, couverte par la Roya, elle pouvait lui permettre de tenir tant que les débouchés des Alpes seraient défendus. Il serait là, plus près de son centre de ravitaillement, et mieux lié à la division chargée de la défense des Alpes.

Le lieutenant-général Suchet au général Campredon.

Albenga, le 12 floréal'an VIII
(2 mai 1800).

J'apprends avec plaisir votre arrivée, mon cher Campredon, on ignore dans le monde, vous ignorez que je me bats depuis le 15 germinal avec moins de 5 000 hommes contre un ennemi qui a toujours eu 15 000 hommes à m'opposer. Pour vous donner une idée de mes travaux, je vous envoie ma lettre au général en chef Berthier, lisez-la et faites-la partir de suite [1].

Occupez-vous, je vous en prie, de la ligne de Vintimille, il se peut que j'y sois poussé.

Tout à vous, croyez à l'amitié de

Le lieutenant-général,

SUCHET.

Il tint sur la ligne de Borghetto jusqu'au 14, luttant chaque jour contre des forces considérables. Mais les Autrichiens, assez nombreux pour présenter du monde partout à la fois, agissaient en masse sur notre gauche, cherchant à nous envelopper. Ils achevèrent un chemin pour l'artillerie, et menacèrent de couper la brigade Serras et la brigade Cravey. Un soulèvement éclatait en même temps dans la vallée d'Oneille.

Forcé d'abandonner les sommets de Rocca-Barbena et du Mont-Galet, Suchet commença à se retirer lentement et porta son quartier-général à Port-Maurice.

1. La lettre du 12 floréal à Berthier, p. 138.

Le lieutenant-général Suchet au général en chef Masséna.

Port-Maurice, 14 floréal an VIII
(4 mai 1800).

L'ennemi a continué pendant toute la journée de
nous manœuvrer sur toute la ligne, mon cher Général ; il a développé de grandes forces, comme je vous
en ai prévenu par une lettre de ce jour.

Dès le matin, l'ennemi avait formé la résolution
de culbuter Seras à Rocca-Barbena. Coussaud, porteur de mes ordres, a ordonné à Seras de refuser
le combat et de ne le recevoir que dans ses retranchements du Champ di Preti. Vous aurez vu par la
copie de la lettre de Coussaud, les dispositions de
l'ennemi, je suis convaincu que cette attaque n'était
faite sur ce point que dans le but d'engager Seras
et de lui couper ensuite toute retraite, c'est sur les
six heures que M. de Bellegarde, je crois, a débouché sur le Mont-Galet avec la plus grande impétuosité, conduisant 3 régiments d'infanterie, il a culbuté les grenadiers de la 104e et son 3e bataillon.
Son mouvement a été si prompt que les deux bataillons n'ont pû arriver assez à temps pour le soutenir

Dans l'instant, la brigade Cravey a été séparée et
l'ennemi, fondant de toutes parts, a tenu quelques
temps enveloppée le reste de la brigade. Seras s'a-
percevant du mouvement a senti la nécessité de
quitter ses positions, pour éviter de se trouver enveloppé. Il a de suite fait attaquer par la 20e légère

les redoutes de Zucarello que déjà l'ennemi occupait en force. Cette attaque a produit l'effet attendu,
elle a tiré l'attention de l'ennemi et a donné au reste
de la brigade Cravey le temps de se dégager, de
quitter Nazino et Castel Bianco, tandis que le général Cravey, avec un des 3 bataillons de la 104ᵉ,
cherchait à se retirer sur Capra-Una.

De Borghetto, où je me trouvais, je me suis rendu
en toute hâte sur Concinte [1], déjà l'ennemi y était
arrivé, j'ai trouvé la brigade Seras presqu'entièrement dégagée, encore aux prises avec les tirailleurs de l'ennemi. Dès ce moment, j'ai dû me déterminer à ordonner la retraite, elle va s'effectuer
lentement ; tandis que je dirigerai sur Torre di
Valeggio le reste de la brigade Cravey, la brigade
Seras marchera sur Coire et la brigade Solignac
suivra la mer.

Je présume que mes postes de Capra-Una et
Ponte di Nava auront été attaqués, je vous rendrai
compte aussitôt que j'en serai instruit...

                                        SUCHET.

Suchet s'établit en arrière de l'arête qui descend du
Monte-Carro jusqu'à la mer, en avant d'Oneille. Mais il
n'était pas sans inquiétude sur ce qui se passait à sa gauche, vers le haut Tanaro ; qui, coulant parallèlement à l'Appennin, permet de pénétrer jusqu'au point où l'on rencontre, à peu de distance l'une de l'autre, les sources du Tanaro, de la Livenza, affluent de la Roya, de la Giriboute et

1. Concente, derrière la Centa, affluent de l'Arozia.

de l'Arozia. Un nœud de chemins qui suivent les uns les crêtes, les autres les vallées, donne accès, en remontant le Tanaro, soit sur Port-Maurice, par Vasia ou par Montalto ; soit, plus en arrière, sur Taggia ; ou même sur la vallée de la Roya, par Col Ardente et la Madona di Fontan.

Les Autrichiens pouvaient donc, sans forcer le col de Tende, déboucher, sans artillerie il est vrai, sur les derrières de Suchet, le devancer même à Vintimille, tournant à la fois le général Lesuire[1] qui gardait Tende, et Suchet lui-même tout occupé à reculer avec une méthodique lenteur. Aussi, se demandait-il si la prudence n'ordonnait pas de se porter d'un seul coup derrière la Roya.

Pour ne pas marcher en aveugle, il détacha le général de brigade Serras, qui s'était particulièrement distingué dans cette guerre de montagne, et lui donna la mission d'aller voir ce qui se passait à sa gauche et de s'assurer si la liaison était bien établie avec le corps d'armée qui gardait les Alpes.

Le lieutenant-général Suchet au général de brigade Lesuire.

Port-Maurice, 15 floréal an VII
(5 mai 1800).

Je vous remercie de l'empressement que vous avez mis, Général, à m'envoyer le chef de bataillon Martinel ; son compagnon de voyage me remet votre lettre à laquelle je m'empresse de répondre. Je n'ai pas encore reçu votre lettre du 10, et j'aurais eu peine à me persuader que vous ne seriez pas pressé dans vos positions. M. Kaim avait l'ordre de marcher sur vous, mais je présume que les mouvements de Thu-

---

1. Commandait une brigade de la 6ᵉ division, qui faisait partie de la gauche de l'armée d'Italie.

reau par la vallée de Suze et ceux de Vatrin par
Aoste, comme avant-garde de l'armée de réserve,
auront changé les projets de ces Messieurs, qui, au
fait, ne peuvent pas avoir 100 000 hommes en Italie.

Ils continuent de me presser sans relâche, ils me
font voir beaucoup de monde; j'ai toujours devant
moi onze bataillons de grenadiers et trois régiments
d'infanterie.

Mélas vient d'arriver de Sestri avec un nouveau
renfort, il a établi son quartier général à Albenga.
Après avoir occupé pendant 4 jours la ligne de Borghetto, j'ai été forcé sur le Mont-Galet, par une
force extrêmement formidable, le but de l'ennemi
dans cette occasion était d'envelopper une partie
de nos troupes, il avait réussi, mais la présence
d'esprit du général Seras et la vigueur qu'il a mis
à se faire jour au travers de leurs rangs, m'a mis
dans le cas d'opérer une retraite sur les positions
que j'occupe ; hier, dans une reconnaissance, un tambour-major et 6 grenadiers ont enlevé à l'ennemi
une compagnie entière de grenadiers et 11 hussards
avec leurs chevaux. Vous connaîtrez par l'ordre
les détails de cette action honorable.

Je continue d'être en présence, j'espère m'y maintenir encore et défendre pied à pied le terrain jusqu'à Vintimiglia.

Plusieurs rapports m'ayant fait craindre pour le
point du Col Ardente, je me suis déterminé à détacher le général Seras avec la 20e légère, à l'effet de
se porter dans cette partie, de flanquer ma gauche

et de communiquer avec vous. Aussitôt que j'aurai
obtenu des éclaircissements sur les bruits répandus,
je rappellerai cet officier général et vous pourrez
continuer à correspondre avec la 5e division sur ce
point.

Je crois que vous devez peu vous inquiéter de
votre gauche; s'ils osaient y pénétrer, nous pour-
rions bien les en faire repentir.

Je suis charmé de recevoir des nouvelles du général Thureau. Le général en chef continue d'être
dans Gênes, où il a des vivres pour un mois.

Bonaparte est instruit de la position critique de
l'armée française; je reçois à l'instant par un courrier extraordinaire l'assurance qu'il s'occupe efficacement de seconder nos efforts. Le général Berthier
a écrit au général en chef qu'il se mettait en marche. Je me joins à vous pour penser que nous sortirons triomphants de la crise actuelle.

L'on m'assure, et je suis forcé à partager cette
opinion, qu'un des plus puissants moyens de diminuer le nombre des Barbets qui infestent vos vallées
est celui de déclarer peine de mort contre tout individu portant arme.

Le port d'armes défendu, les communes qui vous
sont attachées conserveront leurs armes et pourront
s'en servir contre les brigands. . . . . . .

SUCHET.

Le lieutenant-général Suchet au général Seras.

Port-Maurice, 15 floréal an VIII
(5 mai 1800).

J'attache beaucoup de prix à la marche que vous allez faire, je désire recevoir bientôt de vos nouvelles afin de savoir positivement ce qui se passe à ma gauche, et si l'ennemi inquiète la 6e division.

Pouget m'instruit que l'ennemi, fort d'environ 4 000 hommes, s'étend depuis Ponte di Nava jusqu'à Borgo di Nava et le Molino, qu'il a fait hier quelques tentatives sur Torria mais que les détachements de la 33e les ont chassés par deux fois. Aussitôt que vous serez instruit que les projets de l'ennemi ne sont pas de marcher par Col Ardente pour tourner par le col de Tende, il conviendra de vous rapprocher du général Pouget, afin que je puisse faire rejoindre votre brigade et reprendre l'offensive s'il y a lieu. Dans la reconnaissance que j'ai ordonné hier sur Aquila, un tambour major et 6 grenadiers ont fait mettre bas les armes à une compagnie entière de grenadiers autrichiens et à leurs officiers, ainsi que pied à terre à onze hussards de Toscane...

Le lieutenant-général Suchet au général Clauzel.

Port-Maurice, 15 floréal an VIII
(5 mai 1800).

J'ai envoyé Seras communiquer avec la 6e division, il part avec la seule 20e légère.

La 10ᵉ et la 11ᵉ restent à votre division, envoyez de nouveau sur Monteria la 11ᵉ, afin de vous lier avec Cravey, la 10ᵉ continue à être placée sur les hauteurs en arrière d'Oneille.

La brigade Solignac, devra occuper en avant-poste les hauteurs de Cervo, et sa force placée par elle en arrière de Diano ; de cette manière nous attendrons le combat et nous le soutiendrons....

Le lieutenant-général Suchet au général Pouget.

Je vous charge, mon cher Général, de m'envoyer tous les jours, par un de vos officiers, le rapport des événements de la journée. Je tiens beaucoup à cette mesure, qui peut seule me mettre dans le cas de prendre des mesures générales.

Il existe du pain, les moyens de transports doivent être pris partout, je suis sûr qu'il vous en sera expédié aujourd'hui.

SUCHET.

Le lieutenant-général Suchet au général Oudinot.

Port-Maurice, 15 floréal an VIII
(5 mai 1800).

J'ai reçu successivement, mon cher Général, vos quatre lettres d'hier. Armant n'a pas paru, il aurait au moins dû payer sa poltronnerie par quelque nouveau service, mais ces messieurs sont de pauvres gens sur les services desquels on ne doit pas compter.

J'ai lu la lettre de Lamartilière, je ne puis croire
à une attaque sur Tende, car enfin l'ennemi n'a
pas 100 mille hommes. La certitude que je reçois
aujourd'hui des succès du général Thureau m'est
un garant que M. de Kaim, qui devait attaquer avec
la garnison de Turin, ne l'aura pas fait.

Thureau a repris le Mont-Cenis et fait 600 hommes prisonniers dont 200 Barbets [1] qu'il a fait fusiller de suite, il est demeuré à Suze où il a trouvé
beaucoup d'artillerie. Watrin, de son côté, doit être
à Aoste.

Il faudra bien que ces Messieurs diminuent devant nous; ce n'est pas qu'ils se mettent en devoir de
le faire, car Mélas est arrivé à Albenga avec un
nouveau renfort qui, déjà avant six heures du soir
d'hier, avait reçu une petite frottée.

Le tambour-major et 6 grenadiers de la 99ᵉ marchant en éclaireurs ont fait mettre bas les armes à
une compagnie de grenadiers forte de 59 hommes,
et à 11 hussards de Toscane, je demande une sous-
lieutenance pour le brave tambour-major.

Sala n'a pas envoyé de bateau.

J'ai reçu à bras ouverts l'officier de l'aviso, j'ai
eu peine à le déterminer à partir pour Savône, je
lui ai donné 50 louis pour l'équipage, et j'ai de suite
envoyé à Saint-Stephano où il se trouvait un officier
et un commissaire des guerres pour y faire venir

---

1. Il y avait deux sortes de Barbets : les troupes régulières,
analogues aux Miquelets d'Espagne, et des rassemblements irré-
guliers exerçant le brigandage, que l'on fusillait.

175 quintaux de biscuits, du lard et de l'eau-de-vie ; si tout cela parvient, le fort est sauvé. Mon jeune homme, qui n'a pu partir hier, s'embarque tout à l'heure pour Gênes.

Vous avez bien fait de faire arrêter le fripon de commandant de place de San-Remo, il méritait d'être traité comme un guide qui sera fusillé dans une heure, pour avoir assassiné à coups de stilet un malheureux paysan, et avoir colleté et terrassé un officier qui a voulu l'arrêter.

Je viens aussi de faire fusiller deux espions.

Vous me rendrez bien service, mon cher Général, de faire arrêter tous les fuyards et confisquer tous les mulets qui nous seraient d'une très grande utilité, et dont l'absence paralyse toutes nos opérations. J'ai rendu les chefs de corps responsables de la conduite de leurs subordonnés ; je punirai sévèrement et parviendrai, je l'espère, à arrêter le mal.

Vous avez vu la lettre du ministre de la guerre, vous ne m'en dites rien. J'y réponds de suite, en envoyant copie de mes rapports au général en chef.

Mon frère me donne quelques détails sur les inquiétudes du Premier Consul, et sur les soins qu'il prend de presser les opérations des autres armées. Il connaît toute la faiblesse de l'armée, et c'est surtout ce qui accroît son impatience à en apprendre les résultats. Il paraît fâché de n'avoir pas été prévenu dès le principe. Adieu.

SUCHET.

12.

Bonaparte, informé du sort de Masséna, attendait avec impatience, pour se mettre lui-même en route, un premier succès de Moreau. Il pressait Berthier pour que tout pût déboucher en Italie entre le 20 et le 23 floréal. Gênes pouvait capituler et Mélas être à Ivrée avant nous.

Le Premier Consul au général Berthier, commandant en chef l'armée de réserve, à Châlon.

Paris, 14 floréal an VIII
(4 mai 1800).

Je reçois à l'instant votre courrier du 12 floréal. Voici les dernières nouvelles d'Italie.

Masséna était le 3 au pont de Cornigliano; ainsi il paraissait décidément bloqué dans Gênes.

Il avait fait l'échange des prisonniers avec le général Mélas; mais il se trouvait en avoir 6 000 de plus que l'ennemi.

Il pourrait être arrivé :

1° Que Masséna capitulât et évacuât Gênes, s'entend sans être prisonnier, et vînt rejoindre son armée et prendre la ligne de Borghetto ou toute autre ;

2° Que Masséna fût forcé dans Gênes.

Dans l'un et l'autre cas, vous sentez que, du 5 au 20, voilà quinze jours de différence, et que le général Mélas n'a besoin que de huit jours pour se porter de Gênes à Aoste, et s'il parvenait là avant que vous eussiez débouché seulement avec 20 000 hommes, cela lui donnerait des avantages immenses, pour vous disputer l'entrée en Italie.

Ainsi, tâchez que, le 20 (10 mai), le général Chabran, vos six premières demi-brigades, leur train
d'artillerie, la demi-brigade de l'armée du Rhin, qui
garde le Saint-Bernard et le Valais, un millier
d'hommes de cavalerie, soient à Aoste, et que le
reste y arrive *le 22 et le 23 (12 et 13 mai)..*

. . . .

. . . .

. . . .

BONAPARTE.

Le Premier Consul, bien que sans nouvelles des opérations de Moreau, se décida à l'inviter à faire un détachement sur le Saint-Gothard. Il le savait en marche et le
temps pressait.

**Le Premier Consul au général Berthier, commandant en
chef l'armée de réserve, à Genève.**

Paris, 15 floréal an VIII
(5 mai 1800).

Je pars, Citoyen Général, demain matin ; j'arriverai le 17 à Dijon, et le 18 au soir à Genève.

J'espère ne m'arrêter qu'un jour à Genève et me
rendre de suite à Villeneuve.

Le ministre de la guerre part aujourd'hui pour se
rendre à l'armée du Rhin avec le projet d'arrêté et
les instructions que vous trouverez ci-joints. Il sera
de retour, le 22 ou le 23, à Lausanne ou Villeneuve.

Avant même le départ du courrier, on apprit la victoire de Moreau à Stokach. Désormais, les Impériaux étaient rejetés assez loin de la base des Alpes pour que la seconde partie du plan de Bonaparte pût, en toute sécurité, prendre place. On pouvait, sans crainte aucune, réclamer le corps du général Lecourbe.

Mais Moreau consentirait-il à se défaire de l'un de ses meilleurs lieutenants, à l'heure critique où Stokach, puis Engen et Moeskirch venaient d'exiger un vigoureux effort et lui promettaient de nouveaux triomphes, mais à condition de ne pas être affaibli. Perdre un tel général et un tel corps équivalait à une défaite et paralysait ses mouvements. C'était compter beaucoup sur son patriotisme que lui demander pareil sacrifice. Le Premier Consul n'eût peut-être pas osé exiger cette abnégation d'un autre, mais il savait ce que l'on pouvait attendre de la modération et de la modestie de Moreau. Pour éviter tout retard et toute hésitation, il fit partir pour l'armée du Rhin le ministre de la guerre lui-même, et ce ministre était Carnot, muni de l'arrêté des Consuls, qui prescrivait au général en chef de l'armée du Rhin de diriger un détachement sur le Saint-Gothard.

Le Premier Consul au général Berthier, commandant en chef l'armée de réserve, à Genève.

Paris, 15 floréal an VIII
(5 mai 1800).

J'apprends à l'instant par le télégraphe, Citoyen Général, que Moreau a eu à Stokach une affaire avec l'ennemi; qu'il a fait 7 000 prisonniers, pris neuf pièces de canon et des magasins considérables.

Le ministre de la guerre part dans une demi-heure; je pars à minuit; vous pouvez calculer quand je serai à Genève; je ne m'arrêterai que quelques heures à Dijon.

Tout va ici au parfait.

L'aide de camp de Masséna arrive; il m'assure qu'il a des vivres pour vingt-cinq jours, à calculer depuis le 5 du mois de floréal (25 avril); *ainsi vous voyez qu'il faut qu'il soit dégagé dans la dernière décade du mois (10 au 20 mai).* Faites marcher à force.

BONAPARTE.

ARRÊTÉ.

Paris, le 15 floréal an VIII
(5 mai 1800).

Les Consuls de la République, vu la situation critique où se trouve l'armée d'Italie, la nécessité de ne pas laisser entamer le territoire français, et de sauver les départements du Midi menacés par terre et par mer, arrêtent ce qui suit :

Art. 1er.

Le détachement que l'armée du Rhin devait faire en conséquence de l'art. 2 de l'arrêté du 26 germinal, en Italie, lorsqu'elle aurait poussé l'ennemi à dix journées, aura lieu sur-le-champ. A cet effet, une colonne de 25 000 hommes, infanterie, cavalerie, artillerie comprise, pénétrera par le Saint-Gothard et le Simplon pour agir sous les ordres du général en chef de l'armée de réserve et conformément aux instructions particulières que donnera le Ministre de la guerre.

Art. 2.

Le Ministre de la guerre partira dans la journée pour se rendre au quartier général de l'armée du Rhin, se concerter pour ce mouvement avec le général en chef, donner toutes les instructions nécessaires, et prendre tous les renseignements sur la situation des armées.

Art. 3.

Aussitôt les ordres donnés, le Ministre de la guerre se rendra à Genève près le Premier Consul.

Art. 4.

Le présent arrêté ne sera pas imprimé.

Le Premier Consul,

Signé : BONAPARTE.

Pour le Premier Consul, le Secrétaire d'État,

Signé : Hugues MARET.

Le Premier Consul au général Suchet, lieutenant du général en chef de l'armée d'Italie.

Paris, 15 floréal an VIII
(5 mai 1800).

J'ai reçu, Citoyen Général, vos différentes lettres. L'officier que vous m'avez expédié est arrivé. Je pars cette nuit pour me porter à Genève.

Le 24 du mois de floréal (14 mai) je serai moi-même dans les plaines du Piémont avec l'armée de réserve, forte de 40 000 hommes. Tenez ceci secret. Envoyez un officier intelligent le dire au général Masséna, mais sans le lui écrire, de peur qu'il ne soit pris en route.

Faites venir de Nice et de la 8ᵉ division 5 ou 600 chevaux, que vous pourrez nourrir dans la plaine d'Albenga et d'Oneille, afin qu'ils puissent vous servir pour vous réunir au général Masséna, suivre l'ennemi et faciliter notre réunion.

Faites aussi connaître au général Masséna que je compte que, dans tout événement, il ménagera ses vivres de manière à en avoir jusqu'au 15 prairial (4 juin).

Faites toujours passer à Gênes et à Savone le plus de vivres que vous pourrez.

Le citoyen Vallongue, officier du génie, doit être arrivé à votre quartier général. Il doit se rendre à Gênes et a emporté 100 000 francs en or pour les hôpitaux de Nice.

BONAPARTE.

Pascal-Vallongue, chef de brigade du génie, au Ministre de la guerre.

A Lyon, ce 16 floréal an VIII, à minuit
(6 mai 1800).

J'arrive à l'instant et je prend demain à cinq heures du matin un bateau de poste qui me rend dans vingt-quatre heures à Avignon, ce qui, attendu l'affreux état des routes et la pluie qui a commencé ce jour, me fera gagner près d'une journée.

J'ai appris par quelques mots échangés sur la route avec un voyageur qui me croisait, que cet individu employé à l'armée s'était échapé de Gênes le 9 avec un officier porteur de dépêches de la garnison de Malthe, qu'à cette époque le général Masséna y était fort tranquille, que leur petite felouque avait passé comme par miracle à travers l'escadre anglaise et qu'ils avaient appris depuis à Toulon du capitaine Barré commandant *l'Égyptienne* que le cartel d'échange avec les Anglais était rompu ; et qu'à l'égard du général Suchet le bruit courait que Masséna l'avait destitué. L'officier arrivant de Malthe vous donnera vraisemblablement ces détails ; pour moy, Citoyen Ministre, j'attends d'être rendu à l'armée pour parler avec certitude de ce qui s'y passe.

J'ai eu l'honneur de vous écrire hier de Nevers.

Salut et dévouement respectueux,

PASCAL-VALLONGUE.

Pascal-Vallongue, chef de brigade du génie, au Ministre de la guerre.

Avignon, ce 18 floréal an VIII, à 5 heures du soir
(8 mai 1800).

Un violent vent du Sud constamment contraire n'a pas permis au bâteau de poste sur lequel je m'étais embarqué à Lyon d'arriver ici avant 4 heures ; je pars à l'instant pour Aix, d'où je courrai à franc étrier, parce qu'avec le chemin qu'il y a et l'escorte que je serai obligé d'y prendre, il me serait impossible d'arriver en voiture à Nice pour le 24 et je voudrais y être, s'il est possible, avant.

J'ai vu ici le général Ferino, qui m'a reçu assez indifféremment; on n'y sçait rien de l'armée d'Italie; le commandant de la place m'a dit seulement qu'il était passé avant-hier un aide de camp du général Masséna qui portait à Paris des nouvelles rassurantes. La route d'ici à Aix est un peu plus sûre depuis que la commission chargée de juger les brigands existe. Ne pouvant me donner une forte escorte, puisqu'il n'y a ici que les chasseurs qui forment celle du général Ferino, on m'a conseillé de n'en prendre qu'à Aix.

Le commandant de la place m'a dit avoir ici 150 000 fr. destinés pour l'armée d'Italie, qu'il ne pouvait faire partir faute d'avoir une escorte suffisante à leur donner.

Salut et respect,

PASCAL-VALLONGUE.

Bonaparte annonçait son arrivée en Piémont pour le 24 floréal (14 mai). Il fallait pour cela ne rencontrer aucun obstacle, ce qui était peu probable. Dans une pareille entreprise, l'on ne pouvait espérer arriver à jour fixe. Mais la certitude de le voir déboucher bientôt sur les derrières de l'armée autrichienne, l'imminence de son apparition, devait entretenir l'armée d'Italie dans un état de surexcitation fait pour décupler ses forces. Comment chacun ne donnerait-il pas jusqu'à son dernier effort, sachant que d'un instant à l'autre on allait entendre gronder le canon de l'autre côté de l'Appennin, et que l'anéantissement de l'ennemi était une question d'heures.

Cependant, en Ligurie, la situation du général Suchet devenait de plus en plus critique. Les assurances réconfortantes de Bonaparte allaient arriver fort à propos pour rassurer le lieutenant-général qui luttait depuis un mois, seul avec 4 ou 5 000 hommes, contre une armée.

Ses appréhensions sur ce qui pouvait se produire à la gauche n'avaient été que trop fondées. Le 17, en effet, au moment où il supportait, à Oneille, le choc de l'ennemi, ne livrant le terrain que pied à pied, il apprit par une lettre du général Lesuire, que le col de Tende était forcé par le général Gorrup et que la ligne de Vintimille, derrière laquelle il comptait trouver un abri, était tournée.

Le lieutenant-général Suchet au général en chef Masséna.

Nice, 18 floréal an VIII
(8 mai 1800).

Le 16 l'ennemi, mon cher Général, a recommencé ses attaques ; il a été bien reçu par la 11ᵉ de ligne et par la brigade Solignac. Le feu a duré près de 3 heures, nos troupes ont tenu ferme. L'ennemi a été obligé de se retirer, nous sommes rentrés dans nos positions.

Le lendemain 17, à 1 heure avant le jour, l'ennemi a attaqué avec près de 18 000 hommes, il a dirigé ses principales forces sur Saint-Bartholoméo et Rezzo, que défendait la plus grande partie de nos troupes.

La brigade Cravey a été forcée, sur les hauteurs de Cezio, après un combat de 5 heures et après avoir par trois fois repoussé l'ennemi à la bayonnette.

Trois fortes colonnes marchaient en même temps

sur la brigade Jablonowski, qui, d'abord, a fait une
bonne contenance. La 39ᵉ a été séparée, et forcée
de chercher sa retraite sur la demi-lune. Dans cet
état, le général Pouget, après avoir fait tenter, par
plusieurs charges, de rejoindre ce corps, se voyant
dans l'impossibilité d'y parvenir et dépourvu de
cartouches, s'est déterminé à opérer sa retraite,
pour se plier sur Monte-Aquarone. C'est sur ce
point que je fesais marcher la réserve, composée de
la 10ᵉ, continuellement harcelée dans sa marche, et
presque toujours sur le point d'être prévenue par
l'ennemi, aux différentes positions qui devaient protéger son mouvement de retraite. Le général Pouget se détermine à se former en colonne d'attaque ;
ce mouvement trompe l'ennemi, qui se resserre pour
recevoir le combat ; il en profite pour se dégager,
mais les Autrichiens étaient déjà parvenus à occuper les hauteurs en face de Monte-Aquarone, et em-
pêchaient aussi le général Pouget d'opérer sa retraite par Triola comme je l'avais ordonné. C'est
sur Taggia qu'il est parvenu, dans la nuit du 17, à
conduire sa troupe presque toujours au milieu de
l'ennemi et par des chemins très difficiles. Pendant
ce temps, la droite, en présence de l'ennemi et aux
prises avec lui, se trouvait continuellement menacée
par les mouvements multipliés qu'ils fesaient. Dans
cet état je me suis déterminé à replier ma droite
sur les hauteurs de la Madone de l'Arme, afin de
tenir mon centre en arrière de la Giriboute, mais
Pouget forcé à se jeter sur Taggia, j'ai dû changer

d'avis et marcher sur Vintimiglia. Pendant ce temps, je recevais du général Lesuire la lettre dont je vous remets ci-joint copie, avec celle bien contradictoire de la veille [1].

Le col de Tende enlevé, la longue ligne de Vintimiglia ne pouvait plus être occupée par mes troupes. Je me suis appliqué à rappeler les corps de la 5e division qui s'étaient retirés sur Saint-Jean di Reiti et j'ai l'espoir d'y être parvenu. J'ai approvisionné en 2 heures le petit fort de Vintimiglia pour 45 jours et en même temps que j'ordonnai au général Lesuire de s'établir et de se défendre à outrance au col de Braus, pour raccourcir la ligne que j'étais forcé de tenir.

J'apprends qu'avant d'effectuer son mouvement, il a été attaqué par 8 bataillons, il n'a que 800 hommes; j'espère néanmoins qu'il supportera le choc, je vais faire en sorte de le faire renforcer.

Dans la journée du 17, les troupes se sont défendues avec beaucoup de valeur, des soldats des 68e, 104e, 33e et 34e ont combattu avec le dernier acharnement. Ceux de la 34e ont couru sur les pièces, et ne pouvant les emporter, les ont précipitées. Les rapports particuliers de notre perte ne sont point encore parvenus, elle est considérable, le nombre des morts égale celui des prisonniers et blessés. Les pertes de l'ennemi surpassent de beaucoup les nôtres.

Le général Jablonowski s'est parfaitement conduit; il a eu deux chevaux de tués. Le chef de brigade

1. Ces lettres nous manquent.

Mazas s'est particulièrement distingué, le chef de bataillon Oudet, le bras percé d'une balle, a voulu rester à la tête de son corps et combattre jusqu'à la fin.

Le brave Cravey a succombé dans la mêlée ; il a, à plusieurs reprises, conduit des charges à la bayonnette, qui ont été extrêmement sanglantes. J'ignore encore s'il est mort ou prisonnier. Sa brigade a été presque détruite, celle de Jablonowski a eu grand nombre de tués et blessés ; les 10, 11e demi brigades ont éprouvé peu de perte ; la droite peu de morts et quelques chevaux.

Les Barbets étrangers de la vallée d'Oneille ont assassiné une grande partie de nos blessés.

Dans les circonstances présentes, mon cher Général, j'invoque toute votre fermeté pour lutter contre l'état pénible dans lequel je me trouve ; l'opiniâtreté que j'ai mise à défendre ce terrain pied à pied contre une armée formidable vous convaincra de l'intérêt et du dévouement que nous portons à exécuter vos ordres et à vous rejoindre.

(A suivre).

En même temps que la lettre de Lesuire, le général de Campredon, commandant le génie de l'armée, arrivait à San-Remo ; il accourait pour prévenir son chef de la nécessité de se jeter derrière le Var. Occupé de mettre en état de défense la ligne de Vintimille désormais sans utilité, il avait été prévenu par le télégraphe de Bordighera que la Roya était tournée.

Suchet fit immédiatement appeler le général Garnier et l'officier d'état-major Martinel, ancien chef de Barbets, que le général Lesuire lui avait envoyé quelques jours auparavant.

Les renseignements que lui donnèrent ces officiers, confir-
mant l'opinion du général de Campredon et ne lui laissant aucun doute sur l'occupation prochaine de Nice, il
prit sur-le-champ le parti de se porter d'un seul coup
derrière le Var, que le commandant en chef du génie se
faisait fort de mettre en mesure de résister, avant l'arrivée des Autrichiens.

Le général de Campredon s'embarqua le soir même à
San-Remo et débarqua dans la nuit à Nice, pour prendre
d'urgence les mesures nécessaires à l'évacuation de la
place et à la mise en état de défense du pont du Var. Rien
n'y était préparé [1].

Le lieutenant-général Suchet au général en chef Masséna

(suite).

Les forces auxquelles je me trouve réduit et l'audace de l'ennemi me forcent à me jeter au delà du
Var. Les attaques d'hier et d'aujourd'hui m'en font
un devoir. Je vais incessamment le passer si je
n'éprouve un nouvel obstacle. Le col de Raus a été
forcé.

Le Pont du Var a été menacé, je crois être parvenu à prévenir les coups de l'ennemi en conduisant à marche forcée une partie de mes troupes.

---

1. *Itinéraire du général de Campredon.* « 17 floréal, j'appris au
poste télégraphique de la Bordighera que le col de Tende était
forcé ; je joignis le soir le général Suchet à San-Remo. Nous
conférâmes avec le général Garnier et Martinel, piémontais,
officier d'état-major, anciens chef de Barbets. Je m'embarquai
pendant la nuit.

18, j'arrivai à Nice.

20, à Saint-Laurent-du-Var où je m'occupai, sur-le-champ, à
restaurer la tête du pont. »

J'ai trouvé, à mon arrivée ici, tous les services
abandonnés, une évacuation précipitée, plus de service et une épouvante générale, aucun des forts approvisionnés, et tous dans l'état le plus déchirant;
ajoutez à ce tableau le mauvais esprit des habitants
et vous aurez une idée de notre position.

Le général Campredon me seconde utilement.
Le général Garnier me rend service par ses connaissances locales; il a cherché à réparer le tort
des généraux qui ont commandé dans cette partie,
en envoyant de suite occuper Gilette. Serons-nous
à temps? Je l'ignore. Mon corps d'armée faible, détruit en partie, ne pourra plus supporter les priva-
tiens cruelles, dans lesquelles il a vécu. Jamais position ne fut aussi terrible que celle dans laquelle
je me trouve. J'espère que ce soir le fort de Montalban et la citadelle de Villefranche seront approvisionnés, leurs garnisons formées et les vivres
pour deux mois.

Je laisse un télégraphier à Montalban, nous pourrons de cette manière connaître les mouvements de
l'ennemi.

Si je parviens demain au soir à passer le Var
après m'être échappé du milieu de l'armée ennemie,
où j'ai constamment combattu, je vais de nouveau,
sur l'avis du général Thureau, avoir à craindre sa
marche en grande force sur Barcelonnette.

J'attends avec la dernière impatience vos instructions...

                                SUCHET.

A l'heure où Suchet se jetait derrière le Var, Bonaparte arrivait à Genève (8 mai, 18 floréal). Il ignorait encore les derniers événements, et se porta à Lausanne pour veiller au passage des troupes. L'opération ne put commencer que le 25 floréal; cela reportait au moins en prairial l'arrivée en Piémont. Suchet devait jusque-là, réfugié derrière un fleuve sans eau, supporter l'effort de l'armée autrichienne et défendre le seuil de la France. Confiant dans le génie du Premier Consul, et malgré la gravité des circonstances maître de lui-même, il sut garder dans cette crise le sang-froid qu'il avait montré durant toute la retraite.

TROISIÈME PARTIE

LA DÉFENSE DU VAR

CHAPITRE PREMIER

LE PONT DU VAR
PRÉPARATIFS DE DÉFENSE

La route de la Corniche entre, à l'Est, dans Nice en passant au pied du Mont-Gros et sous le feu du fort Montalban. Elle traverse la ville, passe le Paillon, resserre à l'Ouest et file, en droite ligne, entre la mer et les coteaux, jusqu'au Var. Autrefois, avant d'arriver au bord du fleuve, elle obliquait à droite, longeait le pied des hauteurs, qui s'évasent en entonnoir, et allait chercher le pont de Saint-Laurent en face du village de ce nom, à 1 500 mètres plus haut que le pont actuel et à deux kilomètres environ de la mer. A droite de la route, les montagnes entassées s'abaissent rapidement jusqu'à Saint-Laurent, où elles deviennent simples coteaux. A gauche, les eaux bleues de la Méditerranée semblent vouloir remonter le lit de galets qui s'étale

13,

entre les berges du fleuve, sur une largeur de plus de
600 mètres. Aux trois quarts desséché, il coupe le littoral,
les coteaux, et, comme une large route toute blanche, s'en-
fonce au cœur des monts jusqu'au Broc, où le pont de
Saint-Martin a plus de 700 mètres de long. C'est que là se
heurtent l'Esteron et le haut Var, qui vient d'être lui-même
rejoint par la Vesubia et la Tinea : le remous des eaux
par les grandes crues a démesurément écarté les deux
rives. Ces torrents descendent des vallées supérieures par
des gorges encaissées, difficiles à aborder.

En revanche, dans la partie subitement élargie, du Broc
à la mer, la pente est relativement douce, et les alluvions,
vers l'embouchure, ont formé une plaine basse qui facilite
l'accès du fleuve du côté de Nice [1]. Il est rare que le Var
coule à pleins bords ; la plupart du temps les eaux, en partie absorbées par les sables, serpentent au milieu des
galets, se divisant en plusieurs bras peu profonds qui se
rejoignent, se séparent de nouveau, et qui changent à chaque crue. Aussi, au premier aspect, à la hauteur de Saint-
Laurent, cet obstacle paraît-il peu fait pour arrêter longtemps la marche d'une armée.

C'est là cependant que Suchet comptait barrer la route
à l'ennemi ; c'est cette ligne du Var, considérée « comme
une des parties faibles des frontières de l'ancienne France », que le général de Campredon, commandant en chef
le génie de l'armée, s'était engagé à mettre en quelques
heures à l'abri de toute insulte. Bien que la situation pa-
rût à beaucoup désespérée, comme on le verra par les
lettres qui suivent, Suchet et Campredon, loin de se troubler et de se laisser entraîner à des sacrifices regrettables,
estimèrent qu'il n'y avait plus à faire qu'à se réfugier sur la
rive droite et à se borner à la défendre. Leur ambition
fut tout autre ; ils crurent devoir s'inspirer des projets

1. Alluvions fort riches, connues sous le nom de « Iscles du
Var ». On y a aujourd'hui formé un jardin d'acclimatation.

du Premier Consul qu'ils étaient seuls à connaître, et pouvoir escompter l'avenir. Ils ne s'agissait pas uniquement, à leurs yeux, d'échapper à une armée nombreuse, il ne leur suffisait pas de l'arrêter sur le Var ; il fallait de plus se ménager la possibilité d'un retour offensif, se tenir prêts à se lancer, au premier signal, à la poursuite des Autrichiens, et pour cela conserver les communications intactes. Barrer la route à un ennemi victorieux paraissait, en l'état, un but difficile à atteindre; mais l'arrêter sans rien laisser détruire de ce qui assurait les passages de l'une à l'autre rive, était encore plus délicat.

Le général de Campredon y déploya l'activité et les talents qui l'avaient fait si vivement apprécier par Moreau, l'année précédente, et qui lui avaient valu d'être fait général à trente-huit ans [1].

Sur la rive droite du Var, les accidents de terrain

---

1. *Lettre du général Moreau, commandant en chef l'armée du Rhin.*

« Je vous remercie des choses honnêtes que vous m'adressez. Quant aux remerciements que vous me faites d'avoir demandé que vous fussiez employé à l'armée du Rhin, c'était à elle surtout que je songeais, en pensant à vous y appeler..... »

MOREAU.

Précis des Evénements militaires, Mathieu Dumas, t. I, p. 206.
« Le général de Campredon est l'un de ceux qui ont su le mieux appliquer l'art de fortifier à la construction des ouvrages de campagne. C'est une justice rendue par tous les militaires de l'Europe aux ingénieurs français, qu'ils ont, pendant cette guerre, surpassé, dans ce genre de travaux, tous leurs devanciers. Ils ont mieux saisi les divers avantages du terrain ; ils ont donné à leurs tracés des développements plus étendus et mieux calculés pour l'emplacement de l'artillerie, la direction et l'économie des feux, et pour les mouvements et l'action de la troupe destinée à la défense des positions retranchées et des postes fermés de toute espèce. Le souvenir et l'image de plusieurs de ces grands travaux que le changement des circonstances a fait raser et disparaître méritent d'autant plus d'être conservés par les maîtres de l'art, que ces progrès de la science sont précisément ceux

lui permettaient de faire de Saint-Laurent une position dangereuse à aborder de front. La berge domine, en effet, constamment la rive gauche, et forme au-dessus du fleuve une muraille continue et presque à pic, d'une dizaine de mètres de haut, qui commande non seulement le lit du fleuve, large de 600 mètres, mais encore la plaine basse qui s'étend sur la rive gauche. Ce rempart naturel règne jusqu'à l'embouchure, et se retourne même le long de la plage qu'il surplombe. Un chemin, légèrement encaissé et praticable à l'artillerie, le couronne, donnant de faciles communications avec le haut Var. Le village de Saint-Laurent forme, à la sortie du pont, un ensemble qui peut se défendre, et qui couvre le Var de ses feux ; les maisons groupées au débouché de la route ouvrent un défilé difficile à franchir, s'il est gardé. Enfin, les eaux, tout en étant peu abondantes, creusent cependant une branche principale qui ne peut être passée à gué par des piétons, et qui suffit pour arrêter l'ennemi sous le feu de la rive droite.

Cette disposition des lieux, sans être par elle-même de nature à empêcher le passage du Var une fois le pont rompu, donnait de ce côté à la défense l'avantage du terrain. Bien plus, si l'on savait avec intelligence en tirer parti et préparer le champ de bataille, elle pouvait permettre d'organiser une barrière difficile à forcer, fermant le seul débouché par où pût, à l'aise, pénétrer une armée d'invasion.

---

dont l'humanité doit le plus s'applaudir ; car si cet accroissement de difficultés à vaincre et la sécurité qu'inspirent la force et le bon état des fortifications de campagne à ceux qui les occupent coûtent plus de service à l'attaquant, ces digues, plus souvent encore, arrêtent le torrent des dévastations, suspendent la fureur des combats et font consumer le temps au lieu de consumer les hommes.

« En moins de trois jours, la tête du pont du Var fut mise à l'abri d'un coup de main. »

Mais sur la rive gauche, qu'il fallait continuer à occuper pour atteindre le double but que se proposait Suchet, notre situation était moins bonne. La route de Nice longe, ainsi que nous l'avons dit, les coteaux et vient aboutir à un pont de bois de 600 mètres, construit sur pilotis au pied même des hauteurs qui s'élèvent en gradin jusques aux montagnes. Tout ouvrage servant de tête de pont était donc nécessairement dominé par elles, et le pont lui-même était enfilé et pris de flanc du haut de ses positions que l'on ne pouvait conserver. Il semblait donc difficile de réaliser la seconde partie du programme, et de nous assurer en tout temps le moyen de déboucher sur Nice les troupes que nous laisserions sur la rive gauche n'ayant pour retraite « qu'un défilé de 300 toises battu directement [1] ». Le général de Campredon courut au plus pressé, tout en cherchant à parer à ces inconvénients, et à compenser notre désavantage sur une rive, par l'appui que pourrait lui prêter l'autre [2]. Il releva les masses d'un ancien ouvrage qui avait jadis servi de tête de pont, le compléta et l'entoura d'un fossé plein d'eau. Il établit à l'intérieur, des traverses pour garantir le mieux possible les troupes, les munitions, et pour protéger l'entrée même du pont. On fut amené, par la suite, à couper la berge par un retranchement, pour garantir l'ouvrage ouvert à la gorge, contre les assaillants qui pouvaient se glisser le long de la rive. Les alentours furent enfin garnis d'abatis que l'on étendit plus tard sur tout le front occupé par nos troupes.

Sur le pont lui-même, de distance en distance, des traverses furent bientôt établies pour diminuer le danger du passage [3] sous le feu de l'ennemi, et, plus encore, pour protéger le tablier même contre les boulets qui le pou-

---

1. Lettre de Suchet, du 7 prairial (27 mai), page 329.
2. *Voir* le rapport de l'attaque du 2 prairial et les lettres de Suchet.
3. Rapport de l'affaire du 2 prairial.

vaient rompre. En prévision de ce dernier cas, et pour éviter que la communication fût interrompue entre la tête de pont et le village, sur les divers bras du fleuve, des radeaux facilitaient le passage.

Sur la rive droite, pensant que l'ouvrage de la rive gauche serait peut-être forcé, sans que l'on eût le temps ou la volonté de détruire le pont, Campredon fit, en travers de la rampe d'accès qui, par la rue du village, montait à la route, une coupure liée aux remblais. Elle devait balayer d'un feu de mousqueterie le tablier, tandis qu'à droite et à gauche, des pièces d'artillerie, placées sur la berge même, à l'abri de retranchements, enfilaient toute la longueur du pont. Dans les cours voisines, était installé le parc du génie. A mesure que ces divers travaux furent menés à bien, et que, l'armée arrivant, on disposa de nouvelles ressources, la rive droite fut couronnée, de distance en distance, de retranchements destinés à recevoir de l'artillerie, dont nous verrons combien fut grande l'utilité. Elle devait tirer par-dessus le Var, et flanquer utilement la tête de pont, dont elle battrait au besoin la gorge, si l'ennemi venait à s'en emparer. Elle couvrirait au besoin la retraite de nos troupes sur l'ouvrage, protégerait leur passage, arrêterait l'élan de l'ennemi ; elle pourrait, en cas de danger, concentrer ses feux sur le pont même, et balayer le lit du fleuve. Vers la mer, pour flanquer cette longue ligne, Campredon traça une redoute qui devait éloigner les vaisseaux anglais, s'opposer à un débarquement, et battre en même temps l'embouchure du fleuve. Enfin, sous la protection de la redoute, sur la plage formée au-dessous de cet ouvrage par les alluvions et par les sables de la mer, il organisa un poste télégraphique qui communiquait avec le fort Montalban [1]. Ce dernier, muni de signaux, devait renseigner l'armée sur les mouvements

---

1. Et bientôt avec le poste télégraphique également organisé par le génie à Gilette, au confluent de l'Esteron et du Var.

des Autrichiens. « En moins de trois jours, le pont du Var fut mis à l'abri d'un coup de main. »

Ce n'était pas tout d'opposer, sur le point le plus directement menacé, un système de défense de nature à résister au premier effort de l'ennemi ; il fallait se garantir sur la gauche, et empêcher les Autrichiens, descendant par des hautes vallées, de s'emparer de leur débouché, et de prendre des positions qui nous eussent obligés de battre en retraite sur Antibes et Toulon. Campredon expédia au Broc, à Gilette et à Malaussène des officiers du génie, qui devaient, dès la première heure, seconder le général Garnier, chargé de s'assurer de ces points importants pour notre sécurité.

Suchet était arrivé à Nice, le 18 au soir ; il trouva toute la ville en rumeur. Le bruit de l'arrivée des Autrichiens par le col de Tende avait épouvanté les uns et enchanté les autres. Le lieutenant-général évacua de son mieux tous les services.

Le 20, il passait le pont de Saint-Laurent, et approuvait toutes les mesures ordonnées par Campredon : une partie des troupes resta sur la rive gauche, protégeant les travailleurs. Le 23, jour de la première attaque, trouva le Var en état de défense.

Le lieutenant-général Suchet au général en chef Masséna.

Du quartier-général d'Antibes, le 22 floréal
(12 mai 1800).

Malgré les précautions que j'avais prises d'envoyer, le 18, une bonne demi-brigade par Sospello, à Bruis, je me suis trouvé dans la nécessité de porter une partie de mes troupes à Drap et en avant, pour arrêter l'ennemi, sans cela il arrivait dans la ville presque sans difficulté. — Je m'y suis porté avec le général Ménard, et nous avons été témoins de l'impossibilité où se trouvaient les généraux Raoul et Brunet de l'arrêter. — La brigade Jablonowski a rétabli les affaires et a contenu l'ennemi de sorte que l'évacuation de Nice n'a été que peu inquiétée.

J'ai fait reconstruire la tête du pont qui va être armée de cinq bouches à feu. Le général du génie Campredon m'a parfaitement secondé.

SUCHET.

Le lieutenant-général Suchet au général en chef Masséna.

Du quartier général d'Antibes le 22 floréal
(12 mai 1800).

Le passage du Var s'est opéré tranquillement, à quelques fusillades près. Nous n'avons quitté Nice qu'à midi, après avoir assuré l'entière évacuation des effets militaires.

Trois régiments qui descendaient à Nice, le 21, par Montgros, avec les hussards de Toscane, ont reçu l'ordre de retourner. J'en suis instruit télégraphiquement par Montalban.

Le préfet national du Var est venu nous offrir tous les habitants du département.

Les colonnes mobiles se forment; chacun veut défendre ses propriétés, et ils sont prêts à déployer l'énergie qu'ils mirent jadis à chasser l'ennemi de Gilette.

J'espère bien ne pas en avoir besoin longtemps.

SUCHET.

Le Préfet du département du Var aux agents municipaux.

Draguignan, le 19 floréal an VIII.

Des succès passagers, dus au nombre plutôt qu'au courage, ont ouvert à l'ennemi le chemin de nos frontières. Il menace celles de ce département. S'il veut les forcer, il n'y trouvera que des tombeaux, il en a fait plusieurs fois la funeste expérience ; mais il serait possible que la malveillance profitât de nos revers momentanés pour exciter des troubles : vous êtes magistrats du peuple, vous devez savoir quels sont vos devoirs et quelle est votre responsabilité. C'est dans ces moments difficiles que nos facultés doivent s'agrandir, et que notre dévouement doit être sans bornes : il faut que nous donnions l'exemple des sacrifices.

Préparez vos concitoyens à se défendre avec l'énergie d'un peuple libre, si notre territoire sacré est souillé ; que tout devienne soldat ; que tout supplée aux armes qui pourraient nous manquer ; nos montagnes, notre position nous mettent en état de nous défendre avec nos seuls moyens : nous devons être invincibles ; c'est notre liberté que nous défendons. Qu'à votre voix, cet amour de la patrie, qui fit nos premiers succès, se réveille dans toutes les âmes ;

que tout se lève, que tout soit prêt à obéir à ce cri
terrible que je vais faire entendre : aux Armes !

Salut et fraternité,

Jh. FAUCHET.

La difficulté du terrain, le défaut de ressources dont
souffrait à son tour l'armée autrichienne, ralentissaient la
marche de l'ennemi, au moment où il eût dû tout faire pour
se hâter.

Suchet profita de ce répit pour réparer la confusion in-
séparable d'une retraite hâtive et de l'évacuation d'une
grande ville.

En reculant le long des Appennins, il avait ramassé les
troupes qui garnissaient soit les côtes, soit les passages
des montagnes. Mais ces renforts n'avaient fait que combler les vides causés dans les rangs de sa petite armée par
des combats journaliers. Il avait, au moment du passage
du Var, de 4 à 5 000 hommes, auxquels il faut ajouter les
troupes dispersées sur la Tinea et dans les montagnes. Il
se trouvait, désormais, commander à ce qui devait constituer les 4e, 5e, 6e et 7e divisions de l'armée d'Italie ; le
général Turreau était passé, avec le corps qui gardait le
Mont-Cenis, à l'armée de réserve. Mais ces quatre divisions comptaient à peine, *sur les états*, 9 000 hommes. En
revanche, chacune d'elles avait à sa tête un général de
division, deux brigadiers et un adjudant-général ; ce qui,
avec les commandants de l'artillerie, du génie et de la cavalerie, faisait en tout, 19 officiers généraux. Jusque-là,
destinés à commander les renforts promis, ils étaient répartis sur la longue ligne des Appennins et sur la côte ; la
retraite les réunissait tout d'un coup sur le même point.
Tel général de brigade ne commandait pas 800 hommes.
A cela venaient se joindre les généraux qui s'étaient re-
pliés à la suite de l'armée d'Italie et qui se trouvaient sans
emploi. On comprend que cette accumulation d'officiers
d'un grade élevé, oisifs et mécontents, ne laissait pas de

donner au quartier-général une apparence de désordre, et surtout d'impressionner défavorablement les alentours.

Le Préfet du Var au Ministre de la guerre.

Antibes, 10 mai 1800
(20 floréal an VIII).

Citoyen Ministre,

Par un concours de circonstances malheureuses réunies à des fautes graves, le département du Var est devenu dans huit jours une frontière ouverte, sérieusement menacée par un ennemi supérieur, et demain, cette nuit même, il peut être le théâtre d'une invasion, suivie de dévastation et d'incendie.

Des lignes formidables par leur position ont été abandonnées ; la ville de Nice est évacuée depuis aujourd'hui ; 18 000 Autrichiens bordent la rive gauche du Var ; il ne reste plus entre eux et nous qu'un torrent, et de 4 à 5 mille hommes de troupes rebuttées, conduites par des généraux qui ne s'entendent point.

A la première connaissance de ce mouvement rétrograde, je me suis porté sur la ligne du Var, et j'ai vainement cherché une armée ; je n'ai vu, à sa place, que des soldats débandés, des blessés abandonnés sur les routes et soupirant inutilement après des hôpitaux qui n'existent pas ; les évacuations de tous les genres se portent vers l'intérieur et jusques à Marseille.

La *méthodique* lenteur des Autrichiens peut encore nous sauver, etc.

Signé : FAUCHET.

ARMÉE D'ITALIE

COMPOSITION DES QUATRE DIVISIONS FORMANT LE CORPS D'ARMÉE D'ITALIE, AU VINGT FLORÉAL' 8e ANNÉE RÉPUBLICAINE.

SUCHET, lieutenant-général, commandant les 4e et 5e divisions.
BARDENET, général de brigade, commandant l'artillerie.
CAMPREDON, général de brigade, commandant le génie.
AMANT, commissaire ordonnateur, faisant fonction d'ordonnateur en chef.
PRÉVAL, adjudant général, chef d'état-major.

4e DIVISION

CLAUSEL, général de brigade, commandant.
PROMPT, adjudant général, chef d'état-major.

SERRAS, génér. de brig.	20e légère...............	600
	55e id. de ligne..	200
BRUNET, génér. de brig.	99e id..............	900
	39e id..............	400
	Artillerie légère....	50
		2150

5e DIVISION

ROCHAMBEAU, général de division, commandant.
COUSSAUD, adjudant-général, chef d'état-major.

MAZAS, chef de brig. faisant fonction.	11e de ligne........	400
	34e id.	400
SOLIGNAC, génér. de brigade.	10e id.	900
	68e id.	300
		2000

MESNARD, général de division, commandant les 6e et 7e divisions.
DAVID, adjudant-général, chef d'état-major.

6e DIVISION

MINGAUD, général de division, commandant.
BLONDEAU, adjudant-général, chef d'état-major,

LESUIRE, gén. de brig.	7e légère.........	300
	105e de ligne......	900
LAUNAY, gén. de brig.	30e id.	400
	104e id.	300
	Artillerie légère......	60
		1 960

7e DIVISION

GARNIER, général de division, commandant.
BUFFY, chef d'escadron, faisant fonction de chef d'état-major

JABLONOWSKI, gén. de brigade.	Polonais.........	900
	87e de ligne....,	300
MARTILLÈRE, génér. de brigade.	33e id. ......,	120
	16e légère........	280
		1 600

QUESNEL, général de brigade, commandant la cavalerie.
CORTÈS, adjudant-général, chef d'état-major.

Cavalerie............	13e régiment de chasseurs......	280	360
	Gendarmerie............	80	
Artillerie au parc............			700
Génie, sapeurs............			300
			1 300

4e Division............	2130
5e id.	2000
6e id.	1960
7e id.	1600
Cavalerie, artillerie et génie.......	1300
Force générale......	9010 (1)

L'Adjudant-général, PRÉVAL.

(1) Le général Suchet n'avait en réalité pas 7 000 hommes à cette date.

Le général Suchet avait d'abord porté à Antibes son quartier-général. Il réorganisa son corps d'armée, profitant de la surabondance d'officiers généraux, pour donner du repos à ceux que les fatigues des derniers temps avaient épuisés, et pour mettre en avant ceux qui lui présentaient le plus de garantie. Il s'établit ensuite à Cagnes, plus près du Var, laissant en arrière tout ce qui n'aurait fait que l'embarrasser et partagea son corps d'armée en deux groupes : deux divisions restèrent sous sa main pour défendre le point le plus important et le plus menacé, le pont de Saint-Laurent ; deux autres, les divisions Garnier et Mengaud (6° et 7°), les moins fortes, groupées sous le commandement du général Ménard, allèrent border le Var depuis le Puget, à 2 kilomètres au-dessus de Saint-Laurent, jusques à Malaussène, au-dessus de sa jonction avec la Tinéa. Elles se donnaient la main au Broc en face du pont de Saint-Martin, qui était rompu. Le général Garnier, connaissant parfaitement le pays où il commandait déjà en 1795, devait prendre toutes les mesures nécessaires pour assurer notre extrême gauche. Les colonnes mobiles, composées des habitants du Var enrégimentés, allaient se joindre à lui pour défendre les défilés.

Avec les 4° et 5° divisions, le général Suchet garnit la rive droite du Var, depuis la mer jusqu'au Puget, occupa fortement Saint-Laurent, et jeta une partie de ses troupes sur la rive gauche, dont il donna le commandement au général de division de Rochambeau [1], arrivé de Paris en même temps que le général de Campredon. Le service fut organisé comme dans une place assiégée dont le Var aurait été le fossé, et la tête de pont l'ouvrage avancé. Les brigades devaient se relever pour le service en avant du fleuve. A mesure qu'il pourrait être nécessaire de se porter en avant, les brigades de la rive droite de-

---

1. Fils du fameux maréchal de Rochambeau, compagnon d'armes de Lafayette.

vaient remplacer successivement, dans la tête de pont, les brigades qui gagneraient du terrain vers Nice.

Deux jours de repos à l'abri de tout danger imminent, et une légère amélioration dans la nourriture, rendirent au troupier sa bonne humeur. Les nouvelles arrivant de Paris le bruit de l'expédition du Premier Consul, qui commençait à se répandre, encourageaient chefs et soldats. On croyait même nos affaires beaucoup plus avancées qu'elles ne l'étaient. Sur la foi de la lettre de Bonaparte, Suchet considérait le Saint-Bernard comme franchi, et attendait, l'oreille tendue à tous les bruits, le moment de repasser le Var.

Le passage des Alpes n'était en réalité pas commencé, l'avant-garde ne devait aborder le col que du 24 au 25 floréal (15 mai), et tant que l'on n'aurait pas fait parvenir l'artillerie jusqu'en Piémont, la réussite était chose douteuse. Le danger subsistait donc entier pour les défenseurs du Var, et devait se prolonger plusieurs jours encore ; l'armée autrichienne, loin de songer à rétrograder, comme on le crut un moment, se concentrait au contraire pour forcer le pont, pendant que la flotte anglaise cherchait à jeter en Provence le général Willot [1], qui devait y provoquer un insurrection.

L'erreur dans laquelle se trouvait le général Suchet eut l'avantage de maintenir le moral de l'armée à la hauteur des circonstances, et de porter les esprits vers l'offensive ; la défensive ne fut pas pour cela négligée. Le lieutenant-général à qui les circonstances avaient fait échoir une si lourde tâche, était de ceux que la responsabilité grandit. Calme et méthodique, ne se prodiguant pas, sachant néanmoins se mettre en avant le moment venu, pensant à tout, habile à se servir de tous ceux qui l'entouraient, il s'annonçait comme un véritable chef d'armée. Sa confiance

---

1. Général Willot, membre du conseil des Cinq-Cents, déporté à l'époque du 18 fructidor.

en l'issue de la campagne était, du reste, entière. Ce qu'il avait obtenu de 4 000 hommes perdus dans la Rivière de Gênes, à peine nourris, sans appui à leur gauche, luttant du 15 germinal au 23 floréal contre plus de 15 000 Autrichiens victorieux, lui était un garant de ce qu'il pourrait exiger de soldats mieux ravitaillés, et soutenus par la promesse d'un secours prochain.

Oudinot, à Antibes, Saint-Hilaire, les commandants des subdivisions militaires, veillaient, sur ses derrières, à l'éventualité d'un soulèvement. Mais l'approche de l'ennemi, et le bruit d'une prochaine expédition par les Alpes, avaient provoqué, surtout dans la région montagneuse du Var, un mouvement patriotique, et les habitants se montrèrent disposés à seconder l'armée.

Le général Suchet trouva à Antibes le chef de brigade Pascal Vallongue, envoyé de Paris sur l'ordre de Bonaparte, pour l'informer de vive voix, ainsi que Masséna, de l'importance de ses préparatifs et pour les encourager à la résistance. Cet officier attendait le moyen de passer dans Gênes ; il était arrêté par la distance qui l'en séparait, et aussi par quelques scrupules naturels dans sa situation. Il avait été fait prisonnier par les Anglais ; libéré sur parole, il ne voulait pas être soupçonné de prendre part aux faits de guerre puisqu'il avait promis de ne point servir contre eux pendant un an.

Simple spectateur, il écrivait chaque jour au ministre de la guerre un compte rendu de ce qui se faisait sur le Var ; nous le donnons ci-après.

Pascal-Vallongue, chef de brigade du génie, au Ministre de la guerre.

A St-Laurent du Var, le 21 floréal an VIII, à 2 heures après midi (11 mai 1800).

Après avoir été retardé au passage de la Duran-ce, retardé par le versement de ma voiture, j'ai pris enfin, comme je vous l'annonçais par ma lettre d'Avignon, le parti de courir à franc étrier, et ja-mais sans cela je ne serais arrivé ici. Je viens d'y trouver le général Suchet, il avait reçu il y a peu d'heures une dépêche du Premier Consul qui le pré-venait de l'objet de ma mission ; il luy écrit luy-même pour luy rendre compte de la position ; elle est telle qu'après avoir tous ces jours derniers dis-puté le terrain pied à pied à un ennemi très su-périeur en force, il est réduit à défendre avec une poignée de braves, exténués de fatigue et de besoins, la tête du pont du Var, et s'il y est forcé, de se reti-rer en masse à Toulon, après avoir approvisionné Antibes. Son corps est tellement diminué, qu'avec les renforts qu'il attend, il n'espère pas de réunir sous huit jours plus de 7 000 hommes ; il paraît néan-moins avoir réussi à attirer un corps considérable de l'armée ennemie et luy avoir fait essuyer des pertes sensibles. Les Autrichiens paraissent croire que notre armée de réserve est une armée ima-ginaire.

14

Les circonstances rendent très difficile, pour ne pas dire impossible, l'entière exécution de ma mission, c'est-à-dire mon passage à Gênes ; il eût été praticable quand l'ordre en a été.donné, mais depuis nous nous sommes tellement éloignés et les Anglais avec les caboteurs du pays surveillent si bien le trajet que rien ne passe. On n'a pas de nouvelles du général Masséna depuis le 9, cependant, s'il faut en croire ceux qui s'en sont échapés à cette époque, les vivres ne doivent pas luy manquer encore, il y a avec luy près de 10 000 braves et les Génois se montrent bien. Le général Suchet fait chercher un bateau pour expédier au général Masséna une dépêche du Premier Consul et le compte de la dernière opération, on en trouve très difficilement quoiqu'en les payant très cher. Je luy ai fait partde ma position ; il l'a trouvé très délicate, d'autant que toutes les probabilités se réunissent pour faire croire que je serais pris. Cela serait d'autant plus fâcheux pour moy, que je ne pourrais pas espérer de garder une sorte d'incognito, l'histoire de ma captivité ayant fait assez de bruit, lorsque M. Sidney Smith me retira du bagne ; cela engage à peu près le général Suchet à me faire remplacer par un autre officier de confiance, il n'est pas décidé, cela dépendra du plus ou moins de probabilité de passer que nous entreverrons d'ici à demain, quand on aura trouvé un bateau et un temps favorable.

Je resterai provisoirement auprès du général

Suchet, j'y attendrai vos ordres pour m'en retourner et aurai l'honneur de vous écrire journellement.

Salut et dévouement respectueux,

PASCAL-VALLONGUE.

P.-S. — Pardon si je grifone, je suis obligé d'é-
crire sur mes genoux.

J'ai remis à Antibes au citoyen Scittivaux, payeur
général de l'armée, les 4 traittes formant la somme
de 100 000 francs. Il m'a dit avoir alimenté le service intéressant des hôpitaux de manière que c'était
toujours celui de tous qui souffrait le moins de la
privation des fonds ; qu'il allait luy faire délivrer
sur cette somme de nouveaux acomptes, en ré-
servant le reste pour les besoins urgents que
nous connaîtrons à tout autre service ; je dois en
causer ce soir avec le général Suchet, les circonstances et l'absence du général en chef et
du commissaire-ordonnateur-général mettent nécessairement du désordre dans toutes les parties
de l'administration.

**Pascal-Vallongue, chef de brigade du génie, au Ministre
de la guerre.**

Antibes, le 12 mai 1800
(22 floréal an VIII).

J'ai eu l'honneur de vous écrire, hier, de Saint-
Laurent-du-Var pour vous annoncer que j'y avais
joint le général Suchet; il avait reçu, peu d'heures

auparavant, une dépêche du Premier Consul du
15 , qui luy annonçait l'objet de ma mission ; et il
a dû luy expédier un courrier dans la journée pour
luy rendre compte de sa situation : elle est telle,
comme je vous le marquais dans ma lettre d'hier,
qu'après avoir disputé pied à pied le terrain à des
forces très supérieures, il a repassé le Var le 20,
avec les débris de son corps réduit à 5 à 6 000 braves qui diminuent tous les jours et qui ont regardé
comme un grand bonheur d'avoir eu aujourd'hui
la demi-ration de pain. Leur dénûment et leur misère sont au comble, les moyens de transport sont
à peu près nuls : le service des subsistances, de
l'artillerie et des hôpitaux en souffre au point de
compromettre toutes les opérations : on cherche à
y remédier, il est un peu tard, les fonds manquent
et les habitants se prêtent peu, on se plaint d'être
négligé par le gouvernement, mais plus encore
d'être en proie aux dilapidateurs, qui regardent
depuis longtemps cette armée comme leur patri-
moine, et qui y dessèchent toutes les ressources.
Un officier général digne de confiance me citait
aujourd'hui, entre autres abus, celuy qui a été si
funeste aux chevaux de l'armée, c'est que les entrepreneurs des fourrages à qui le gouvernement
paye le prix exorbitant de 5 frcs par ration, en laissent manquer presque constamment et marchan-
dent ensuite avec les parties prenantes le rembour-
sement en argent, qu'ils font en majeure partie à
75 centimes par ration. Le soldat se plaint parce

qu'il souffre et qu'il meurt de besoin : *il meurt*, c'est
à la lettre. Les plaintes de quelques officiers généraux sont plus dangereuses, il paraît qu'il y a trop
d'officiers généraux ; plusieurs sont inoccupés, les
prétentions, les opinions divergent ou se choquent
et nuisent à l'harmonie nécessaire dans une situation difficile.

La position prise pour défendre le Var s'étend
depuis son embouchure jusqu'à Gillette, la droite
sous le général Rochambeau, le centre aux ordres
du général Mengaud et la gauche confiée au général Garnier, qui connaît parfaitement le pays. On
ne sçait trop ce qui se passe dans la vallée de Barcelonnette, on y a fait demander au général Thur-
reau de l'appui et des communications plus fréquentes. Le général Suchet à qui j'ai remis ma lettre
d'hier, doit vous envoyer copie de ses rapports au
Premier Consul et au général Masséna, qui vous
instruiront en détail de toutes ses opérations anté-
rieures et de sa situation actuelle. Les renforts des
colonnes mobiles arrivent rarement, il est à craindre
que le défaut de subsistance ne les éloigne dans
peu. Le général Saint-Hilaire est attendu, il amène
quelques renforts.

On a poussé ce matin une petite reconnaissance
vers Nice, qui a attiré ensuite des Barbets sur nos
avant-postes, une frégate anglaise qui croise entre
Nice et Antibes a vivement canonné pour soutenir leur légère et insignifiante attaque. Un télégraphe établi au fort Montalban nous annonçait hier

14.

que trois régiments piémontais et autrichiens
étaient entrés dans Nice et qu'un corps de 12 à
15 cents hommes paraissait sous le Mont-Gros.
Nous sommes mal servis en espions, ou pour mieux
dire, nous n'en avons point, et l'ennemi en est parfaitement servi. On craint que Savone, où l'on a
laissé 6 à 700 hommes, ne soit tombé d'inanition.
Villefranche tient encore, mais il paraît que l'ennemi est en force, car des Barbets ont hazardé hier de
passer le haut Var. Aujourd'hui, le baron de Mélas
a écrit deux mots au général Suchet, pour luy
envoyer une lettre à l'adresse de Mme Masséna,
surprise dans des dépêches venant de Gênes, la
lettre est datée de Bordighera.

Il est arrivé aujourd'hui un bateau sorti de Gênes
le 15, qui annonce que Masséna avait des vivres
pour 20 à 25 jours, et qu'il était au moment de faire
une sortie. Je vous marquais hier que les difficultés
pour mon passage à Gênes avaient redoublé depuis
que nous nous en étions tant éloignés. Cependant,
je suis tourmenté du désir de remplir les ordres du
Premier Consul et de répondre à votre confiance, et je
pourrai bien m'embarquer demain soir sur un spero-
nare maltais que le général Suchet expédie. Il est
probable que je serai pris, je crains peu les mauvais
traitements que je serai dans le cas de suporter,
mais j'avoue que je me sens humilié, meurtri d'a-
vance des reproches que ces Anglais qui m'ont tiré
des fers des Turcs et qui ont eu pour moy les atten-
tions les plus généreuses seront en droit de me

faire sur mon infidélité à ma parole. Car de quelque prétexte que je couvre ma mission, je ne sçau-
rais leur en imposer, et cette nécessité même est
déjà pour moy une peine grave; cependant, quand
je réfléchis que le Premier Consul connaissant ma
situation a ordonné et que vous comptez sur mon
dévoüment, je laisse là ces considérations qui me
sont personnelles pour ne penser qu'à obéir; espérant que le Gouvernement ne m'abandonnera pas
dans l'embarras où je pourrais me mettre en exé-
cutant ses ordres.

Salut et dévoüment respectueux,

PASCAL-VALLONGUE.

P.-S. — Le général Suchet, ce soir à Antibes, a
depuis hier soir son quartier-général à Cagnes.

CHAPITRE II

PREMIÈRE AFFAIRE SUR LE VAR

L'ARMÉE DE RÉSERVE AU GRAND SAINT-BERNARD

Le général Suchet, tenu en alerte par les lettres du Premier Consul, et croyant les opérations de l'armée de réserve beaucoup plus avancées, tendait à interpréter les mouvements de l'ennemi dans le sens prévu d'avance d'un recul sur le Piémont. Il prenait des dispositions en conséquence, toujours prêt à se porter en avant, se doutant peu que plus de 15 jours allaient s'écouler encore sans que nos troupes pussent rentrer dans Nice, et sans même que la situation changeât sensiblement devant lui.

Pascal-Vallongue, chef de brigade du génie, au Ministre de la guerre.

Antibes, 13 mai 1800
(23 floréal).

Ce matin, le général Suchet, qui est encore ici, a reçu un rapport d'espion qui luy annonce que le chevalier de Montaigut a donné avis au général Mélas que, le 5 mai, 5 000 hommes de l'avant-garde de l'armée de réserve étaient à Genève se dirigeant vers l'Italie, par le Grand-Saint-Bernard, et que 20 mille hommes devaient suivre commandés par le général Berthier ; qu'en conséquence le général

Mélas faisait un fort détachement pour se porter
au devant et prendre position entre le Tanaro
et le Pô, à la hauteur d'Asti et de Saluces, menaçant Fénestrelles; qu'il avait répandu des procla-
mations et de l'argent pour soutenir contre nous
les Niçards; et en conséquence le général Suchet va
répandre une proclamation pour contrebalancer
celle de l'ennemi et se préparer à reprendre l'offensive pour se porter vers Gênes. Il eût préféré de
passer le col de Tende que l'on dit assez dégarni; il
le masquera, on le forcera et tâchera de reprendre
les montagnes au Mont-Galet.

Dans la matinée l'ennemi a attaqué nos avant-
postes au-delà du Var au centre et à la droite, l'affaire est devenue assez vive, elle a duré quatre
heures, Ce sont 5 bataillons de grenadiers de la
réserve du général Mélas, commandés par Lattermann, qui ont principalement donné; le résultat
est que nous avons gardé mutuellement nos positions et que nous avons fait 300 prisonniers, pris 50
à 60 chevaux avec quelques officiers. Trois bataillons
ennemis cernent Montalban qui tient toujours et a
des vivres pour deux mois. Le général Rochambeau
écrit, ainsi que le général du génie Campredon [1],
qu'ils croyent que cette attaque masque un mouvement que le général Elsnitz fait sur notre gauche,
vers l'Esteron. Le général Suchet part à l'instant,
il croit au contraire que cette attaque a été pour

---

[1]. Il écrivait de la tête de pont.

masquer le mouvement de l'arrière-garde du détachement envoyé au devant de l'armée de réserve,
pour nous en imposer, nous forcer peut-être à rompre le pont afin de retarder notre retour à l'offensive et enfin pour donner de la confiance et de l'ardeur aux Barbets. Il va tout préparer pour reprendre l'offensive en réunissant des moyens de subsistance et de transport, les colonnes mobiles arrivent.

Le bateau qu'on m'avait dit arrivé hier de Gênes
et parti le 15, était réellement parti le 9 et arrivé
depuis une huitaine ; il repart ce soir ; le capitaine
du génie Couchaux s'y embarque, porteur de l'avis
verbal que j'étais chargé de donner au général
Masséna. Un adjudant-général, parent du premier
Consul, connaissant parfaitement la mer et ces
parages, a offert au général Suchet d'y aller aussi,
assurant qu'il passerait s'il y avait possibilité. Le
général Suchet a trouvé plus convenable de l'en
charger que de m'y laisser aller, soit à cause de
l'expérience que cet officier a de ce passage, soit
pour éviter, en me compromettant, de compromettre
aussi tous les officiers prisonniers des Anglais sur
parole ; il doit partir demain avec la même instruction verbale que le capitaine Couchaud. Le général
Suchet n'a point vu l'adjudant du génie Hotelard
parce qu'il était alors dans les montagnes ; il a vu
l'aide de camp du général Dupont, mais il n'en a
plus de nouvelles.

Salut et dévouement respectueux,

PASCAL-VALLONGUE.

P. S. — Les généraux du génie Dambarrère et Fournier-Verrière sont ici depuis avant-hier.

Je vous ai rendu compte dans ma lettre n° 4 de la remise que j'ai faite au payeur général des 4 traites montant à 100 000 fr.

Comme elles ne sont payables que le 25 du mois prochain, on ne peut qu'en affecter provisoirement l'emploi sans l'effectuer ; je pense que les besoins des transports et des travaux de la ligne du Var, pour peu qu'on la garde, consommeront ce qui ne sera pas nécessaire aux hôpitaux.

Pascal-Vallongue, chef de brigade du génie, au Ministre de la guerre.

Antibes, 14 mai 1800
(24 floréal 1800).

D'après le mouvement qui avait eu lieu hier à nos avant-postes et dont j'ai eu l'honneur de vous rendre compte, on s'attendait à être attaqué aujourd'hui. Le général Suchet s'y est rendu hier soir, mais jusqu'ici tout paraît avoir été tranquille. Si cette inaction dure encore demain, elle confirmera l'idée où l'on est que l'ennemi se retire, rapelé par la diversion qui s'opère sur ses derrières, le général Suchet ne tardera pas à s'en assurer en le tatant sur divers points. Je vais me rendre ce soir près de luy pour être plus à portée de voir ce qui se passera et de vous en instruire.

Les colonnes mobiles continuent à arriver, on a pris des dispositions pour avoir du pain.

Le citoyen Scittivaux, payeur général de l'armée, me dit que depuis un mois qu'il est en fonctions, il avait fourni des fonds suffisants pour l'entretien d'une armée de 35 000 hommes. Dernièrement, il envoyait le prêt pour les troupes qui se retiraient sur le Var; il l'avait calculé pour 6 000 hommes, d'après les états de revue, quoiqu'il eût de bonnes raisons pour penser que ce nombre était grossi d'un tiers au-dessus de l'effectif. Il se trouve que la somme envoyée n'a pas suffi et qu'il faut encore 80 000 fr. pour cet objet. On exige bien des revues de rigueur, mais ce n'est qu'un mot quand les quartiers-maîtres et les commissaires s'entendent pour tromper ; c'est ainsi que les ressources s'épuisent sans utilité et que l'armée s'anéantit sans gloire.

Salut et dévouement respectueux,

PASCAL-VALLONGUE.

Suchet avait, lui aussi, écrit, le 23 floréal, une première lettre annonçant au Premier Consul un mouvement de recul de l'armée autrichienne. Mais il dut la contredire le lendemain, et le même courrier porta les deux lettres.

Mélas, averti de quelques mouvements de troupes au delà des Alpes, ne crut cependant pas à une importante diversion ; ou s'il eut d'abord quelques craintes, les renseignements envoyés par le gouvernement autrichien vinrent le rassurer. L'armée de Dijon n'était pas prise au sérieux par les puissances. Heureusement pour Bonaparte, cet aveuglement persista. Si Mélas s'était, dès le 23, porté sur Ivrée, avant que Lannes n'eût abordé le Saint-Bernard, il serait arrivé à temps pour compromettre le projet du Premier Consul, retenu, jusqu'au 6 prairial, devant un obstacle d'une importance inattendue.

Le général en chef autrichien se borna à faire un détachement de faible importance sur les débouchés des Alpes, sous les ordres des généraux Kaim, Haddick et Palfi [1]. Il restait de sa personne à Nice.

Le lieutenant-général Suchet au général en chef Masséna.

Au quartier-général de Cagnes, le 23 floréal an VIII
(13 mai 1800).

Je m'empresse de vous prévenir, mon cher Général, que j'ai lieu de croire que l'ennemi vient de faire un détachement sur l'armée de réserve. Si le fait est vrai, je vais marcher sur Nice, et après être parvenu à chasser l'ennemi et avoir établi le général Garnier dans le département des Alpes-Maritimes, je marche pour vous joindre, et de là vous fournir l'occasion de seconder l'armée de Berthier.

SUCHET.

Le lieutenant-général Suchet au Premier Consul.

Armée d'Italie.

Saint-Paul-du-Var, 23 floréal an VIII
(13 mai 1800).

Je m'empresse de vous prévenir que l'ennemi vient d'opérer un détachement sur vous; Mélas, qui me pressait et qui de sa personne s'était porté à Vintimille, tandis qu'Helnitz descendant par le Monte-

---

1. C'est ce détachement que rencontrèrent Lannes et Turreau, l'un au débouché de la vallée d'Aoste, l'autre au delà de Suze. Le général Palfi fut tué dans l'une des premières rencontres.

Grande, voulait m'accabler et m'envelopper, a reçu avis du chevalier Montaigut, que l'avant-garde de l'armée dè réserve était arrivée à Genève et que 20 000 hommes devaient suivre, commandés par Berthier.

Alors Mélas s'est déterminé à diriger ses troupes sur Saluces, Fénestrelles, Suze, Chier et Asti ; il a remonté la Roya pour se porter soit sur Coni, soit sur Mondovi, ce que j'ignore encore.

Il a laissé devant moi quelques troupes autrichiennes, des régiments piémontais et de l'artillerie sur plusieurs points ; je ferai en sorte d'acheter les Piémontais en profitant de la terreur que va leur inspirer votre nom, ou bien je les culbuterai.

Le général ennemi a fait répandre 100 mille fr. accompagnés d'un manifeste par lequel il promet au peuple du comté de Nice de les exempter de toute imposition, et de leur permettre de se donner le gouvernement qui leur plaira, s'il s'arme en masse contre les Français.

Je vais répondre d'abord, par une proclamation pour prévenir tout mouvement, je promettrai oubli du passé, respect aux propriétés et aux personnes, ou châtiment terrible.

Je marcherai aussitôt que j'aurai du pain, j'espère chasser l'ennemi, établir le général Garnier dans le département des Alpes-Maritimes, marcher sur Gênes suivant vos ordres, et je regrette de n'avoir pas reçu ceux de vous aller joindre par Tende.

Je vous remets un état des troupes qui peuvent

avoir été détachées et qui composaient le corps d'Elnitz.

Je fais de suite prévenir le général en chef de ce mouvement, je crois qu'il sera en mesure de tomber sur l'armée ennemie qui le bloque, dès l'instant qu'il sera informé qu'elle commence à s'ébranler.

Comptez, mon Général, sur notre entier dévouement, la disette des transports et le manque journalier de pain peuvent en ralentir l'effet, mais jamais en altérer la sincérité.

SUCHET.

Le général Desaix est depuis 6 jours à Toulon, il vous offre ses bras, nous l'appelons, mais il s'est laissé arrêter par une maudite quarantaine. Il nous annonce 16 000 hommes de nos anciens camarades, c'est un précieux renfort qui vous fera dicter la paix à l'Europe.

Le 24, à 7 h. du matin.

Mon Général,

Votre fortune commande à tous les événements, Mélas s'endort à Nice, Lattermann et Elnitz se mettent en bataille sur le Var, et vraisemblablement le détachement qui s'est mis en marche ne sera pas de plus de 4 à 5 000 hommes commandés par Bellegarde.

Hier (23), au départ de mon courrier, l'ennemi a

attaqué nos troupes en avant de la tête du pont du Var, j'ai suspendu son départ pour vous rendre compte que les grenadiers de Lattermann ont été bien reçus et qu'après un combat de 2 heures, 120 grenadiers, 25 grenadiers de Toscane sont tombés en notre pou-voir. Le nombre des morts et blessés est considé-rable.

Nous avons perdu par le feu quelques chevaux du 13ᵉ chasseurs qui se bat aussi bien qu'il est disci-pliné. Réville, chef de bataillon à la 20ᵉ, a été tué à la tête de ses chasseurs ; c'est un brave que je re-grette sincèrement. Le général de cavalerie Quesnel qui a commandé dans cette occasion s'est bien com-porté.

Le séjour du corps d'Elnitz sur le Var pourra retarder mon mouvement offensif.

SUCHET.

Chaque jour, Suchet Oudinot s'ingéniaient pour faire pénétrer des nouvelles rassurantes dans Gênes.

Le lieutenant-général Suchet au général Oudinot, à Antibes.

Cagnes, 24 floréal an VIII
(14 mai 1800).

Lambert a été pincé, mon cher Général, ses dépêches ont été retirées de la mer ; un officier des guides a eu le même sort, ses dépêches ont été jetées à la mer.

J'apprends que le commandant de Savone a exé-cuté mes ordres, il a bombardé Savone, il a eu des vivres, a chassé l'ennemi de la ville et a dû recevoir un bâtiment venant de Corse. Voila du satisfaisant [1].

L'on trouve à Gênes des vivres en abondance, ils sont fort chers, mais n'importe, on en obtient, il y est entré du blé venant de Corse.

---

1. Nous donnons ci-après les ordres auxquels fait allusion Suchet.

Le lieutenant-général Suchet, commandant le centre, au général de brigade Buget, commandant le fort de Savône.

Au quartier-général de la Pietra, le 7 floréal an VIII.

Je reçois dans l'instant, Citoyen Général, votre lettre du 6 floréal ; je m'étonne d'aprendre que l'ennemi vous cerne et vous presse jusque hors la ville ; vous pouvez, vous devez, et je vous l'ordonne, menacer les habitans de brûler leur ville si l'ennemi ne l'évacue sur-le-champ : et vous devez tenir parole.

C'est chez les habitans de Savône qu'il faut déposer les bouches inutiles que renferme votre fort, réduisez votre garnison aux seuls combattans, et tirez de la ville le plus de subsistances que vous pourrez ; dans votre position tout ménagement est un crime.

Défendez toute communication à l'ennemi et donnez l'exemple. Point de parlementaire, vous n'en devez écouter aucun. Tous les yeux sont fixés sur vous, l'armée a besoin de Savone, votre patriotisme et votre dévouement me sont des garans des efforts que vous ferez pour conserver à la République cette forteresse importante.

Le premier consul Bonaparte veille aux destinées de l'armée, il en dirige la fortune et bientôt nous sortirons triomphans de la lutte inégale que nous soutenons.

N'épargnons pas les coups de canons, intimidez l'ennemi, bravez toutes ses menaces et rappelez-vous bien que vous n'acquerrez son estime que par le plus grand mal que vous pourrez lui faire.

Méfiez-vous de tout le monde et ne prenez conseil que de votre attachement à votre pays et à la gloire.

SUCHET.

Cravey [1] et Lambert me font assurer que, dans
la bataille du 17, nos troupes ont tué à l'ennemi
deux généraux, 43 officiers, 600 grenadiers. Enfin
les ennemis avouent leur perte à 1 200 hommes, à
coup sûr cette affaire peut compter. Il y a plus de
10 000 hommes à Nice. Mélas s'y trouve ; il se pourrait qu'il voulût me faire ses adieux, je le recevrai
bien, mais je persiste à le croire, et tous mes rapports me le confirment, le mouvement se détermine ;
le peuple Niçard est armé, il a de grand projets,
nous verrons avec le temps.

Lala n'a presque rien fourni, mon cher Général,
je ne sais pas si ses services ont été bien faits à
Gênes ou ailleurs, mais je suis bien sûr que si nous
avons de l'argent à disposer, nous le ferons plus
utilement en le mettant entre les mains du préfet,
ou des commissaires, qui fourniront réellement ;
du reste je me propose d'en causer avec l'ordonnateur et je vous ferai part de ce que nous aurons
jugé de plus utile, au bien être de l'armée. Je vous
adresserai demain ceux qui m'ont rapporté une
partie des faits contenus dans cette lettre...

SUCHET.

Général de division Saint-Hilaire au Ministre de la guerre.

Fréjus, 24 floréal an VIII
(14 mai 1800).

Les mouvements rétrogrades de l'armée d'Italie

1. L'adjudant-général que l'on avait laissé pour mort sur le
champ de bataille, le 17. Il n'était que prisonnier.

sur la ligne du Var, s'étant faits avec une précipitation qui pouvait faire craindre que l'ennemi tenterait d'en profiter, je n'ai pas hésité à appeler les habitants de la division que je commande à venir au secours des braves restes de l'armée d'Italie, en éveillant dans leur cœur l'amour de la patrie, pour venir la défendre sur les bords du Var. Le zèle qu'une grande partie montre déjà pour se rendre au poste d'honneur me fait espérer que cette levée en masse aura le plus grand succès, et que nous pouvons profiter de ce premier élan de bonne volonté pour chasser l'ennemi hors du département des Alpes-Maritimes, ou lui imposer s'il voulait passer outre.

Je compte qu'il se réunira dix mille hommes au corps d'armée, j'ai paré autant qu'il était en mon pouvoir au manque de subsistance qui se fait généralement sentir, en exigeant de concert avec les préfets que chaque colonne fût munie de cinq jours de vivres; je vous ferai connaître les événements ultérieurs auxquels ce mouvement général pourra donner lieu d'après les dispositions que le lieutenant-général Suchet croira devoir prendre.

J'ai exécuté les intentions de votre lettre du 12 floréal relativement à la cavalerie de l'armée, je l'ai en conséquence dirigée à marches forcées sur celui du Var.

Je ne dois pas vous dissimuler, Citoyen Ministre, que si quelque chose s'oppose aux succès que nous attendons, c'est le défaut de subsistances et de four-

rages. Ce sont les plus cruels ennemis que nous ayons
à combattre, j'ai pris cependant les mesures pour
les assurer autant qu'il a été en mon pouvoir, j'ai
dû compter que vous me mettrez à même de remplir les engagements que la confiance de quelques
particuliers à engagé de contracter avec moi. Je
leur ai promis qu'ils ne seraient pas victimes des
promesses que je leur ai fait.

SAINT-HILAIRE.

Le Premier Consul au général Masséna, commandant en chef l'armée d'Italie.

Lausanne, 24 floréal an VIII
(14 mai 1800).

Je suis à Lausanne depuis deux jours, Citoyen
Général. L'armée est en grand mouvement. L'aide
de camp que vous m'avez envoyé vous fera connaître verbalement la situation des choses ici.

Vous êtes dans une position difficile ; mais ce qui
me rassure c'est que vous êtes dans Gênes ; c'est
dans des cas comme ceux où vous vous trouvez
qu'un homme en vaut vingt-cinq mille.

Je vous embrasse.

BONAPARTE.

Bonaparte était à Lausanne au moment de la première
attaque du pont du Var, et devait y rester encore deux jours.

Nous reproduisons ci-après les ordres donnés de Genève,
le 10 floréal, avant la nouvelle de l'évacuation de Nice, au
général Lannes, commandant l'avant-garde. Ils permettent
de suivre jour par jour les premiers mouvements de l'armée de réserve, à l'heure où notre frontière était à deux

doigts d'être forcée, et de se rendre compte du point où en était la diversion destinée à dégager Suchet.

On remarquera que le pont du Var était attaqué dès le 23, deux jours avant que l'armée de réserve commençât à passer le col du Saint-Bernard, huit jours avant que Mélas prît au sérieux les avertissements venus des Alpes, quinze jours avant que Bonaparte ne pût arriver à Ivrée, et avant que Suchet débouchât sur Nice.

Le général en chef Berthier au général Lannes.

Quartier-général, Genève, 20 floréal an VIII
(10 mai 1800).

Conformément aux ordres du général en chef, Citoyen Général, vous vous rendrez le 23 à Saint-Maurice avec l'avant-garde que vous commandez, et vous ferez prendre à Villeneuve du biscuit à la troupe pour les 23, 24, 25 et 26. Dans la journée du 24, vous serez rendu à six lieues au-delà de Saint-Maurice, et, le 25, vous vous trouverez au pied du grand Saint-Bernard. En passant à Saint-Pierre, vous prendrez du biscuit pour trois jours, 27, 28 et 29 inclus.

Le général Mainoni devra réunir les trois bataillons de la 28ᵉ, le bataillon helvétique et le bataillon italique à l'hospice du Saint-Bernard, le 24, et leur fera délivrer du biscuit pour quatre jours. Donnez-lui des ordres en conséquence.

Vous prendrez toutes les précautions nécessaires pour accélérer le transport de votre artillerie au Saint-Bernard, et vous ferez filer avec la plus grande rapidité les affûts-traîneaux qui vous sont

15.

destinés, de manière qu'ils soient arrivés au pied de la montagne avant la tête de la colonne.

Vous calculerez votre marche avec assez de précision pour que le 26, une heure avant le jour, vous ayez passé le Saint-Bernard, et que vous vous trouviez sur les postes avancés de l'ennemi que vous culbuterez.

Vous donnerez l'ordre au 12ᵉ régiment de hussards et au 21ᵉ régiment de chasseurs d'être rendus le 23 à Vevay.

Le mouvement de l'armée suivra celui de l'avant-garde, et vous recevrez des instructions ultérieures.

Le général Marmont a ordre d'expédier un officier qui sera chargé de faire monter de suite sur le Saint-Bernard une pièce de 8, un obusier et les pièces de la division Watrin. Vous donnerez à ce convoi l'escorte que vous jugerez nécessaire, et vous déterminerez le point où ces pièces devront s'arrêter pour attendre la colonne d'attaque.

La division Chabran passera le petit Saint-Bernard le 26, culbutera l'ennemi qui pourrait occuper ce passage, et fera sa jonction avec vous le plus tôt possible.

Instruisez, je vous prie, fréquemment le général en chef de votre position.

Par ordre du Premier Consul.
BERTHIER.

Les troupes à cheval devront prendre de l'avoine pour quatre jours.

Le général en chef Berthier au général Lannes.

Vevay, 23 floréal an VIII
(13 mai 1800).

Le général en chef a reçu, Citoyen Général, la lettre dans laquelle vous lui annoncez que l'avant-garde sera réunie, le 22 au soir, à Martigny. Il me charge de vous recommander la précaution qu'exige la nature du terrain que vous allez traverser; les gens du pays et le commissaire-ordonnateur Dalbon qui l'a habité longtemps, vous donneront des renseignements utiles, et on ne peut trop en recueillir, d'après les difficultés que présente le passage du Saint-Bernard.

Le général Berthier espère que vous aurez franchi le passage de la montagne du 25 au 26, ainsi qu'il a été convenu. Arrivé à Aoste, vous réunirez toute votre avant-garde pour vous porter *sur le château de Bard*. Ne vous présentez devant cette forteresse qu'avec toutes vos forces. Lorsque vous vous serez emparé des hauteurs qui la dominent, défendez le feu de la mousqueterie, qui ne ferait que consommer inutilement des cartouches; occupez-vous de suite à placer vos bouches à feu sur un mamelon d'où l'on peut canonner le fort avec avantage, placez deux obusiers sur le chemin, et, lorsque ces deux batteries seront prêtes, faites-le canonner avec vivacité. Au moment où elles auront produit leur effet sur la couverture que les ennemis ont faite sur leurs batteries et qu'il y aura prise pour la mousqueterie, vous permettrez la fusillade, qui pourra alors être très utile et accélérer la reddition du fort.

Le général Marescot a l'ordre de se rendre à l'avant-garde pour s'occuper de tout ce qui est relatif à l'attaque *du fort de Bard*. Je vous préviens en outre que le général en chef se trouvera à Aoste en même temps que l'avant-garde.

Par ordre du Premier Consul.

Le général Chabran devait en même temps, à sa droite, passer le Petit-Saint-Bernard, et le général Turreau, le Mont-Cenis ; pendant qu'à sa gauche, le général Béthencourt occupait le Simplon, et qu'au Saint-Gothard, les 15 000 hommes envoyés par Moreau se massaient pour descendre en Italie.

Le général en chef Berthier au général Dupont, chef d'état-major de l'armée de réserve.

Quartier-général, Lausanne, 24 floréal an VIII
(14 mai 1800).

Prévenez le général Turreau que je compte être arrivé le 18 avec l'armée à Ivrée, en passant par le Grand-Saint-Bernard ;

Que l'ennemi, nécessairement, s'affaiblira devant lui pour réunir ses forces ; qu'en conséquence il est nécessaire qu'il se porte avec toutes les forces possibles sur Suse ; qu'il laisse de simples dépôts dans les places fortes, qui, d'ailleurs, doivent avoir des

gardes nationales pour fournir des secours pour le
service; qu'il ait avec lui le 4ᵉ et le 9ᵉ régiment de
chasseurs et le 21ᵉ de cavalerie, et le plus d'artillerie et de cartouches possible.

Arrivé à Suse, il se mettra en communication
avec l'armée par Lanzo et Ponte; de mon côté, j'enverrai des reconnaissances dans ces deux villes pour
avoir de ses nouvelles.

.   .   .   .

.   .   .   .

.   .   .   .

Par ordre du Premier Consul.

Le général Moreau, sans se refuser à faire le détachement
prescrit par l'arrêté des Consuls, avait représenté à Carnot
tout l'inconvénient qu'il y aurait, pour son armée, à supprimer tout à coup, en présence même de l'ennemi, l'aile
gauche tout entière que commandait Lecourbe, le plus sûr
de ses lieutenants. Il avait été convenu que, sans modifier
la distribution de son armée, qui était en pleine marche, il
détacherait, en puisant également dans tous les corps, de
quoi former un détachement de 15 000 hommes qui serait
mis sous les ordres du général Moncey, commandant les
troupes stationnées en Helvétie.

**Le général en chef Berthier au général Dupont, chef
d'état-major de l'armée de réserve.**

Quartier-général, Lausanne, 24 floréal an VIII
(14 mai 1800).

.   .   .   .

Donnez des ordres au général Moncey pour lui annoncer qu'il fait partie de l'armée que je commande.

. . . .

Donnez l'ordre positif au général Moncey de rassembler environ 1 000 hommes des parties de l'Helvétie le plus à portée du Simplon pour les y envoyer en toute diligence, et qu'ils se réunissent aux 400 hommes du bataillon helvétique, qui est déjà sous les ordres du général Béthencourt;

. . . .

Les 1 400 hommes environ qui se trouveront au Simplon suffiront pour le moment, et le général Moncey n'en fera pas passer davantage. . . .

. . . .

Vous donnerez en instruction à l'officier général commandant le Simplon que l'armée étant à Ivrée *marchera vraisemblablement par sa gauche sur le Tessin;* qu'il doit chercher à faire croire à l'ennemi qu'il a de grandes forces, et à l'inquiéter en attaquant ses postes, mais sans imprudence. Vous le préviendrez que le général Moncey a ordre de porter successivement de grandes forces par le Saint-Gothard ; qu'ainsi il n'a rien à craindre.

Prévenez le général Moncey que, d'après l'arrêté des Consuls de la République, le général Moreau détache de son armée les troupes ci-après, qui seront aux ordres du général Moncey, savoir. . . .

. . . .

. . . . Toutes ces troupes formeront une force d'environ 15 000 hommes d'infanterie, qui arriveront successivement et très promptement, à l'exception de la 19e demi-brigade et des deux bataillons de la 29ᵉ, qui y viennent du côté de Mayence.

Il lui vient également en troupes à cheval : le 1ᵉʳ régiment de dragons, le 6ᵉ, le 14ᵉ de cavalerie, le 15ᵉ, le 25ᵉ, le 12ᵉ de chasseurs formant environ 2 400 chevaux.

Le général Moncey a déjà à ses ordres plusieurs bataillons des troupes désignées ci-dessus.

Donnez-lui l'ordre de réunir ces troupes au Saint-Gothard, et successivement toutes celles qui arriveront, excepté celles qu'il aura envoyées au Simplon.

Prévenez-le que le 29 ou le 30, je serai à Ivrée avec l'armée ; *qu'arrivé là je me porterai sur Milan en suivant le plus court chemin.* Il est à supposer que l'ennemi présentera de grands obstacles au Tessin, pendant le temps que je forcerai cette ligne que, lorsque je pourrai établir ma communication avec l'Helvétie et avec lui par le Simplon, je me ferai joindre par le petit corps qu'il a ordre d'envoyer au Simplon et qui sera aux ordres du général Béthencourt. Vous le préviendrez que cet officier commande à ce point.

Prévenez encore le général Moncey qu'il est vraisemblable que, le 2 ou le 3 prairial, je serai à Romagnano et à Arona. Faites-lui sentir combien le corps de troupes qui va se trouver sous ses ordres inquiétera puissamment l'ennemi.

Pendant le cours de mes mouvements, il faut qu'il montre le plus de forces possible et qu'il fasse croire à l'ennemi qu'il en a beaucoup plus qu'il n'en aura réellement, et qu'à chaque instant il le menace de se porter sur Milan.

Il serait possible qu'arrivé à Ivrée les nouvelles que j'aurais du général Masséna m'obligeassent à me porter droit sur Gênes; dans ce cas, il est également nécessaire que le général Moncey attire l'attention de l'ennemi en le menaçant, afin qu'il tienne dans le Milanais le plus de forces possible. Prévenez-le que, dans le cas où je ferais ce mouvement, il ne retarderait mon arrivée sur le Tessin que de cinq à six jours, et qu'alors, au lieu des premiers jours de la décade de prairial, je ne serais sur le Tessin que vers la fin de cette décade.

Il est essentiel qu'il manœuvre de manière à établir nos communications par Bellinzona et Locarno, afin de pouvoir agir de concert pour nos différentes attaques.

. . . .
. . . .
. . . .
. . . .

Par ordre du premier Consul.

Cette modification dans l'organisation du corps de Moncey, exigée par Moreau qui avait pour devoir strict de défendre les intérêts de son armée, et de ne pas compromettre les opérations en Allemagne, ne laissait pas d'avoir de grands inconvénients en ce qui concernait l'Italie.

Bien du temps devait s'écouler, avant que des troupes, venant de toutes les parties de l'armée du Rhin, fussent rassemblées en un corps, et en état de passer le Saint-Gothard. Or, les circonstances étaient urgentes : le succès dépendait de la rapidité de nos mouvements. Ce retard nous coûta très probablement Gênes.

Nous ne pouvons passer sous silence la lettre suivante, où Bonaparte expose les inconvénients de cette façon de procéder et invite Moreau à se hâter. Il fait allusion aux tentatives de débarquement en Provence, et au commencement d'insurrection qui se produisit dans les départements de l'Ardèche et de Vaucluse ; mais il insiste avant tout sur la nécessité de délivrer Gênes et sur la responsabilité qu'encourrait Moreau, si Masséna était pris.

Il sera curieux de voir le Premier Consul arriver à temps en Italie pour secourir au besoin Masséna, et ne pas paraître se préoccuper de son sort, malgré les raisons qu'il développe dans cette lettre [1].

Le Premier Consul au général Moreau, commandant en chef l'armée du Rhin.

> Lausanne, 24 floréal an VIII
> (14 mai 1800).

Le Ministre de la guerre m'a remis, Citoyen Général, votre lettre de Biberach, du 20 floréal.

Vous venez d'illustrer les armes françaises par trois belles victoires.

Cela abattra un peu l'orgueil autrichien.

J'ai reçu de Gênes des nouvelles du 13; Masséna se défend toujours avec beaucoup d'opiniâtreté, mais il est cerné par des forces considérables. Les Génois se comportent avec un dévouement sans exemple pour notre cause.

1. *Voir* pages 298 et 378.

L'armée de réserve commence à passer le Saint-Bernard. Elle est faible; il y aura des obstacles à vaincre, ce qui me décide à passer moi-même en Italie pour une quinzaine de jours.

Il est indispensable que vous formiez un bon corps de troupes au général Moncey. Celui que vous lui destinez est bien faible; d'ailleurs, il ne pourrait jamais être réuni à temps. Par exemple, la 29ᵉ a deux bataillons à Mayence; la 91ᵉ est aussi du côté de Mayence : ces deux corps arriveront très certainement trop tard. Il est indispensable que vous les remplaciez et que vous manœuvriez de manière à réunir 18 à 20 000 hommes, présents sous les armes, sous les ordres du général Moncey, afin qu'il puisse déboucher par le Saint-Gothard dans la première décade de prairial. On ne doit rien épargner pour sauver la ville de Gênes et le quartier-général d'une de nos armées, qui se trouve bloqué dans cette place.

Les Anglais font tous les jours quelques petits débarquements sur les côtes de Provence, et il est hors de doute qu'un débarquement assez considérable est en pleine mer.

Le général Ferino, avec un petit corps de troupes, est à la poursuite d'un noyau de Vendée qui se forme dans l'Ardèche et Vaucluse.

Si la diversion que le gouvernement a ordonnée par le Saint-Gothard ne se fait pas avec toute la diligence et le zèle qu'exigent les circonstances, il pourra arriver que 12 à 14 000 hommes que nous avons dans Gênes soient faits prisonniers avec le quartier-général, et que l'armée de réserve soit battue. Il faudra bien alors que vous fassiez un détachement de 20 000 hommmes pour soutenir le Midi. Vous aurez à lutter contre l'armée d'Italie autrichienne, et même il faudra tirer de votre armée des secours pour l'intérieur, parce que des succès pareils à ceux-là donneraient une secousse générale aux Vendéens.

Vous voyez les circonstances dans lesquelles nous nous trouvons. Le succès de la campagne peut dépendre de la promptitude avec laquelle vous opérerez la diversion demandée. Si elle s'exécute d'un mouvement prompt, décidé, et que vous l'ayez à cœur, l'Italie et la paix sont à nous.

Je vous en dis déjà peut-être trop Votre zèle pour la prospérité de la République et votre amitié pour moi en disent assez.

BONAPARTE.

CHAPITRE III

INACTION DE MÉLAS SUR LE VAR
PASSAGE DES ALPES
L'ARMÉE DE RÉSERVE DEVANT LE FORT DE BARD

Pendant que Bonaparte prenait ses dernières dispositions en Suisse, les armées étaient en présence sur le Var. Heureusement l'occupation de Nice, où les Piémontais prétendaient s'établir définitivement, et la nécessité de réunir un véritable matériel de siège, pour forcer les défenses organisées par Campredon au pont du Var, absorbaient entièrement le général Mélas et lui faisaient perdre un temps précieux. Il avait fort à faire pour se procurer des subsistances, et ses troupes se remettaient difficilement de leurs quarante jours de campagne dans un pays sans ressource, contre un ennemi peu nombreux, il est vrai, mais plein d'audace.

A mesure que les difficultés de ravitaillement augmentaient pour l'armée autrichienne, désormais séparée de ses magasins par l'Appennin, elles diminuaient pour notre armée, plus rapprochée de son centre d'approvisionnement.

Pascal-Vallongue, chef de brigade du génie, au Ministre de la guerre.

Saint-Laurent-du-Var, 25 floréal an XIII
(15 mai 1800).

Le général Suchet, dont le quartier général est toujours à Cagnes, est parti ce matin pour aller voir la gauche qui s'étend jusqu'à Malaussène, tout est tranquille sur la ligne. Nous avons environ 200 hommes sur la gauche du Var en avant de la tête de pont, commandés par le général Clauzel, aux ordres du général Rochambeau. L'ennemi se retranche dans quelques postes sur la hauteur. Dans l'affaire du 23 il n'a point paru avec du canon, on dit qu'il n'en a point fait passer encore par le col de Tende. Tous les rapports annoncent que ses troupes sont exténuées de fatigue et de besoin. Les officiers, après le 23, ont avoué qu'ils n'en pouvaient plus, étant en marche ou au feu depuis 40 jours. Les chevaux tombés en nos mains attestent aussi leur misère. Les prisonniers se plaignent généralement d'avoir été engagés dans ces affreuses montagnes où ils meurent de faim. Cela console un peu nos soldats, qui disent, à la bonne heure, on n'est pas mieux de l'autre côté. Cet état de choses doit être très favorable à notre armée de réserve, vis-à-vis de laquelle il ne pourra se présenter que des troupes déjà harassées. Les habitants du comté de Nice craignent déjà, disent les rapports, de se voir abandonnés.

Des officiers français faits prisonniers à Vintimille [1] et renvoyés sur parole, arrivés hier, ont dit que la citadelle de Savone tenait encore et que des officiers autrichiens qu'ils avaient vus à Nice leur avaient

1. Voir *Victoires et conquêtes des Français*, t. XII, p. 225. Vintimille se rendit à première sommation. Suchet fit arrêter le commandant et le fit conduire sous escorte au Fort-Carré d'Antibes pour passer en conseil de guerre. Nos lettres ne font pas allusion à ce fait.

dit devoir bientôt marcher sur Coni; peut-être le
mouvement s'exécute-t-il, car le fort Montalban tire
depuis hier, à ce qu'il paraît, sur la route. — Les
rapports du moment annoncent au général Rochambeau qu'il n'a plus devant lui que des Piémontais,
ce qui confirme que les Autrichiens se retirent ; je
présume que les renseignements que le général
Suchet va recueillir sur sa gauche le décideront à
faire demain un mouvement, ou au moins une forte
reconnaissance.

Ces mêmes officiers venant de Vintimille ont re-
cueilli des renseignements satisfaisants sur Gênes,
le pain y est cher mais il n'y manque pas, les autres
subsistances y sont abondantes, et les Génois sont
armés pour seconder les Français.

L'adjudant-général, parent du Premier Consul,
dont je vous ai parlé dans ma lettre d'avant-hier
n° 6, comme s'étant offert pour pénétrer à Gênes,
s'appelle Ortigoni, ce n'est pas la première course
de ce genre qu'il fait, il est dans la ferme croyance
de réussir, en gagnant la haute mer avec un spe-
ronare maltais, armé de 16 rames, il se dirigera vers
la Gorgone et se jettera ensuite avec pavillon napolitain au levant de Gênes où il espère se glisser
de nuit. J'étais décidé à aller avec luy, mais le général Suchet a jugé qu'étant nécessaire qu'Ortigoni
y fut, il était inconvenable et inutile que je m'expo-
sasse, il part ce soir. Aussi voilà deux chances pour
le succès, sans que le secret soit compromis ; il est
expressément recommandé aux deux officiers.

D'ailleurs, il n'en est déjà plus un pour une partie de l'Italie et bientôt aussi va cesser de l'être pour tout le reste.

Le général Saint-Hilaire, qui est après à rassembler des renforts et que l'on dit arriver avec plus de deux mille hommes, dont une grande partie en cavalerie, est toujours attendu. On fait filer vers la gauche les colonnes mobiles pour les opposer aux Barbets dans cette partie favorable à la petite guerre ; je crois qu'il y est arrivé déjà 5 à 600 hommes.

Les subsistances commencent à arriver, ces quelques jours de repos auront rafraîchi et ranimé le soldat ; qu'un léger succès achèvera d'enflammer, surtout quand il saura ce qui se passe.

Salut et dévouement affectueux,

PASCAL-VALLONGUE.

Pascal-Vallongue, chef de brigade du génie, à l'adjudant-général Lomet.

Cagnes, 26 floréal an VIII
(16 mai 1800).

Mes lettres journalières au ministre depuis le 21 ont dû l'instruire de l'état où j'ai trouvé ce débris d'armée et de tout ce qui s'y est passé depuis, rien n'est comparable à la misère à laquelle je vis en proie ces 4 à 5 000 hommes qui arrivaient en hâte de la ligne de Vintimille, parce que le col de Tende ayant été surpris, le Var seul pouvait leur offrir un abri, et leur salut dépendant de la conservation du pont. L'ennemi arriva plus lentement, et depuis le 20 que nous sommes là il ne nous a pas inquiété, ce qui annoncerait qu'il n'a pas de projets ultérieurs, où qu'il est vrai comme on le dit que ses troupes sont exténuées de fatigue, de misère et de dégoût. Les rapports annonçaient qu'il commençait d'avoir connaissance de la diversion puissante qui s'opère sur ses derrières et qu'il faisait de forts détachements pour aller prendre position entre le Tanaro et le Po. Pour s'en assurer, le général Suchet commanda hier une forte reconnaissance vers Nice, on y trouva l'ennemi en force, cependant nous avons gagné du terrain sur la gauche du Var et l'ennemi nous y laisse établir.

Le général Mélas était hier à Nice. Car il a écrit de là au général Suchet en lui envoyant un parlementaire pour un objet assez insignifiant, il serait fort heureux pour l'armée de réserve qui arrive sur ses derrières qu'il se fût laissé retenir à sept ou huit marches du Pô par la petite gloriole de dater du quartier-général de Nice.

Les renforts arrivent nous pouvons avoir actuellement sur la ligne du Var de 7 à 8 mille hommes sans compter les colonnes mobiles. On ne tardera pas à tater encore l'ennemi qui doit nécessairement s'agglomérer aux confins de l'Italie s'il ne veut être abîmé. Les subsistances commencent à devenir moins rare, mais les ressources de cette armée sont depuis longtemps dévorés par les dilapidations. C'est un vieux chancre toujours vivace qu'il sera difficile d'extirper sans trancher au vif ; un autre abus c'est la multiplicité des officiers généraux.

Je vois aujourd'hui dans le *Moniteur* du 15 d'excellentes nouvelles de l'armée du Rhin, c'est du baume pour nous. Je vois aussi que le ministre Carnot est absent pour une mission importante et que c'est le conseiller d'État Lacuée qui a le portefeuille. Mes lettres confidentielles luy auront sans doute été soumises par le citoyen Collignon qui est au fait de ma mission, il est un objet sur lequel j'eusse aimé à n'avoir à m'expliquer qu'avec le citoyen Carnot. Je devais faire en sorte de pénétrer jusqu'à Gênes, mais alors Suchet en était tout près, il en est actuellement à 180 mille, les Anglais ne laissent rien passer et je suis leur prisonnier assez connu, sur parole. Le ministre m'avait d'abord dit qu'il suffirait que j'arrivasse auprès de Suchet qui expédierait ensuite un officier de confiance. Le Consul dit ensuite qu'il fallait que je fisse en sorte de pénétrer ; arrivé ici Suchet trouva ma situation délicate ; depuis le 9, rien ne passait, un capitaine du génie de ma connaissance, un adjudant-général parent du Premier Consul, corse et pratique de la mer s'offrirent pour y aller, le général Suchet les a expédiés tous deux séparément pour y porter l'avis verbal dont j'étais chargé : il y a donc plus de probabilité de succès que si j'y eusse été moy-même ; et je ne me suis pas exposé à donner aux Anglais l'occasion de

16

taxer les officiers français de déloyauté. J'ai déjà
prévenu de tout cela le ministre Carnot, et il fallait
à ce sujet un mot d'explication auprès du citoyen
Lacuée. J'ai voulu, mon cher camarade, vous mettre à même de le donner, persuadé que vous me
rendrez avec plaisir ce service de concert avec le
citoyen Collignon et le camarade Allest (?) à qui je
vous prie de dire mille choses honnêtes et affec-
tueuses.

N'ayant pas ordre de m'arrêter ici davantage, je
prendrai sous deux ou trois jours les dépêches du
général Suchet, et partirai pour aller vous joindre.
J'ai voulu acquérir autant que possible la certitude
morale que les officiers partis pour Gênes y étaient
parvenus, et voir un peu ce que devenait la position
critique où j'ai trouvé les débris de cette armée.
C'est ce qui m'a fait rester jusqu'à présent auprès
du général Suchet.

Salut et cordiale amitié,

PASCAL-VALLONGUE.

Cependant Bonaparte était au moment de quitter Lausanne. Le passage de l'artillerie paraissait, d'après une
première expérience, praticable. L'avant-garde touchait à
Aoste. Le Premier Consul en prévint Suchet, qu'il croyait
encore à Nice. Sa lettre montre les Alpes comme franchies,
le plus difficile restait en réalité à faire, et 10 jours devaient
encore se passer avant que l'armée de réserve fût en état
de faire diversion en Piémont. Tant que l'artillerie n'était
pas à Ivrée, le sort de cette audacieuse entreprise demeu-
rait incertain. Le messager de Bonaparte rejoignit le

général Suchet le 30, sur les bords du Var, dont il inspectait les défenses avec le général de Campredon. Il fut heureux de savoir d'avance approuvée la mesure qu'il avait prise, d'évacuer Nice pour résister derrière le Var. Tout ce que prescrivait la missive du Premier Consul, était d'ores et déjà exécuté [1].

Le Premier Consul au général Suchet, lieutenant du général en chef de l'armée d'Italie.

Lausanne, 20 floréal an VIII
(10 mai 1800).

Je reçois à l'instant, Citoyen Général, votre lettre du 21. L'artillerie de l'avant-garde a passé le mont Saint-Bernard avec facilité. Le général Lannes, qui la commande, se trouve aujourd'hui à Aoste. L'armée est au pied du Saint-Bernard; dans la nuit elle sera toute en Piémont. Un autre fort détachement se prépare à franchir le Saint-Gothard. L'ennemi ne passera pas le Var, à moins qu'il n'ait la fantaisie de se faire enterrer en Provence. Si vous ne pouvez pas défendre Nice, défendez la tête de de pont. Mettez en réquisition les gardes nationales. Je vais prendre des mesures qui confèrent aux généraux et préfets de la Provence une autorité extraordinaire; je vous les enverrai dans une heure par un autre courrier.

Je serai cette nuit au pied du Saint-Bernard [2]; je me dirigerai sur Ivrée, d'où je manœuvrerai selon

1. *Voir* page 303,
2. A Martigny, sur le versant suisse.

les mouvements ultérieurs que pourra avoir faits
l'ennemi.

BONAPARTE.

Les conditions dans lesquelles se ferait la diversion par
le Saint-Gothard demeuraient, aux yeux de Bonaparte,
quelque peu hypothétiques, et l'armée de réserve, réduite
aux seules forces qui se concentraient à Lausanne, était
bien peu de chose comparée à l'effectif des troupes autrichiennes en Italie; celles-ci étaient heureusement dispersées.

Le Premier Consul écrivait encore à Moreau, espérant
presser la formation du corps de Moncey.

Le Premier Consul au général Moreau, commandant en chef l'armée du Rhin.

Lausanne, 26 floréal an VIII
(16 mai 1800).

Une partie de l'artillerie, Citoyen Général, a déjà
passé le Saint-Bernard, et je pars à l'instant pour
rejoindre l'armée.

Je reçois un courrier du général Suchet, du 21,
de Nice. L'ennemi avait forcé la ligne de Borghetto
et le col de Tende. Nice était évacuée. Le petit fort
de Vintimille, Montalban, le château de Nice étaient
approvisionnés pour deux mois. Nous occupions
encore le col de Braus, qui a dû être évacué, ainsi
que Nice, dans la nuit du 21 au 22, où le général
Suchet a dû repasser le Var. L'ennemi paraît avoir
des forces considérables en Italie[1]; tous les rapports
s'accordent sur ce point.

1. Contrairement à ce que l'on avait cru jusqu'alors. *Voir* pages 109 et 208.

Je serai demain à Aoste. Je calcule que la diversion du Saint-Gothard aura lieu conformément au plan de campagne général, et à l'arrêté que vous a remis le Ministre de la guerre : tout dépend de là.

BONAPARTE.

Sous l'impression de la nouvelle de l'occupation de Nice, le Premier Consul hâtait le passage du Saint-Bernard, et se préparait à porter d'ores et déjà son avant-garde en Piémont, pour dégager Suchet, par l'annonce de l'arrivée de l'armée de réserve.

Le Premier Consul au général Berthier, commandant en chef de l'armée de réserve à Saint-Pierre.

Lausanne, 26 floréal an VIII
(16 mai 1800).

Je reçois à l'instant, Citoyen Général, une lettre du général Suchet, de Nice, du 21. L'ennemi a forcé le col de Tende et la ligne de Borghetto. Le général Suchet avait son quartier général à Nice. Il occupait le col de Braus, les forts de Vintimille et Montalban qu'il avait approvisionnés. Nice était évacuée jusqu'à la dernière pièce de canon ; il va passer le Var et reprendra l'offensive avec 7 à 8 000 hommes, dès que l'ennemi sera maîtrisé par notre mouvement.

Il résulte de tout cela que vous devez donner l'ordre sur-le-champ au général Lannes de marcher, quand même le reste de l'armée n'aurait pas passé le Saint-Bernard. Il est nécessaire de se trouver à

16.

Ivrée le plus tôt possible, ne serait-ce qu'avec la moitié de l'armée.

Je serai cette nuit à Saint-Maurice.

BONAPARTE.

Le général Suchet, s'attendant toujours à voir reculer les Autrichiens, se tenait aux écoutes ; le 27 (floréal 27 mai), fidèle à son programme, il voulut s'assurer par une forte reconnaissance de ce qui se passait vers Nice.

Le lieutenant-général Suchet au général en chef Masséna.

Cagnes, 27 floréal an VIII
(17 mai 1800.)

Mélas est encore à Nice, et continue à menacer la tête du pont du Var. Ce matin, j'ai fait pousser une reconnaissance. Le général Solignac, sur la gauche, en remontant le Var, a poussé jusque dans le vallon de Saint-Isidore, où il a fait quelques prisonniers piémontais. — Brunet a chassé tous les postes ennemis, en se portant sur le vallon de Magnan, où il a été arrêté par la présence de deux bataillons de grenadiers hongrois, retranchés et couverts d'abatis. Enfin, le général Rochambeau a passé par la grande route avec le général Quesnel. Ils ont chassé l'ennemi jusqu'à Sainte-Hélène, où deux bataillons de grenadiers de Lattermann sont établis avec les dragons de Kaim.

Les reconnaissances sont rentrées vers les dix heures du matin ayant eu une fusillade de près de deux heures à soutenir avec très peu de perte, et après avoir obtenu une connaissance positive des disposition de l'ennemi.

L'ennemi a avoué hier la perte qu'il a supportée dans la journée du 17, à San Bartolomeo : M. de Brintano tué, un autre général, deux colonels, quarante-trois officiers, six cents grenadiers restés sur le champ de bataille, et un plus grand nombre de blessés ; en résultat, plus de mille quatre cents hommes, tous grenadiers. Cet aveu vous convaincra, mon Général, de la chaleur de cette bataille.

SUCHET.

Pascal-Vallongue, chef de brigade du génie, au Ministre de la guerre.

A Antibes, le 27 floréal an VIII, à 5 h. du soir
(17 mai 1800).

Hier matin, le lieutenant-général Suchet, prévenu que l'ennemi commençait d'avoir connaissance de la diversion qui s'opérait sur ses derrières, et voulant à tout événement l'inquiéter, l'occuper, commenda une forte reconnaissance vers Nice ; elle eut lieu vers les 5 h. du matin ; près de 4000 hommes s'ébranlèrent en 3 colonnes, firent d'abord replier les premiers postes de l'ennemi, arrivèrent à la droite sous la batterie Sainte-Héléna, et à la gauche dans les vallons Saint-Isidore, etc. ; ils trouvèrent l'ennemi en mesure et ne poussèrent pas outre.

Tout l'avantage qu'ils en retirèrent fut d'apprendre
que l'ennemi occupait encore Nice en force, et de
s'emparer de la crète du rideau de la gauche du
Var, où l'ennemi avait d'abord ses avant-postes et
où il laissa les nôtres s'établir depuis hier. Le général Mélas se trouvait hier à Nice, car il a écrit au
général Suchet en luy envoyant un parlementaire
pour un objet d'échange assez insignifiant. Sa présence faisait supposer des forces assez considérables; cependant, leur immobilité d'après notre
mouvement d'hier attesterait leur faiblesse ou au
moins leur irrésolution. Nous nous félicitons en
tous cas d'avoir près de nous le général autrichien
et une partie de ses forces; il y a sept marches au
moins d'ici au Pô et cet éloignement du centre des
opérations de l'armée de réserve ne peut être que
favorable au coup décisif qu'elle va frapper. Le
général Saint-Hilaire est arrivé ici avant-hier; les
renforts arrivent successivement, mais faiblement,
ainsi que les moyens de transports; nous devons
avoir près de 8 000 hommes, et l'on ne tardera pas
à tâter de nouveau l'ennemi; mais avant de s'engager dans ces montagnes désolées, on veut s'assurer des subsistances, et c'est là la partie difficile.

Nous ignorons ce qui se passe dans la vallée de
Barcelonnette, les troupes qui peuvent être dans cette
partie, dans le cas de notre retour à l'offensive, con-
tribueraient fort à inquiéter la retraite de l'ennemi
par le col de Tende; si descendant dans la vallée de
Suture et resserrant la garnison de Coni, elles

s'emparaient des cols qui traversent la principale chaine entre ceux de Tende et de Largentière, prinpalement de celui de Fenestre qui est praticable presque en tout temps. Je n'ai pas de nouvelles de l'officier du génie parti le 23 pour Gênes; j'aime à me flatter qu'il aura passé, car s'il eût été pris je crois qu'il luy eût été possible de nous en instruire. L'adjudant-général est aussi parti.

Si je ne reçois pas l'ordre contraire de vous, Citoyen Ministre, je prendrai les dépêches du général Suchet et partirai sous trois ou quatre jours pour aller vous rendre compte de ma mission.

Des bruits vagues voudraient faire croire à l'existence d'une armée autrichienne chez les Grisons, destinée à agir contre l'armée de réserve, les parlementaires autrichiens, loin de croire à nos succès sur le Rhin, nous assuraient que le général Kray avait passé ce fleuve; cependant ils étaient fort prévenants envers nos prisonniers et nous disaient que leurs nouvelles étaient à la paix.

Salut et dévouement respectueux,

PASCAL-VALLONGUE.

La facilité avec laquelle les Autrichiens nous avaient laissés nous établir sur les hauteurs à gauche du Var, était de nature à faire croire au mouvement de recul que l'on était étonné de ne pas voir encore se produire, puisque l'on était au 28, et que l'avant-garde de l'armée de réserve aurait dû être déjà parvenue à Ivrée, d'après les premières lettres de Bonaparte. Mélas était en réalité à Nice et paraissait heureusement ne se douter de rien de ce qui passait en Piémont, où la belle conduite du commandant du fort de Bard arrêtait à ce moment même l'armée de réserve, et compromettait au plus haut point le sort de l'opération tout entière.

Le lieutenant-général Suchet au général en chef Masséna.

Cagnes, 28 floréal
(18 mai 1800).

Mélas semble persister dans l'opinion qu'il a émise depuis plusieurs jours, de croire l'armée de réserve une *armée imaginaire*. Il continue à rester à Nice.

Toute la brigade Lattermann, composée de grenadiers hongrois, occupe les hauteurs avec quatre régiments d'infanterie et trois petites pièces.

Bellegarde ' borde le Var ; d'Aspremont est à Levenzo avec trois mille cinq cents hommes.

On assure qu'Elsnitz, avec six bataillons de grenadiers hongrois, est également dans cette partie. Si ce fait est vrai, le détachement fait en Piémont ne peut être de plus de quatre mille hommes d'infanterie.

Le soldat autrichien est dégoûté et ne peut supporter la vie active qu'il mène depuis quarante-cinq jours. Il est désorganisé et nous avons chaque jour bon nombre de déserteurs. Un officier français, rendu sur parole, et amené par un bateau espagnol, assure au général Oudinot que vous aviez fait trois

---

1. Ce n'est donc pas Bellegarde qui commandait le détachement fait le 23 floréal sur Ivrée. L'information transmise à ce moment-là par Suchet était inexacte. *Voir* page 255 et page 296.

mille cinq cents prisonniers dans deux sorties suc-
cessives.

Le général Saint-Hilaire est arrivé près de moi ;
il fait avancer les colonnes mobiles et toute la cavalerie de l'armée. Il a donné l'impulsion et les
Provençaux sont bien disposés à empêcher l'ennemi
d'entrer sur leur territoire.

Je presse leur rassemblement.

SUCHET.

L'inaction de l'ennemi continuant, le général Suchet
ordonna, le 28, une nouvelle pointe.

Le lieutenant-général Suchet au général de division Rochambeau.

Cagnes, le 28 floréal an VIII
(18 mai 1800).

Le lieutenant-général maintenant ses dispositions
du 26 (dont les motifs subsistent comme alors) par
suite desquelles *la tête de pont et les hauteurs en avant*
devaient être occupés par une division, vous autorise, Citoyen Général, à vous servir d'une troisième
brigade pour l'attaque de la partie des positions où
se trouve l'ennemi. Vous avez encore à y employer
la cavalerie et 2 pièces d'artillerie légère. Voici les
moyens qu'a conçus le lieutenant-général.

Les troupes seront disposées sur trois colonnes
et attaqueront à deux heures précises du matin.

La première et principale marchera par le chemin
le plus voisin à gauche de la grande route et qui lui

est parallèle : elle cherchera à attaquer l'ennemi par
son flanc gauche ; elle sera appuyée de deux bataillons de réserve qui seront placés de la manière la
plus avantageuse dans ou près le camp, pris le 27,
par la brigade Solignac. La cavalerie et l'artillerie
portées sur la grande route à hauteur de nos premiers postes d'aujourd'hui.

La deuxième sera faible et ne fera qu'une fausse
attaque au centre.

La troisième se portera sur la droite de l'ennemi
pour l'assaillir aussitôt que commencera le feu de
notre droite.

Pour que l'attaque réussisse, il est essentiel
qu'elle soit simultanée ; pour cela le départ des colonnes sera fixé en raison de l'espace qu'elles auront à parcourir.

La position enlevée, on y établira deux camps sur
la pointe dominante qui seraient les plus utiles pour
résister à l'ennemi et empêcher son établissement.
Il pourra en être détaché un petit corps pour appuyer une des ailes, mais le reste de la ligne ne
doit être gardé que par des postes qui se communi-
queront et qu'on fera couvrir par d'autres d'observation faibles et peu nombreux, portés le plus au
loin qu'il sera possible.

Toute la ligne en avant du pont, dès la journée
de demain, sera garnie d'abattis ; des redoutes seront
construites dans les points favorables.

Si, après avoir défendu cette position, *autant que
l'exige son importance*, on était forcé de l'abandonner,

la retraite s'opérerait sous la protection des batteries de la tête de pont dont le feu serait dirigé sur la route de *Nice* et de celles de la rive droite qui, dirigeant leur tir à la gauche, formeraient des feux divergents entre lesquels nos colonnes se retireraient.

La division de la rive droite fera le service de la tête de pont; elle formera les grandes gardes à la gauche des retranchements en remontant le Var et dans la plaine. Ces postes se lieront et se tiendront à hauteur de ceux des grands camps.

Par ces dispositions, le lieutenant-général sera à même de suivre l'ennemi dans ses plus petits mouvements et de profiter à la minute de ceux qui nous seraient favorables.

Salut et respect,

Le chef de l'état-major du centre.

PRÉVAL[1].

Cette reconnaissance eut lieu le 29, mais trouva les

1. Préval (vicomte Claude-Antoine-Hippolyte de), né le 18 août 1772 d'une ancienne famille de Franche-Comté, sous-lieutenant à 17 ans, capitaine en 1794, fit la campagne du Rhin en 1796 avec Gouvion-Saint-Cyr, passa en Italie en 1797 avec la division Bernadotte ; adjudant-général en 1800 sous Suchet, se distingua à Austerlitz à la tête d'un régiment de cuirassiers; un an plus tard fit capituler Erfurt et fut fait général de brigade. Conseiller d'État en 1810, reprit du service actif en 1813 et couvrit la ville de Francfort. Divisionnaire en 1814 (10 mai), inspecteur général de cavalerie et grand-officier de la Légion d'honneur. Après 1830, membre du conseil supérieur de la guerre et de la marine, pair de France. En 1852, sénateur ; il mourut le 19 janvier suivant, à l'âge de 80 ans.

17

Austro-Sardes fortement retranchés. Nos troupes se retirèrent sous la protection de nos batteries.

L'ennemi ne ,semblait toujours pas songer à battre en retraite, mais le bruit de notre apparition sur les Alpes paraissait s'être répandu. Néanmoins, l'activité que Suchet avait su faire régner sur toute la ligne du Var, l'importance des travaux de défense menés à bonne fin, les pointes hardiment poussées par nos troupes en avant du Var, le mouvement produit par l'arrivée des colonnes mobiles, faisaient croire à la présence de renforts considérables et confirmaient l'ennemi dans l'idée que là était le nœud de la campagne ; que l'armée de réserve n'était, comme le disaient les lettres de Vienne, qu'une « armée imaginaire », une insignifiante diversion, destinée à troubler l'action des Autrichiens sur le Var.

Pascal-Vallongue, chef de brigade du génie, au Ministre de la guerre.

Cagnes, le 19 mai 1800.

L'ennemi dans la journée d'hier avait reparu sur les hauteurs à la gauche de la tête du pont du Var. C'était des troupes piémontaises, elles cherchaient à s'y établir : ce qui fait présumer qu'ils se réduisent à la défensive, mais les rapports annonçant que l'ennemi paraissait avoir reçu quelque mauvaise nouvelle de l'Italie, qu'il était question de deux grands avantages remportés par nos troupes vers Pignerol et vers Turin, ainsi que de la soudaine apparition en Piémont d'un grand homme qu'on n'y attendait pas, le général Suchet a ordonné au général Rochambeau d'occuper ce matin les hauteurs en

avant de la tête du pont, ce mouvement a eu lieu à
la pointe du jour, et il paraît qu'il n'a pas éprouvé
de grande résistance, nous avons entendu la fusillade vers les 5 heures ; elle s'est apaisée et les hauteurs sont à nous, nous n'avons pas encore officiellement les détails, je présume qu'on marchera demain
ou après demain sur Nice, en se mouvant également
par la gauche pour inquiéter l'ennemi sur sa retraite par le col de Tende. Le général Suchet désire
que je ne quitte point l'armée avant sa rentrée dans
Nice, qu'il croit devoir être très prochaine. Je présume que cela retardera peu mon départ, et que
j'aurai bientôt le plaisir de vous apporter la nouvelle de cet heureux retour à l'offensive. Je pars
ce soir pour visiter la gauche, afin de profiter de
l'occasion pour bien connaître la ligne du Var.

Nous n'avons pas de nouvelles des officiers expédiés à Gênes, ce qui donne une sorte de certitude
qu'ils n'ont pas été pris et que le général Masséna
sera averti à temps.

Salut et dévouement respectueux,

PASCAL-VALLONGUE.

Suchet devait supporter plusieurs attaques avant de pouvoir prendre lui-même l'offensive. Mélas se préparait en
effet à une offensive énergique.

Le Premier Consul n'était pas encore en Piémont, mais
il était arrivé à Martigny, et l'armée était en plein mouvement. Il fallait encore 3 jours pour terminer le passage du
col, et pour que toute l'armée fût transportée à Aoste. Bonaparte venait d'apprendre que l'avant-garde était arrêtée,

au delà d'Aoste, par le fort de Bard ; mais il ne croyait pas l'obstacle de nature à contrarier sa marche.

Le Premier Consul au général Berthier, commandant en chef l'armée de réserve, à Étroubles.

Martigny, 27 floréal an VIII
(17 mai 1800).

J'arrive de Martigny, Citoyen Général. Arrighi me remet votre dépêche ; nous nous échangions la nouvelle de la prise de Nice.

Je vais envoyer des courriers à Chambéry par la montagne. Je passerai la nuit ici pour attendre les nouvelles de la prise du fort de Bard, que j'espère recevoir demain matin.

Deux pièces de 4 sur affûts-traîneaux pourront se monter facilement sur les hauteurs qui le dominent, sans se démonter et sans exiger l'emplacement qu'exige un affût ordinaire.

Le général Monnier couche aujourd'hui à Saint-Maurice avec le 70e.

La cavalerie sera demain ici.

BONAPARTE.

Le Premier Consul au général Berthier, commandant en chef l'armée de réserve, à Aoste.

Martigny, 28 floréal an VIII
(18 mai 1800).

. . . .

. . . .

Toute la cavalerie est ici ; j'en ralentis un peu le

mouvement, afin de ne pas trop vous encombrer de l'autre côté, jusqu'à ce que je sache la prise de ce vilain castel de Bard.

J'ai envoyé un courrier à Genève pour que Petiet fasse passer 200 000 cartouches et 200 000 rations de biscuit, par le Petit-Saint-Bernard.

. . . .

, ...

BONAPARTE.

Le Premier Consul aux Consuls de la République.

Martigny, 28 floréal an VIII
(18 mai 1800).

Nous luttons contre la glace, la neige, les tourmentes et les avalanches. Le Saint-Bernard, étonné de voir tant de monde le franchir si brusquement, nous oppose quelques obstacles. Le tiers de notre artillerie de campagne a cependant déjà passé. Le général Berthier me mande, du 26, qu'il est entré à Aoste. Le général Lannes, qui commande l'avant-garde, a eu avec un bataillon de Croates une affaire d'avant-poste de peu d'importance. Le bataillon qui voulait défendre l'entrée d'Aoste a été culbuté.

Je suis ici au milieu du Valais, au pied des grandes Alpes.

Dans trois jours, toute l'armée sera passée.

A moins que cela ne fût très nécessaire, je crois que vous feriez bien de ne pas donner ces nouvelles au public. Il vaut mieux attendre que l'armée soit

en Italie et que les événements militaires soient
sérieusement commencés.

BONAPARTE.

**Le général en chef Berthier au général Dupont,
chef d'état-major de l'armée de réserve.**

Aoste, 28 floréal an VIII
(18 mai 1800).

Je pars demain à cinq heures du matin pour établir mon quartier général devant Bard. . . . . •

Ordonnez au général Lannes de faire ses dispositions de manière à être maître des hauteurs qui
dominent Bard, demain de très bonne heure dans
la matinée ; il y a 6 000 hommes avec lesquels il
peut culbuter vivement toutes les forces que l'ennemi peut lui présenter. Prévenez-le que la 28ᵉ demi-brigade part demain d'ici pour le rejoindre.

Faites sentir au général Lannes que le sort de
l'Italie, et peut-être de la République, tient à la prise
du château de Bard. Prévenez-le de l'artillerie qui
part dans la nuit. Envoyez cet ordre par un officier
d'état-major, qui sera escorté de six hommes de
troupes à cheval ; il devra partir dans une heure au
plus tard.

Par ordre du Premier Consul,
BERTHIER.

Bonaparte, écrivant à Suchet, affectait, le 29 floréal, de
considérer l'opération comme terminée.

Le Premier Consul au général Suchet, lieutenant du général en chef de l'armée d'Italie.

Martigny, 29 floréal an VIII
(19 mai 1800).

J'ai reçu, Citoyen Général, vos deux lettres du 23.

Le mont Saint-Bernard est franchi. La moitié de notre artillerie est à Aoste. Je passe moi-même demain. Lorsque vous recevrez cette lettre, la diversion doit être entièrement faite, et l'incertitude de l'ennemi s'être fait sentir à Nice.

La première opération à Nice sera de faire réarmer les batteries de côtes.

Faites arrêter pour être punis sévèrement les habitants qui se seraient mal comportés et qui auraient servi l'ennemi. Ils sont dans le cas d'une commission militaire. Je vous autorise spécialement à en nommer une pour faire quelques exemples sévères, s'il y a lieu.

Le général Garnier, avec une bonne force et quelques colonnes mobiles du Var, pourra se rendre dans les cantons éloignés du département, pour y rétablir l'arbre de la liberté et punir ceux qui se seraient mal comportés.

L'armée sera toute réunie à Ivrée le 4 prairial.

BONAPARTE.

Alors que chacun exaltait la difficulté vaincue, que Bonaparte montrait à Suchet toutes ses troupes débouchant librement au pied des Alpes, Gênes débloqué et Nice réoccupé, il touchait en réalité à l'heure critique. Les troupes passaient le col depuis le 26, le fort de Bard enrayait la marche de l'artillerie. Si ce retard se prolongeait assez pour permettre à Mélas, désormais averti, de réunir ses troupes et de se porter à Ivrée, l'armée de réserve allait être prise sans artillerie entre l'armée autrichienne et le fort de Bard.

Le Premier Consul au général Berthier, commandant en chef l'armée de réserve, à Verres.

Martigny, 29 floréal an VIII
(19 mai 1800).

Je reçois à l'instant, Citoyen Général, des nouvelles du pont du Var, du 24, à 7 heures du matin. Le général Suchet me mande que le général Mélas en personne est à Vintimille. Le corps qui est sur Nice paraît être de 15 000 hommes Les grenadiers de Lattermann ont attaqué, le 23, le pont du Var; ils ont été vigoureusement repoussés et poursuivis jusqu'aux faubourgs de Nice; 200 grenadiers ont été faits prisonniers.

Le général Mélas a fait par le col de Tende un détachement de 5 000 hommes dans le Piémont; il est commandé par le général Bellegarde [1]. Ce mouvement a eu lieu sur la nouvelle que l'on avait reçue que vous étiez arrivé à Genève avec 15 000 hommes.

Il n'y a pas un instant à perdre pour se reporter en avant. Si le fort de Bard tenait plus que nous ne pensons, il faudrait que l'avant-garde, avec quatre pièces de canon de 4 sur affûts-traineaux, qui passeront partout, et la brigade de cavalerie légère prissent une bonne position entre Ivrée et le fort;

1. *Voir* note page 286.

placez la première division en mesure de l'appuyer.
Mais j'espère que vous aurez investi aujourd'hui ce
fort. La journée est superbe, ce qui facilitera beaucoup le passage de l'artillerie.

J'attends dans la journée mon courrier de Paris,
du 25 ; je passerai probablement demain.

BONAPARTE.

**Le Premier Consul au général Moncey, lieutenant du
général en chef de l'armée de réserve.**

Martigny, 29 floréal an VIII
(19 mai 1800).

Je reçois votre lettre, Citoyen Général, avec la
copie de celle que vous adressez au général Berthier,
lequel se trouve fort loin ; je prends le parti de vous
répondre pour lui.

Huningue, Neuf-Brisach ou Strasbourg doivent
pouvoir vous fournir des canonniers pour le transport de l'artillerie dans les mauvais chemins par
lesquels vous allez passer.

Je donne l'ordre au citoyen Petiet de vous faire
passer 50 000 francs, et j'écris à Paris pour qu'on
vous en adresse directement 100 000 en or. L'argent ne vous manquera point.

Si vous êtes avec 12 ou 15 000 hommes, *le 8 prairial (28 mai)* au Saint-Gothard, tout va bien [1].

Les difficultés que nous a offertes le passage du
Saint-Bernard nous ont un peu retardés. L'armée

---

1. Moncey n'arriva à Bellinzona que le 11 prairial, avec une
partie seulement de ses troupes.

17.

ne se trouvera réunie à Ivrée, et dans le cas de
manœuvrer en grand, que le 5 prairial, où il est
possible qu'elle attire à elle le corps qui est sur
les Alpes, sous les ordres du général Turreau, fort
de 4 à 5 000 hommes. *Après quoi elle prendra peut-
être le parti d'aller droit sur Milan.* Elle passera
la Sesia le plus tôt possible, se fera joindre par la
colonne du Simplon, où elle aura quelques munitions de guerre, et se présentera sur le Tessin ; dans
ce cas, elle ne serait sur le Tessin que le 8.

Ainsi, dans cette hypothèse, du 4 prairial au 9,
l'armée de réserve se trouve faire une marche assez
hardie. La Sesia lui sera disputée par le corps qui
défend le Milanais. Il faut que vous trouviez le
moyen de montrer beaucoup de forces, de vous
faire croire en mesure, et de faire battre tous les
jours la générale au quartier général de la division
qui vous est opposée ; par ce moyen, elle osera
moins s'affaiblir pour s'opposer à la marche de l'armée de réserve, qui pourra tout entière manœuvrer,
suivant les circonstances, pour écraser Mélas, qui
serait sur son flanc droit depuis le 7 ou le 8, où elle
sera arrivée sur le Tessin.

Alors il faudra que vous vous portiez à Bellinzona, afin de former la gauche de l'armée de réserve, et vous porter sur Lugano ou Varese, ce que
tournerait le Tessin, ou toute opération que les circonstances exigeront.

Si, d'Ivrée, l'armée, au contraire, *descend tout de
suite du côté de la Rivière de Gênes*, pour dégager

le général Masséna, alors vous aurez cinq ou six jours de plus, pendant lesquels il sera urgent et indispensable que vous engagiez des affaires d'a-vant-poste pour faire croire que vous arrivez à Milan. L'arrivée de l'armée de réserve dans la Lombardie serait retardée de cinq à six jours, ce qui ferait que vous seriez plus en mesure [1].

Si l'ennemi affectait absolument de ne faire aucune attention à vous, et se dégarnissait considérablement pour marcher sur l'armée de réserve, alors, consultez vos forces, enlevez Bellinzona, portez-vous sur Lugano, et faites la plus grande diversion que vous pourrez.

BONAPARTE.

Loin de pouvoir se jeter directement en Italie, Bonaparte était obligé de songer à un siège à faire, et à un siège qu'il fallait couvrir. Nos troupes et notre artillerie se massaient jusqu'à l'encombrement, entre le Saint-Bernard et le fort. Elles ne pouvaient être nourries qu'à l'aide des vivres venant de Suisse; situation qui ne pouvait se prolonger.

Le Premier Consul au général Berthier, commandant en chef l'armée de réserve, à Verres.

Étroubles, 30 floréal an VIII
(20 mai 1800), 9 heures du soir.

Je désire que vous m'envoyiez à Aoste un itiné-

[1]. Il aurait marché droit sur Gênes et serait revenu sur la Lombardie après avoir débloqué cette ville.
C'est ce parti qu'on lui a reproché de ne pas avoir pris. Nous

raire très détaillé sur le détour qu'il faut faire à cause du château de Bard, le temps et la nature des communications.

Choisissez, au débouché de la plaine, de bonnes positions que puisse prendre l'armée qui couvrira le siège de Bard, et où elle puisse recevoir le combat de l'armée ennemie. Ces positions peuvent être choisies de manière que l'avantage de sa supériorité de cavalerie soit peu de chose, et que l'avantage de son artillerie soit considérablement diminué. Cela nous conserverait également la faculté de pouvoir battre la plaine et nous agrandir pour nous nourrir; ce qui, joint à ce qui vous viendra par le Petit-Saint-Bernard, au million de rations de biscuit que nous avons depuis Villeneuve et aux ressources d'Aoste, nous fera vivre.

Le mouvement sur le Simplon ou sur le Saint-Gothard deviendra très sensible à l'ennemi vers le 5 ou 6 prairial. Nous avons dix pièces sur affûts-traîneaux qui pourront appuyer les positions de l'armée. Pendant tout ce temps-là, l'artillerie achèvera de passer, les corps en arrière arriveront, et cependant la diversion sur Gênes n'en sera pas moins en partie faite.

. . . .
. . . .

verrons que, retardé par le fort de Bard, n'ayant pas de ligne d'opération sure et n'ayant pu rallier Turreau, il ne pouvait se lancer sur Gênes avant que sa retraite fût assurée, et sans que Moncey eût opéré sa jonction. Voir page 378.

Faites courir vos ingénieurs et vos adjudants-gé-
néraux pour connaître le système du pays entre
Bard et Ivrée.

Tenez-vous éveillé. Lannes aura 7 à 8 000 hommes
sur le corps avant trois ou quatre jours.

Mélas ne peut pas être sur vous avant le *le 6 ou
le 7*.

Ainsi, je crois qu'il faut faire travailler au nouveau chemin, faire faire de fortes et nombreuses
reconnaissances.

Dès l'instant que votre artillerie sera prête, com-
mencez à sommer le château de Bard.

BONAPARTE.

C'était donc avant le 7 qu'il fallait avoir pris les mesures nécessaires pour enlever le fort de Bard, ou pour passer malgré lui. Le sort de l'expédition était en suspens. On
comprend l'activité qui dut être déployée pour arriver à dé-
couvrir un autre chemin, et l'énergie avec laquelle furent
dirigés les assauts contre l'imprenable forteresse qui défiait,
du haut de son rocher, toutes les attaques.

CHAPITRE IV

DEUXIÈME ATTAQUE DU PONT DU VAR
L'ARMÉE DE RÉSERVE ET LE FORT DE BARD

Le calcul fait en dernier lieu par Bonaparte dans sa lettre du 30 floréal était exact ; il fallait prévoir l'arrivée de Mélas en Piémont pour le 3 ou 4 prairial. Il ne pouvait être en mesure d'agir avant le 7. Par bonheur, en effet, jusqu'au 30 floréal, le général en chef autrichien n'avait cru à aucun des bruits venus des Alpes, voyant là, comme son gouvernement, un piège pour l'affaiblir sans raison sur le Var.

L'énergie de Suchet, les travaux de Campredon lui faisaient à la fois craindre de ne pas être en état de forcer le passage, et de ne pouvoir même se maintenir dans Nice sans être inquiété. Aussi les opérations prenaient-elles la tournure d'un véritable siège.

Il établissait, entre la ville qu'il occupait et le cours d'eau qu'il voulait franchir, une véritable ligne de circonvallation, destinée à s'opposer aux pointes poussées par nos troupes. La flotte anglaise débarquait de l'artillerie. Toutes les dispositions étaient prises pour une attaque énergique.

Le 1ᵉʳ prairial, nous en étions avertis par le télégraphe du fort Montalban. Suchet et Campredon remontaient à ce moment même le Var et couchaient, le 30, au Broc. Le chef de brigade Vallongue les accompagnait. Toujours préoccupés d'assurer le mouvement en avant des troupes, ils vou-

laient voir par eux-mêmes dans quelle mesure les passages
supérieurs du Var étaient menacés, et constater si l'on
pouvait sans danger rétablir les ponts rompus. Si même la
rive gauche paraissait faiblement gardée, Suchet, qui s'é-
tait par deux fois assuré que Mélas était trop solidement
établi à Nice pour pouvoir facilement être délogé, comptait agir sur la droite de l'ennemi. En face du Broc, le
pont de Saint-Martin était depuis plusieurs mois détruit ;
ses proportions en rendaient le rétablissement difficile ;
cette mesure eût été, de plus, prématurée ; elle aurait
ouvert à l'armée autrichienne un nouveau débouché assez
rapproché, et que Suchet n'était pas en mesure de défendre comme le pont de Saint-Laurent. Plus haut, à notre
extrême gauche, à Malaussène, où ils se portèrent le lendemain, le pont avait été rompu au moment de la retraite.
Ici la situation était différente, la position était plus facile
à défendre, le pont avait des proportions moindres, la rive
gauche était à peine gardée, et couverte du reste par le
cours de la Vesubia et de la Tinea, qu'il fallait passer
pour arriver au Var. Le rétablissement du pont fut ordonné ; le capitaine Michel, qui plus tard s'illustra à la défense de Scilla, et le lieutenant Chappe se mirent à l'œuvre ;
la crue du Var rendait ce travail difficile.

Le soir du 1er prairial [1], les trois officiers couchaient à
Toudon dans une masure, ils furent réveillés par le grondement du canon qui, dès 4 heures du matin, se faisait
entendre vers Saint-Laurent. A cette même heure, un
émissaire déguisé en paysan remettait à Suchet une clef
vissée renfermant la lettre de Bonaparte, du 26 floréal,
que nous avons donnée plus haut.

1. *Itinéraire du général de Campredon.*
Le 30 floréal. — Couché au Broc, pour examiner la ligne avec
le général Suchet.
Le 1er prairial. — A Toudon (Malaussène).
Le 2. — A Saint-Laurent, 2e attaque.
Le 3. — A Cagnes (quartier-général).

Le général Mélas, lui aussi, venait de recevoir des nouvelles de Piémont. L'apparition d'un corps d'armée français dans la vallée d'Aoste n'était plus un simple bruit, mais devenait chose certaine. Il n'attribua pas tout d'abord à cette nouvelle toute l'importance qu'elle méritait. Il ne lui paraissait pas possible qu'une armée de quelque importance eût put se réunir, avec un matériel considérable, sans que les agents de Vienne en eussent été avertis; or, ils représentaient l'agglomération de Dijon, commandée par Berthier, comme dérisoire. Le passage du Saint-Bernard par des forces en état de contrebalancer ce que les Autrichiens avaient en Italie n'était pas considéré comme possible, tout au moins sans une longue et laborieuse préparation. La présence enfin de Bonaparte n'était qu'un bruit vague, et que contredisaient toutes les probabilités; puisque le général en chef était Berthier, et que le Premier Consul, chef d'un gouvernement civil, ne devait pas prendre le commandement des armées. Il avait, du reste, assez à faire avec les complications intérieures et la direction générale des opérations, sans se porter personnellement sur un point où ne pouvait être tentée qu'une faible diversion. Toutes ces raisons portaient Mélas à croire aux rapports officiels qui représentaient Bonaparte comme résidant à Paris.

La nouvelle était néanmoins assez grave pour que Mélas songeât à se porter de sa personne en Piémont, et à prendre les mesures qui pouvaient être nécessaires aux débouchés des Alpes; mais il désirait tenter auparavant une première attaque sur le Var, puisque tout était prêt. Néanmoins, les rapports devenant de plus en plus pressants, il se décida subitement, le 30, à partir pour Coni; il laissait le commandement à Elsnitz, qui fut chargé de diriger l'attaque principale, à la préparation de laquelle Mélas lui-même avait présidé. La prise de Savone par le général Saint-Julien, rendant disponibles les troupes qui y étaient occupées, lui permit d'emmener avec lui 5 à 6 000 hommes, sans affaiblir le corps d'armée qu'il laissait sur le Var.

Le lieutenant-général Suchet au Premier Consul.

Saint Laureut-du-Var, 2 pairial an VIII
(22 mai 1800).

Je reçois aujourd'hui votre lettre du 26. — Je me réjouis avec tous mes camarades de votre marche en .Italie, et nous marquons par une vigoureuse défense la journée qui nous a appris que vous seriez à Ivrée le 1er prairial.

L'ennemi, fort de 11 bataillons de grenadiers et de 6 régiments d'infanterie, a attaqué à la pointe du jour la tête de pont [1], il était protégé par douze

---

1. *Rapport.*

OUDINOT, CHEF D'ÉTAT-MAJOR, AU MINISTRE DE LA GUERRE.

Antibes, 25 mai 1800 (5 prairial).

La tête du pont du Var défendue par les 39e et 99e de bataille, 2 pièces de 4 et un obusier, a été attaquée hier à 4 heures du matin; l'ennemi, après avoir fait un feu aussi vif que continu avec son artillerie, ne le suspendit que pour faire marcher sur quatre colonnes plusieurs bataillons de ses grenadiers s'avançant l'arme au bras avec le projet de l'enlever d'assaut. La 20e légère placée en avant des retranchements reçut les assaillants avec un tel sang froid et des feux si nourris qu'ils furent forcés à rétrograder en désordre.

Notre artillerie des retranchements comme celle de la rive droite a produit un excellent effet, elle a démonté plusieurs bouches à feu et atteint les bâtiments anglais qui dirigeaient de fréquentes bordées sur notre droite, et principalement le pont qu'ils avaient le projet de rompre par les boulets, ou embraser par l'effet de ses obus.

La 20e légère, les 39e, 99e et l'artillerie méritent les plus grands éloges; leurs chefs surtout ont des droits à votre attention.

Les généraux de division Rochambeau, Dembarrère, Clauzel, commandant une division, et Brunet, blessé d'un éclat

bouches à feu, qui vomissaient la mitraille et les obus dans les retranchements, rien n'a pû ébranler nos braves. La 20ᵉ légère a soutenu pendant près de 3 heures, en avant des retranchements, le feu le plus vif, les 99ᵉ et 39ᵉ ont soutenu le feu jusqu'à 8 heures du soir.

L'artillerie a parfaitement servi, l'ennemi a éprouvé une perte considérable, il a été puissamment secondé par une grosse frégate et deux bricks[1], qui demain, je l'espère, ne nous feront pas de mal. Le général Brunet dans les retranchements a été légèrement blessé par un éclat d'obus. Le général Rochambeau, qui commandait, a montré talent et sang-froid, il a été bien secondé par le général du génie Dambarrère, qui a resté longtemps sous le plus vif des batteries de l'ennemi.

J'ai fait passer le Var par les Polonais, demain je pourrai vous donner des détails.

d'obus, ont fait preuve de bravoure et de talents qui les caractérisent chacun dans leur arme.

Le même jour la 6ᵉ division fut inquiétée sur Saint-Martin, les Polonais qui protégeaient la reconstruction du pont de Malaucennes s'y sont aussi valeureusement défendus et se sont maintenus (malgré la fusillade de l'ennemi) sur la rive gauche du Var.

Les citoyens Baudran et Chappe officiers du génie, se sont distingués par leur expérience et bravoure.

Notre perte en tués et blessés est d'environ 100 hommes, dont un chef de bataillon de la 55ᵉ demi-brigade, tué à la tête de son corps qui était formé en bataille sur la rive droite en avant de Saint-Laurent ; celle de l'ennemi est beaucoup plus considérable.

OUDINOT.

1. Les Autrichiens étaient ainsi couverts sur leur droite et sur leur gauche. De plus, les bâtiments prenaient des revers sur nos ouvrages. Heureusement la plupart des projectiles tombaient dans un terrain marécageux, où ils enfonçaient sans éclater.

Enfin, M. de Mélas n'a quitté Nice que le 30 au matin, après avoir reçu un pressant avis de la marche de l'armée de réserve ; le même jour nous avons reconnu l'ennemi, lui avons fait 73 prisonniers et deux officiers. L'élite de l'armée ennemie se trouve singulièrement affaiblie, et les compagnies de grenadiers sont réduites aujourd'hui à 20 ou 25 hommes.

Saint-Hilaire était aujourd'hui au pont du Var. Les colonnes mobiles désertent. J'attendrai vos nouveaux ordres pour les réquisitions de gardes nationales, mais je me mets en mesure de ne pas en avoir besoin. Nos troupes ont beaucoup gagné, elles sont vêtues, depuis 6 jours mangent la ration entière, sont armées, ne désertent pas, et brûlent du désir de se rapprocher du Premier Consul.

L'aide de camp Franceschi m'a fait part de vos intentions pour l'artillerie de siège, je vais m'en occuper et rapprocher de moi l'officier du génie Campredon.

Je ferai tout pour saisir le moment ou l'ennemi va se déterminer à une marche retrograde et l'harcèlerai de mon mieux.

Je m'attends à être attaqué dans la nuit ou à la pointe du jour, mais mes soldats savent que vous marchez en Italie et ils défendront avec le dernier acharnement le point qui peut plus tôt les rapprocher de votre armée.

Suchet.

Pascal-Vallongue, chef de brigade du génie, au Ministre de la guerre.

A Saint-Laurent-du-Var, **3** prairial an VIII, à 11 h. du matin
(23 mai 1800).

Je n'ai pu profiter du courrier du 1er de ce mois, parce que, comme j'avais l'honneur de vous en prévenir par ma lettre du 29, j'avais été dès le 30 visiter la gauche de la ligne avec le général Suchet et le général du génie Campredon. Nous avons été jusqu'à Malaussène ; il y a là un pont sur le Var qui, dans cette gorge étroite, n'a pas plus de 26 toises de largeur. Nous avions rompu ce pont ; le général Suchet en a ordonné le rétablissement dans la nuit du 1er au 2. En conséquence des ordres qu'il expédiait au général Garnier qui commande dans cette partie, de passer ce pont avec 2 500 hommes, et de se porter sur Utelle en s'emparant des ponts sur la Tinea et la Vesubia, son intention était de menacer ainsi les troupes qui sont à Nice, d'avoir leur retraite coupée ou vivement inquiétée. Ce qui le décidait à ce mouvement est la grande probabilité de cette retraite d'après ce qui se passe sur les derrières de l'ennemi, et la mauvaise garde apparente des rives du haut Var, où nous n'avons reconnu que des régiments provinciaux piémontais; mais dans le moment hier, vers les 3 h. 1{2 du matin, l'ennemi a vivement attaqué notre tête de pont de Saint-Laurent; il a emmené une douzaine de pièces sur les hauteurs

qui sont au devant et après avoir vivement canoné
le pont et les ouvrages de concert avec la flotte anglaise qui s'était embossée à l'embouchure du Var ;
il a fait marcher deux fortes colonnes de grenadiers
pour l'enlever, mais la bonne contenance de nos
troupes qui sont portées au devant, la supériorité
de notre feu, le bon état où se trouve déjà l'ouvrage
défensif leur en ont imposé ; après une vive fusillade, ils se sont arrêttés et se sont retirés en position
à l'abri du couvert que leur offrent les hauteurs ; on
a continué à tirailler jusqu'à la nuit ; nous avons
eu quelques blessés (le capitaine du génie Baudran
qui s'y est comporté avec distinction a été blessé au
bras), peu de tués. L'ennemi, d'après le raport des
déserteurs, a été plus maltraité. Nous entendions
cette canonade à Toudon où nous étions encore, et
nous nous empressâmes d'arriver ; nous trouvâmes
la tête de pont et le pont en bon état ; les dispositions furent faites pour renforcer cet ouvrage
ainsi que les batteries de la rive droite ; il va y avoir
aujourd'hui, outre plusieurs pièces de 6, une de 24
et un mortier destinés contre la frégate, qui s'approche à bonne portée. L'ennemi paraît avoir porté à cette attaque onze bataillons de grenadiers dont
4 étaient destinés à emporter à la baïonnette la tête
de pont, et nous forcer ainsi à rompre cette communication afin de retarder notre retour offensif
dans le cas de leur retraite. Cette opération manquée
a donné une nouvelle vigueur à nos troupes qui,
instruites déjà des succès de nos autres armées,

brûlent d'y répondre. L'ennemi a resté tranquille toute la nuit ; ce matin, il a montré des travailleurs que quelques coups de canon ont dissipé, ses pièces n'ont répondu que quelques coups et se taisaient depuis 4 heures ; nos tirailleurs se sont avancés et leurs troupes ne paraissent plus que sur la crête des hauteurs ; elles ont fait une coupure sur la route, disposition défensive contre notre artillerie légère et contre notre cavalerie qui, depuis l'arrivée du 10ᵉ de hussards, peut être de 800 hommes. Deux déserteurs arrivés ce matin disent qu'il ne reste plus que 5 bataillons, que le bruit a couru parmi eux que leur opération d'hier avait réussi, que le pont avait été coupé et que le quartier-général du général Mélas était à Coni, qu'ils ne croyaient pas à l'arrivée de l'armée de réserve parce que Bonaparte était mort.

Nous n'avons pas encore de nouvelles du mouvement qui s'est fait par la gauche, je vais joindre à Cagnes le général Suchet et, s'il en a eu, j'aurai l'honneur de vous en faire part ; si les dépêches dont il doit me charger pour vous sont prêtes, je partirai sous deux jours. Si l'ennemi n'attaque pas cette nuit, et si les nouvelles de la gauche sont satisfaisantes, je présume qu'on débouchera de la tête de pont pour tâcher de culbuter ce qui peut rester devant nous, et j'espère de pouvoir vous en porter la nouvelle.

Le général Suchet a reçu hier des dépêches du Premier Consul sous la date du 24 qui luy annonce qu'au moment où il les recevra, il sera à la tête de

30 000 braves dans le cœur de l'Italie, que le 26 le général Lannes devait être avec l'avant-garde dans la vallée d'Aoste ; il luy recommande de tenir à Nice à la ligne du Var, son opinion n'étant pas que l'ennemi veuille le passer, à moins, dit-il, qu'il ne veuille se faire enterrer.

Salut et dévouement,

PASCAL-VALLONGUE.

P.-S. — Le général Suchet n'a pas encore reçu des nouvelles de la gauche, parce que le temps pluvieux et sombre empêche de se servir des télégraphes [1], il sait seulement que le général Garnier a passé hier le pont de Malaussène.

RAPPORT.

Attaque de la tête du pont du Var, défendu par l'armée française contre les Autrichiens, le 2 prairial an VIII.

L'on était averti, la veille, de l'attaque du 2 prairial. Le général de brigade Brunet, qui commandait ce jour-là sur la rive gauche du Var, avait environ 2 000 hommes d'infanterie tant dans la tête du pont qu'au dehors, et 100 hommes du 10ᵉ de hussards ; il appuya sa droite à la mer, sa gauche à l'ouvrage, la route de Nice couvrait une partie de son front, et, en avant de son centre, il plaça la 20ᵉ légère, pour couvrir et protéger, en cas de besoin, la retraite de toute la ligne, qui ne pouvait s'effectuer que par le pont placé à l'extrémité de la gauche.

1. Le génie en avait établi un à Gilette.

La 99ᵉ de ligne occupait l'ouvrage, et le général Brunet en avait placé les grenadiers au redan de gauche, qu'il regardait comme un point d'attaque.

L'on avait, d'avance, mis à nu la charpente du pont en divers endroits, et les matières incendiaires et les charpentiers étaient prêts pour la brûler, ou couper, au premier signal, en cas de besoin.

Ces dispositions ayant été faites pendant la nuit, on attendit le jour.

Le 2 prairial, aussitôt que l'on commença à distinguer les objets (à 4 heures 1⁄4 du matin), l'ennemi donna le signal de l'attaque, par une salve générale de son artillerie de position, qu'il avait tirée de Nice, et mise en batterie sur le coteau qui s'étend parallèlement au Var à 250 toises de ce fleuve.

Tandis que l'ennemi continuait ce feu, avec beaucoup de vivacité, sa ligne dont la gauche était appuyée à la mer, et la droite à la colline, dont je viens de parler, se met en mouvement pour attaquer, sous la protection de sa nombreuse artillerie de campagne, notre droite, afin d'éviter le feu de notre ouvrage. Nos tirailleurs soutinrent pendant quelque temps ses efforts à la faveur de la broussaille qui couvrent le bord de la mer. Mais comme la partie était trop inégale pour le nombre, que l'artillerie ennemie nous faisait perdre beaucoup de monde, et que l'on pouvait être coupé, le général Brunet ordonna la retraite par la gauche, les 100 hommes du 10ᵐᵉ de hussards passèrent le Var au gué, et l'infanterie, après avoir constamment

soutenu l'ennemi, défila assez lentement sur le
pont (quoiqu'il fut enfilé par les batteries de la
hauteur), et même assez surement, à la faveur des
traverses qu'on y avait construites. La 20ᵉ légère
formait l'arrière-garde, elle tenait ferme pour couvrir le débouché, et ce corps, dont la conduite mérite les plus grands éloges, soutint pendant deux
heures le feu, et les efforts de 25 pièces et de toute
la ligne autrichienne, sans qu'il s'y soit manifesté
aucun désordre.

Cependant les dernières troupes qui rentrèrent
dans l'ouvrage, s'y étant jetées un peu précipitamment, y mirent quelque confusion. L'ennemi qui
s'aperçut, de la hauteur, de l'engorgement au débouché du pont, concentra aussitôt tout son feu sur ce
seul point; un obus, ayant traversé un caisson, le fit
sauter, et cette explosion augmenta le désordre, le
général Brunet venait d'être blessé d'un éclat d'o-
bus, et les troupes décimées à la défense de l'ouvrage, commencèrent à abandonner les parapets;
mais la bonne contenance de l'adjudant-général
Coussaud les rassura bientôt : l'ennemi ne débouchant point encore des taillis, l'on fit tenir les troupes couvertes derrière le parapet afin de ne pas
perdre inutilement du monde par le feu de l'artillerie autrichienne, à laquelle la nôtre, composée
d'une pièce de huit, de deux pièces de quatre, et
d'un obusier, privée d'ailleurs de l'avantage du
terrain, ne pouvait riposter : l'on riva trois caissons remplis d'obus chargés pour éviter un second

18

accident qui nous aurait infailliblement fait perdre l'ouvrage.

L'ennemi continuait son feu : il s'occupait apparemment à manœuvrer derrière les taillis, et à se former en colonne d'attaque, après avoir poussé jusqu'à nos abattis des tirailleurs auxquels nous ne fîmes aucune attention ; les grenadiers hongrois débouchèrent et présentèrent une tête de colonne ; notre pièce de huit ayant fait sur elle, à bonne portée, une décharge, à mitraille, cette colonne fut mise en désordre et se retira.

En même temps des tirailleurs s'étaient avancés fort près en se couvrant de l'escarpement du rivage, ils comptaient entrer dans l'ouvrage, par la gorge, mais ils furent aperçus par nos grenadiers de la gauche, et forcés à prendre la fuite.

Après ce mauvais succès, l'ennemi recommença plus vivement son feu d'artillerie, et nous environna d'une multitude de tirailleurs. Malgré le mauvais état de nos parapets le canon nous fit peu de mal. Au bout d'une demi-heure, nous vîmes déboucher, des taillis, trois colonnes à la fois au pas de charge.

L'ennemi, qui ne voyait personne derrière les parapets, croyait l'ouvrage abandonné, il se présentait avec une très bonne contenance, et avançait fort lentement, mais la 90° ayant alors garni la banquette, il fut déconcerté, le feu de file de l'infanterie et les salves réitérées de notre artillerie le firent retourner encore plus vite qu'il n'était venu.

Quelques pièces de gros canon, que nous avions sur la rive droite, obligèrent l'ennemi à se tenir couvert de la route et des broussailles, et gênèrent beaucoup ses mouvements.

Le feu de l'artillerie continua ensuite avec quelques interruptions, nous entendions par intervalles de grands cris, qui nous faisaient connaître les efforts que faisaient les officiers autrichiens pour animer leurs troupes : il paraît qu'ils n'y réussirent pas, car elles ne revinrent pas à la charge ; dès les dix heures le feu du canon cessa, et l'ennemi abandonna le champ de bataille en y laissant quelques tirailleurs que nous soutînmes par deux compagnies. On se fusilla ainsi jusqu'à la nuit.

Le danger que l'on avait couru par l'explosion du caisson engagea à construire trois magasins à poudre couverts et suffisamment grands pour contenir l'approvisionnement des pièces ; ils furent faits dans le jour.

J'estime à 156 le nombre d'hommes que nous eûmes tués ou blessés dans cette journée, la plupart hors de l'ouvrage, il n'y en eut pas 15 d'atteints dans son intérieur.

A Véronne, le 15 vendémiaire an X.

BAUDRAND [1].

Nota. — Pendant toute l'action, 5 bâtiments anglais, dont une frégate, canonèrent la droite de

1. Officier du génie, plus tard général Baudrand, attaché à la personne du jeune duc d'Orléans.

notre ligne et portèrent même leurs feux jusqu'au pont et à l'ouvrage qu'elle couvre.

Le général de Campredon, rappelé de Toudon où il s'était rendu avec Suchet, avait, avant de partir, prévenu le capitaine Michel de l'attaque du pont du Var, pour que l'on prît à Malaussène des mesures de défense.

Michel, capitaine du génie, au général Campredon, commandant le génie à l'armée d'Italie.

Malaussen, le 2 prairial an VIII.

Général, j'ai l'honneur de vous prévenir que, conformément aux ordres du général Suchet, j'ai fait travailler cette nuit au pont de Malaussen ; mais il n'a pu être achevé que sur les six heures et demie du matin, parce que le Var ayant grossi pendant la nuit, il a fallu attendre qu'il fût jour pour le passer, et même sans le citoyen Chappe, qui a passé trois fois ayant l'eau jusqu'à la moitié du corps, il est sûr que personne n'aurait voulu se hasarder à aller de l'autre côté. Je me rendais à Toudon lorsque j'ai reçu votre lettre du 2, de là, de 7 heures du matin ; il est actuellement 4 heures du soir et comme les sapeurs sont très fatigués, ils ne pourront travailler que demain ; je vais de suite reconnaître de quelle manière on peut défendre cette position.

Je vous envoie cette lettre par le citoyen Chappe,

afin qu'il ne perde pas l'occasion de se rendre à Paris avec le commandant Vallongue.

Je vous prie de m'envoyer un second, le plus tôt qu'il vous sera possible.

Salut et respect,

MICHEL [1].

Dès le lendemain, du reste, le général Garnier put passer sur la rive gauche du Var.

Pascal-Vallongue, chef de brigade du génie, au Ministre de la guerre.

Saint-Laurent-du-Var, le 5 prairial an VIII, à 1 heure
(23 mai 1800).

Je devais partir demain, mais le général Suchet vient de m'engager à rester encore 36 heures, espérant que la position sera avantageusement changée dans cet intervalle et qu'il me chargera de vous en porter la nouvelle. Hier, l'ennemi a resté tranquille sans répondre aux coups de canon que nos batteries luy tiraient de temps à autre ; la tête de pont se renforce à chaque heure, ainsi que la confiance des troupes en cet ouvrage, quoique désavantageusement situé; il nous arrive assez fréquemment des déserteurs qui se plaignent d'être maltraités par leur officiers ; un de leurs canoniers assurait hier que le lieutenant-général Elsnitz, qui

---

1. Qui défendit, en 1806, Scylla contre les Anglais.

18,

commande à Nice, voulait à tout prix emporter la tête du pont et le rompre avant d'aller rejoindre le général Mélas ; mais, d'après son rapport, ils n'auraient sur les hauteurs devant nous que deux pièces de 6 ou de trois, compris deux obusiers, et qu'ils attendaient deux pièces de 12 pour faire une nouvelle attaque ; aujourd'hui tout est tranquille encore. Le général Suchet a été instruit qu'avant hier le général Garnier a passé le Var au pont de Malaussène, qu'il s'est emparé du village de Massoins et qu'il marchait sur Tournefort et sur le pont de la Tinea, après avoir fusillé quelques Barbets ; qu'inquiet de ce mouvement, l'ennemi avait fait mouvoir ses camps d'Apremont et du Mont-Paulet pour s'opposer aux progrès du général Garnier ; mais notre division du centre remonte à la gauche pour le soutenir et le général Suchet qui arrive en ce moment se décidera peut-être à faire une forte tentative en avant de la tête de pont. Les espions annoncent que les Autrichiens ont frappé une forte contribution sur Nice, ce qui, avec leur inaction et les mesures défensives qu'ils prennent, autorise à conjecturer qu'ils songent à une retraite prochaine.

Le télégraphe de Montalban a annoncé aujourd'hui qu'un convoi de vivres envoyé à Villefranche y était entré ; et que ces deux postes à qui l'ennemi a déjà fait de vigoureuses sommations sont dans un bon état de défense.

Nulle nouvelle de Gênes ; hier est arrivée une nouvelle dépêche du Premier Consul dattée de Marti-

gny (vallée du Rhône) du 27, qui annonce que le général Lannes était sur les hauteurs de Bard : et que
le 4 de ce mois, l'armée serait à la hauteur d'Ivréa.
Ces nouvelles sont un beaume pour les maux de
cette armée.

Les inspecteurs aux vivres (Mayeux et Lanoüe)
viennent de commencer leurs fonctions et, s'ils ne
remédient à tous les abus, on espère au moins qu'ils
en arrêteront la progression. On va solder le mois
de floréal, en laissant à l'arriéré quelques mois
ultérieurs. Le service de l'habillement commence à
être satisfaisant ; celuy des subsistances est au
jour le jour ; celuy des hôpitaux a encore de grands
besoin, parce qu'il paraît qu'il y a eu un grand désordre dans cet partie.

Salut et dévouement respectueux,

PASCAL-VALLONGUE.

Le lieutenant-général Suchet au général en chef Masséna[1].

Saint-Laurent-du-Var, le 4 prairial an VIII
(24 mai 1800).

Nous avons battu l'ennemi dans la journée du 2,
mon cher Général ; il a voulu, à l'aide de seize bouches à feu et d'une nombreuse infanterie, enlever
la tête du pont et le brûler, il a été battu et a perdu
plus de cinq cents hommes. J'ai beaucoup de traits
de bravoure à vous citer.

Le consul Bonaparte doit être aujourd'hui à Ivrée,

1. Lettre extraite de l'ouvrage du chevalier Toselli.

à la tête de cinquante mille hommes. Je vais m'emparer de Nice au plus tôt. Le 7, mes troupes occuperont Raus ; mon plus grand désir est de vous joindre et de vous prouver que vous n'avez pas d'ami plus dévoué que.., etc., etc.

SUCHET.

Nous étions moins près que cela de rentrer dans Nice et, si le bruit de l'apparition d'une tête de colonne à Aoste avait précipitamment rappelé Mélas en Piémont, Elsnitz restait, et avait, tout compte fait, 17.000 hommes à jeter sur les 9 000 que commandait à cette heure Suchet [1].

Dans les Alpes, Bonaparte, se voyant retenu devant le fort de Bard, avait porté son avant-garde sans artillerie au delà, sur Ivrée, où il était urgent d'arriver avant que la ville fût en état de défense. Lannes enleva la citadelle le 3. Il était temps. L'arrivée de Mélas à Turin était annoncée ; Il n'avait heureusement pas de troupes avec lui.

Le Premier Consul pressait le général Béthencourt, qui devait passer le Simplon, et le général Moncey, qui devait passer le Saint-Gothard, de façon à occuper partout les forces autrichiennes distribuées au pied des Alpes et à empêcher leur concentration.

Le Premier Consul au général Berthier, commandant en chef l'armée de réserve, à Verres.

Aoste, 2 prairial an VIII
(22 mai 1800), à 11 heures du matin.

Je reçois, Citoyen Général, votre lettre de ce matin à trois heures avec celle du général Lannes.

---

1. La prise de Savone venait de rendre disponibles 6 000 hommes qui en faisaient le siège.

J'espère qu'à l'heure qu'il est j'ai à vous compli-
menter sur la prise du château de Bard. Lorsque
vous en serez maitre, ne laissez pas dilapider les
approvisionnements : il faut y mettre garnison et
un bon commandant. Vous sentez que, si nous
changeons de ligne d'opérations, il est extrêmement
important d'avoir ce petit fort, qui ferme la vallée
et nous assure les moyens de reprendre, quand
nous le voudrons, la ligne de communication
d'Aoste.

Quand la campagne aura pris un caractère diffé-
rent, alors nous pourrons nous en défaire en le
faisant raser.

. . . .

. . . .

. . . .

BONAPARTE

Tâchez d'envoyer des gens du pays pour savoir
si l'on a des nouvelles du général Turreau [1].

**Le Premier Consul au général Moncey, lieutenant du
général en chef de l'armée de réserve.**

Aoste, 4 prairial an VIII
(24 mai 1800).

L'avant-garde, Citoyen Général, s'est emparée
hier d'Ivrée et de la citadelle; elle a fait 200 prison-

---

1. Le général Turreau retint un corps de troupes autrichiennes
au débouché de la vallée de Suze, mais ne put opérer sa jonction avec Bonaparte, ce qui put contribuer à empêcher Bonaparte de marcher sur Gênes.

niers. Le 6, toute l'armée occupera tout le Piémont, depuis Ivrée jusqu'à la Sesia. Notre artillerie continue toujours à passer le Saint-Bernard. Le fort de Bard, fermant la vallée, nous présente de grandes difficultés pour le passage de notre artillerie. Faites venir par le Saint-Gothard, et réunir à Altorf, le plus de munitions de guerre que vous pourrez.

Attaquez le 7 ou le 8 (28 mai) ; portez-vous à Bellinzona, à Locarno. Il est très possible que nous soyons le 8 ou le 9 sur le Tessin.

BONAPARTE.

Le général de Béthencourt, avec la 44ᵉ, attaquera par le Simplon ; il se portera à Domo d'Ossola. Mettez-vous en communication avec lui. Un corps de chasseurs de l'armée qui est aujourd'hui à Gressoney, sera le 6 à Riva, naissance du Val-Sesia, pour se mettre en communication avec le général Béthencourt.

Le Premier Consul au général Béthencourt.

Aoste, 4 prairial an VIII
(24 mai 1800).

Si vous avez 2 000 hommes sous vos ordres, Citoyen Général, poussez, le 7, les avant-postes ennemis, et portez-vous sur Domo d'Ossola.

1 500 hommes occupent aujourd'hui Gressonney. Ils seront rendus le 6 à Riva. Vous pouvez de suite vous mettre en communication avec ce corps.

Faites filer avec vous 2 ou 300 000 cartouches, et faites-vous accompagner par deux ou trois pièces de 4.

Le général Moncey passe, le 8, le Saint-Gothard pour se porter à Bellinzona, Locarno et Lugano; mettez-vous en communication avec lui.

BONAPARTE.

Le Premier Consul au général Berthier, commandant en chef l'armée de réserve, à Verres.

Aoste, 4 prairial an VIII
(24 mai 1800).

J'écris au général Moncey pour qu'il passe, le 7, le Saint-Gothard, et se porte sur Lugano ou Locarno. J'écris au général Béthencourt pour qu'il passe le Simplon le même jour.

Le général Chabran part pour se rendre aujourd'hui à Châtillon. Avec deux de ses brigades il cernera le fort s'il n'est pas pris ; il laissera de la 3e un bataillon pour la garnison d'Aoste ; un autre, à Étroubles, pour le parc ; le 3e à Villeneuve, pour garder le débouché de Cogne.

. . . .

. . . .

. . . . , . . .

Ainsi, le 6 et le 7, toute votre armée sera réunie à Ivrée.

La grande difficulté sera l'artillerie. Les gens de Bard même m'assurent que l'on devrait pouvoir pratiquer un chemin entre Bard et la ville, en travaillant à ce chemin de nuit. On pourrait également faire passer l'artillerie de nuit.

L'artillerie commence à filer. Vous devez avoir un bon nombre de pièces de tout calibre près de Bard.

Ne pourrait-on pas canonner trois ou quatre heures avec un grand nombre de pièces et escalader la première enceinte, ou bien l'escalader de nuit, en faisant un grand nombre de fausses attaques ?

. . . .

BONAPARTE.

Le Premier Consul aux Consuls de la République.

Aoste, 4 prairial an VIII
(24 mai 1800).

J'ai reçu, Citoyens Consuls, vos courriers des 26, 27, 28 et 29. Vous verrez, par le bulletin de l'armée, où nous sommes.

Un courrier que je reçois de Nice et les nouvelles qui me viennent d'Ivrée m'annoncent que, le 29 floréal, Mélas était à Nice, ne se doutant de rien. Sa confiance était fondée sur ce qu'il savait qu'il n'y avait point de troupes depuis Lyon jusqu'au mont Cenis, et que le camp de Briançon était très faible. Il avait cependant, par précaution, placé 3 000 hommes de cavalerie aux débouchés de Briançon. On m'assure qu'il était arrivé hier en toute diligence à Turin.

BONAPARTE.

Bulletin de l'armée de réserve.

Aoste, 6 prairial an VIII
(26 mai 1800).

Le Premier Consul est à Verres; les soldats ré-
clament l'assaut du fort de Bard, qui tient encore.
Vous avez su que Lannes a pris Ivrée. Nous attendons demain, au bas du Saint-Gothard[1], le général
Moncey avec ses 20 000 hommes. Toutes les ouver-
tures de l'Italie sont couvertes de nos canons et de
nos soldats; le dévouement de ces derniers est su-
blime. Il faut le voir pour s'en former l'idée. La 24e
demi-brigade d'infanterie légère a refusé la gratification de 2 400 francs qui lui était due, en disant
que cette créance ne pouvait être acquittée que par
les Autrichiens.

On avait, sans succès, donné l'assaut au fort de Bard. Il
avait fallu se résoudre à faire passer la cavalerie elle-
même, par un sentier taillé presque dans le roc par nos
soldats, sur la montagne de l'Albard. Mais l'artillerie ne
pouvait suivre cette route.

1. Le général Moncey ne pouvait apparaître à Bellinzona que
le 11 prairial.

CHAPITRE V

TROISIÈME ATTAQUE DU PONT DU VAR
BONAPARTE EN PIÉMONT
SUCHET DANS NICE

Tandis que Bonaparte était retenu dans les montagnes par les obstacles inhérents à sa gigantesque entreprise, Suchet, fidèle à la conduite qui lui était tracée, se tenait prêt à marcher en avant. L'attaque du 2 prairial l'avait trouvé occupé à préparer le passage du Var, à Malaussène. Garnier avait en effet réussi, nous le savons ; le pont avait été rétabli malgré la crue, et nos troupes avaient non seulement franchi le Var, mais encore le passage de la Tinea ; ce qui menaçait la droite de l'ennemi. Dès le 5 prairial, Suchet crut pouvoir songer à généraliser le mouvement, et à se porter partout au delà du Var en gagnant du terrain par sa gauche. Il fallait pour cela que la division du centre (Mengaud) pût passer à Saint-Martin et que l'on rétablît le pont. La présence de Garnier sur la droite de l'ennemi permettait de le faire sans imprudence.

Suchet, lieutenant du général en chef, au général Campredon, commandant le génie du Centre.

Armée d'Italie.

Au quartier-général de Cagne, le 5 prairial an VIII de la République française une et indivisible.

Le général vient d'ordonner que le pont sur le

Var, près Saint-Martin, soit rétabli dans la nuit : comme il serait possible que la compagnie de sapeurs de la 6ᵉ division fût trop faible pour ce travail, veuillez y en envoyer d'autres avec de bons officiers.

Salut et considération,

PRÉVAL,

adjudant-général, chef d'état major.

L'ennemi se préparait à essayer une nouvelle attaque, et construisait de nouveaux retranchements sur les hauteurs. Il espérait rendre la tête de pont qu'il dominait, intenable. Instruit de ce qui se passait en Piémont, son but n'était plus de forcer le passage, mais seulement de rompre le pont pour retarder le retour offensif du général Suchet.

De notre côté, le génie réparait et renforçait ses ouvrages, et faisait tout pour préserver nos communications avec la rive gauche.

Le lieutenant-général Suchet au général Campredon.

Cagne, 6 prairial an VIII
(26 mai 1800).

Je vous invite, mon cher Général, à presser les travaux de la tête du pont, à les renforcer le plus que possible et particulièrement les traverses. Je suis instruit par le télégraphe que l'ennemi débarque des gabions et du canon, de sorte que tout annonce qu'il conserve le désir d'enlever notre tête de pont[1]. Fortifiez-la bien, de manière qu'elle puisse résister,

1. Il s'agit du pont de Saint-Laurent.

je fais augmenter notre artillerie de 2 pièces de 24 et de 2 de 16.

Toujours point de détachement pour le Piémont, il me semble que Mélas tient à défendre la posséssion de ce seul débouché carossable en Italie.

Garnier s'est avancé, il s'est emparé à coup de canon du pont de la Tinée, il doit être à Utel[1], sa marche a fait lever le camp d'Aspremont et de la Roquette.

SUCHET.

L'ennemi se fortifiait de plus en plus, et débarquait encore de l'artillerie. Le 6 au soir, le pont du Var fut attaqué avec vigueur. Une première attaque fut repoussée par la brigade Brunet, puis par la brigade Solignac, dont le lieutenant-général Suchet signale la belle conduite.

Le lieutenant-général Suchet au Premier Consul.

Saint-Laurent-du-Var, 7 prairial an VIII
(27 mai 1800).

Je vous ai rendu compte, par ma lettre du 2, de la première attaque importante que l'ennemi avait dirigée sur la tête du pont du Var; les journées des 3, 4 et 5 ont dû être consacrées à la réparation des ouvrages, à la construction d'une traverse que j'ai fait établir au milieu des retranchements et à l'établissement de plusieurs batteries de gros calibres.

Pendant ce temps, le général Garnier attaquait l'ennemi à Massoin, l'en chassait, s'emparait de

1. Ou Hutel, ou Utelle.

Tournefort et le poursuivait en désordre jusques sur la Tinée. Dix coups de canons et une charge d'infanterie l'ont rendu maître de ce point important ; il a dans la journée du 5 attaqué l'ennemi à la Torre, 800 Croates défendaient cette position, il est parvenu à les chasser, à tuer deux capitaines et à faire quelques prisonniers.

Le 3, 4 et 5 l'ennemi s'occupait toujours à la construction de ses batteries, à l'établissement de plusieurs retranchements, nous avons à plusieurs reprises, par le feu de l'artillerie et quelques escarmouches d'infanterie, cherché à arrêter ses travaux, mais dès lors, par représailles, les nôtres étaient en souffrance.

J'étais instruit par le télégraphe de Montalban que les Anglais débarquaient de la grosse artillerie et qu'incessamment la tête du pont serait nouvellement attaquée.

Je brûlais du désir de prévenir ce mouvement par une attaque sérieuse, mais je ne devais pas la tenter en avant du pont, les forêts d'oliviers sont inaccessibles, sans routes, dans un pays coupé et plein de ravins impraticables, sous le feu de 20 bouches à feu, flanqué par la flotte anglaise et n'ayant pour retraite qu'un défilé de 300 toises, battu directement.

Je me suis donc déterminé à recevoir l'attaque et à la bien soutenir, tandis que ma gauche opérait une heureuse diversion, occupait des positions importantes et me ménageait les moyens de porter rapi-

dement ma droite sur elle pour tourner l'ennemi et
le chasser du département des Alpes-Maritimes dès
que j'aurais jugé l'instant favorable.

Hier j'étais informé que 4 régiments venant de
Gênes devaient arriver dans la nuit pour relever
les 11 bataillons de grenadiers qui avaient ordre de
se rendre à Turin. Ce mouvement me paraît aujourd'hui incertain, et il se peut, comme on me le
rapporte, que les régiments venant de Gênes devaient se rendre sur-le-champ à Turin, dans ce cas
les grenadiers pourraient bien me rester, et tenter
de nouvelles attaques.

La canonade de l'ennemi a commencé hier à 5
heures du soir, il a développé de 18 à 20 bouches à
feu établies en double étage, grand nombre d'obusiers et quelques pièces de 13 et de 17.

Notre artillerie, forte de 30 bouches à feu de 8,
12, 16 et 24, obusiers de 6 et 8 pouces et mortiers
de 12, a riposté par un feu très vif qui paraît avoir
fait beaucoup de mal ; la canonade s'est prolongée
jusqu'à dix heures du soir, à cette époque l'ennemi
a tiré à mitraille afin d'éloigner les tirailleurs et
de donner le temps de former ses troupes pour
s'emparer de vive force de la tête du pont. En effet
les colonnes ne manquèrent pas de s'avancer sur
les ouvrages, en poussant des cris affreux, mais
elles furent vigoureusement repoussées par les 39ᵉ
et 99ᵉ qui se trouvaient encore de service à la tête
du pont.

A 10 h. 1/2, les grenadiers recommencèrent leurs

charges sur nos ouvrages avec la dernière impétuosité, ils furent de même parfaitement reçus et repoussés par nos troupes.

L'adjudant général Prompt, qui remplaçait le
général Brunet, a été blessé par un éclat d'obus,
sa montre a reçu le coup et lui a sauvé la vie, son
adjoint a également été blessé.

La 99e a perdu 6 officiers, nous n'avons cependant
que 16 blessés mais dangereusement.

A 11 h. la brigade Solignac, composée des 10e et 68e
de ligne, à relevé la brigade Brunet; une demi-heure
après l'ennemi s'est présenté de nouveau de front et
sur le flanc gauche pour pénétrer dans nos ouvrages, ils pénétrèrent comme ils l'avaient déjà
fait jusques dans nos abbatis. Deux cents sapeurs
autrichiens munis de haches, de facines et d'échelles
marchaient avec les colonnes. Ils sont parvenus à
déranger notre première ligne d'abbatis, se sont
avancés vers la tête du pont, mais les braves 10e et
68e ont fait un feu si vif de mousqueterie que l'ennemi a été contraint de fuir précipitamment, laissant plusieurs morts sur la place [1].

Je ne puis trop me louer, mon Général, de la valeur et du calme de nos soldats.

Les 10e et 68e ont soutenu, à Kehl, les efforts de
Charles, elles m'ont prouvé hier qu'elles savaient
tenir avec autant de constance dans une tête de pont

---

1. Elles ne tirèrent qu'à bout portant, ce qui transforma brusquement la confiance de l'assaillant en une panique. Les troupes
autrichiennes se fusillèrent les unes les autres.

de 120 toises de circonférence que dans les immenses retranchements de (Kehl ; l'artillerie s'est surpassée par son activité.

Votre présence aux armées a tellement électrisé tous les Français qu'il n'est pas un officier général ou autres qui ne veuillent acquérir droits à la gloire et en rechercher l'occasion.

Les grenadiers qui ont attaqués hier étaient sans sacs et sans bonnets pour être plus lestes. Les déserteurs assurent qu'un général ennemi a été tué.

Les généraux Rochambeau et Clauzel ont continué de montrer le plus grand zèle. Les généraux du génie et d'artillerie, et particulièrement Campredon, me servent fort utilement.

SUCHET.

P.-S. — J'oubliais de vous annoncer que les dommages faits au pont dans les affaires d'hier et de ce matin ont été en partie réparés par les soins du chef de bataillon du génie Laurent. S.

Pascal-Vallongue, chef de brigade du génie, au Ministre de la guerre

A Saint.-Laurent-du-Var, le 7 prairial an VIII
(27 mai 1800).

Hier, vers les 5 heures du soir, l'ennemi a attaqué la tête de pont, il avait une vingtaine de bouches à feu sur les hauteurs qui sont en face et à environ 500 mètres de l'ouvrage, plusieurs du calibre de 17 et de 13 ; après avoir vivement canonné jusqu'à 9 heures, il a ensuite tiré à mitraille, et sur les dix heures du soir, deux colonnes de grenadiers hongrois ont marché avec de grands cris sur les retranchements; cinq d'entre eux ont percé la première ligne d'abbatis et se sont fait tuer sur le bord du fossé; mais la contenance de nos troupes, la vivacité de notre feu d'artillerie et de mousqueterie ont encore cette fois déconcerté les projets de l'ennemi qui a fait les plus grands efforts devant ce faible ouvrage défendu par nos braves. L'affaire a fini à minuit; nous avons eu une vingtaine de blessés et peu de morts. 18 déserteurs ennemis nous ont dit que leurs colonnes avaient beaucoup souffert, qu'un de leurs généraux avait été tué. Trois bataillons de grenadiers étaient destinés à l'assaut, et un régiment d'infanterie devait le suivre chargé de fascines; ce régiment intimidé a refusé d'avancer malgré les menaces et les coups qu'on ne lui a pas épargnés. On a entendu une fusillade aux avant-postes de l'ennemi, qui annonce qu'il y a eu un assez grand désordre dans leur mouvement nocturne. Le pont est intact, la tête de pont a peu souffert, et nos troupes attachent de plus en plus d'honneur à les défendre. Jusqu'à présent, tout est tranquille. Le général Suchet vient de partir pour Broc où l'on fait rétablir le pont de Saint-Martin afin de se porter en force vers le général Garnier qui doit être à Levins[1], s'emparer de la tête des vallées,

---

1. Ou Levenzo.

19.

menacer la route de Tende et forcer l'ennemi à une retraite précipitée et dangereuse. Le général Suchet désire que je ne parte que lorsque nous serons au delà du Var; je n'en espère pas moins d'être rendu à Paris vers le 20 de ce mois.

La frégate anglaise n'arriva que vers la fin de l'affaire à l'embouchure du Var; et lâcha vainement quelques bordées. Aujourd'hui, il paraît en mer trois vaisseaux compris la frégate et trois bâtiments légers.

Salut et dévouement respectueux,

PASCAL-VALLONGUE.

La lettre suivante donne le détail du mouvement de la division Garnier, qui cherchait à avancer pour se porter au col de Tende.

Michel, capitaine du génie, au général Campredon, commandant le génie à l'armée d'Italie.

Utello, le 7 prairial an VIII.

Général,

J'ai l'honneur de vous prévenir que le jour même que je comptais faire travailler aux retranchements qui devaient défendre le pont de Malaussène ainsi que je vous ai marqué dans ma précédente, la division s'est mise en marche et s'est portée à Massois sans trouver l'ennemi, le lendemain, 4 prairial, à Tournefort où l'ennemi ne nous a pas

attendu ; il était retranché de l'autre côté de la
Tinea. Le jour même, le passage a été forcé, le
village de la Torre emporté et l'ennemi mis en déroute. Le 5 la division s'est portée à Clam, l'ennemi s'est retiré et la division est revenue à la Torre.
Le 6, nous sommes allés attaquer les Autrichiens
au col et sur la montagne de Vallette. La colonne
qui les a attaqués sur leur gauche a soutenu pendant
longtemps leur fusillade, mais ils ont pris la fuite
à la vue de notre colonne de gauche, on les a poursuivis jusqu'au plateau en face de la Rocabigliera. Le
même jour, par une marche forcée, on est revenu à
Utello, où deux compagnies surprises par nos gens
ont été mises en fuite. En un moment ils nous ont
abandonné quinze barriques de cartouches et une de
pierres à fusil. Ce matin 7, ce qu'on a pu rassembler de troupes à la Torre s'est mis en marche pour
seconder l'attaque de la Madone d'Utello et couper la
retraite aux ennemis ; mais par prudence ils avaient
abandonné le poste. Telles sont les affaires qui se
sont passées depuis que la division est en mouvement.

J'espère que j'aurai toujours le plaisir de vous
donner d'aussi bonnes nouvelles.

     Salut et respect,

M<small>ICHEL</small>.

On a pris un officier piémontais, et on demande
au général Suchet la décision de son sort ; si un
mot de votre part pouvait le sauver, vous me ren-

driez un signalé service ; il est affreux de voir fusiller des gens avec qui on a vécu amicalement pendant des années entières.

Il se nomme Papon, officier des chasseurs de Nice.

S'il est possible, envoyez-moi un officier de sapeurs.

MICHEL.

Le 6 prairial au soir, à l'heure même où Suchet soutenait l'assaut de l'ennemi, Bonaparte se décidait à tenter le passage de l'artillerie par la route même, sous le feu du fort de Bard. Les pièces, garnies de paille, furent roulées à bras pendant la nuit.

Le succès couronna cette tentative, et l'armée, libre désormais de toute entrave, put se porter en avant, laissant derrière elle l'obstacle qui avait failli rendre son héroïque effort inutile.

Le 7, Bonaparte datait ses lettres d'Ivrée.

Nous donnons ci-après le rapport des premières opérations de l'armée de réserve. Remarquons qu'il passe sous silence la période critique que l'armée venait de traverser, les 8 jours passés, depuis le 26 floréal jusqu'au 6 prairial, entre Bard et Aoste [1].

Rapport sur les premières opération de l'armée de réserve

AFFAIRE DE CHATILLON

(28 floréal.)

Dès le 26 floréal, l'avant-garde qui, la veille, avait franchi les montagnes, marche à l'ennemi ; elle le rencontre au pont d'Aoste, l'attaque et le

Comparer : *OEuvres de Napoléon à Sainte-Hélène, chapitre de Marengo*, t. XXX, *de la Correspondance*, page 443.

chasse de la position avantageuse qu'il occupe. L'officier supérieur commandant la ville d'Aoste est blessé mortellement dans cette action.

Le 28, l'avant-garde continue son mouvement pour aller s'emparer des hauteurs de Chatillon, qu'un bataillon du Banat défendait avec quatre pièces d'artillerie; tandis que plusieurs de nos colonnes tournent ces hauteurs, la colonne du centre les attaque de front. L'ennemi est mis en déroute et poursuivi par 100 hommes du 12e de hussards, qui prennent trois pièces de canon et font 300 prisonniers.

Le même jour, l'avant-garde arrive à une demi-lieue du château de Bard. L'ennemi occupait les hauteurs qui dominent le village; une colonne le tourne en gravissant des rochers à pic et le force à se renfermer dans ses murs.

J'ordonne qu'on s'empare de la ville. Les sapeurs et les grenadiers baissent les ponts-levis, enfoncent les portes, et la ville est prise. Trois compagnies de grenadiers s'y logent, le château est bloqué à portée de la mousqueterie.

Le 5 prairial, j'ordonne au général Loison de cerner le château de plus près, de briser toutes barrières, pour faciliter le passage de notre artillerie. Les grenadiers de la 28e s'y portent avec une rare intrépidité.

L'ennemi avait regardé comme une barrière insurmontable le château de Bard, construit pour fermer l'entrée du Piémont, à l'endroit même où les deux montagnes qui forment la vallée d'Aoste se rapprochent au point de ne laisser entre elles qu'un espace de 25 toises de rochers escarpés. 1 500 hommes, commandés pour aller pratiquer un chemin sur la montagne d'Albard, y travaillent avec activité. Là où la pente eût été trop rapide, des escaliers sont construits ; là où le sentier, devenu plus étroit encore, se terminait à droite ou à gauche par un précipice, des murs sont élevés pour garantir de la chute ; là où les rochers étaient séparés par des excavations profondes, des ponts ont été jetés pour les réunir, et, sur une montagne regardée depuis des siècles comme inaccessible à l'infanterie, la cavalerie française a effectué son passage.

Un effort plus extraordinaire encore a étonné l'ennemi ; tandis qu'on travaillait sans relâche au chemin d'Albard, des soldats portent sur leur dos deux pièces de 4 à travers le col de la Cou, et, après avoir gravi avec elles des rochers affreux pendant trente heures, ils parviennent enfin à les établir en batterie sur les hauteurs qui dominent le château.

Nous étions maîtres de la ville de Bard, mais le chemin situé au-dessous du fort était exposé à un feu continuel de mousqueterie et d'artillerie qui interceptait toute espèce de communication. L'avant-garde était déjà à la vue de l'ennemi, elle avait besoin de canons : les délais qu'eût entraînés le passage sur la montagne d'Albard présentaient de graves inconvénients : des braves sont aussitôt commandés pour traîner de nuit les pièces d'artillerie à travers la ville, sous le feu du château. Cet ordre a été exécuté avec enthousiasme.

Tant de dévouement a été couronné de succès. Toutes les pièces ont passé successivement, et, malgré la grêle de balles que l'ennemi faisait pleuvoir, nous n'avons eu que peu de blessés.

Le général Marmont, commandant l'artillerie, était partout; son zèle et ses talents n'ont pas peu contribué au succès de cette opération, aussi importante que difficile [1].

Bonaparte débouchait en Italie, avec un retard assez considérable sur les dates qu'il avait primitivement indiquées; mais après avoir triomphé de quels obstacles! Les circonstances, l'aveuglement de Mélas et l'énergie de Masséna et de Suchet, l'avaient du reste servi au delà de toutes les espérances. Il arrivait à temps pour dégager, par sa seule présence en Italie, Nice, et pour [marcher, s'il le jugeait à propos, sur Gênes, dont les défenseurs s'attendaient chaque jour à entendre le canon de l'armée de réserve.

Pascal-Vallongue, chef de brigade du génie, au Ministre de la guerre.

Au quartier-général à Cagnes, le 8 prairial an VIII
(23 mai 1800).

Il est arrivé aujourd'hui de Gênes un officier qui en est parti le 6, envoyé par le général Masséna.

---

1. « S'il en eût fallu attendre la prise pour faire passer l'artillerie, tout l'espoir de la campagne eût été perdu.

Cet obstacle fut plus considérable que celui du grand Saint-Bernard lui-même, et cependant ni l'un ni l'autre ne retardèrent d'un seul jour la marche de l'armée. » *Œuvres de Napoléon Ier, loc. cit.*

Le capitaine du génie Couchaud, parti le 23, y était parvenu. Le général Masséna est instruit non seulement des projets de l'armée de réserve, mais encore de ses progrès ultérieurs en Italie, et sa situation luy permet d'attendre le puissant secours qui approche de luy. La troupe y est au quart de ration de pain, mais la viande, le vin, les légumes et les fruits n'y manquent pas ; on dîne encore bien chez le restaurateur pour 5 fr. [1] et il y a beaucoup de farine cachée ; il règne au surplus le plus grand ordre ; la garde nationale y est dans la meilleure tenue et le meilleur esprit. Les nouvelles de la marche et des victoires des armées de réserve et du Rhin ont doublé l'énergie des Gênois et de leurs défenseurs ; le succès le plus complet est près de couronner cette mémorable défensive de la Ligurie.

Nos bâtiments de Villefranche en ont pris trois chargés de vivres pour le compte des Autrichiens.

Dans une heure, le général Suchet fait attaquer l'ennemi en avant de la tête de pont ; on espère de le pousser jusqu'à Nice.

Salut et dévouement respectueux,

PASCAL-VALLONGUE.

Sur le Var, l'ennemi, inquiet des progrès de Garnier à sa droite, prit ses dispositions pour l'écraser ; ce qui décida le général Suchet à tenter, le 8, pour faire diversion, une attaque au delà de la tête de pont.

---

1. Les détails donnés sur Gênes par cette lettre sont peu en rapport avec les événements qui suivirent. Si elle parvint au Premier Consul, elle fut de nature à le rassurer sur le sort de la place.

Le lieutenant-général Suchet au général Oudinot.

Saint-Laurent, 8 prairial an VIII
(28 mai 1800).

J'ai fait attaquer l'ennemi ce soir, mon cher Général ; après un feu très vif de deux ou trois heures,
nous avons fait 2 ou 300 prisonniers.

Quatre pièces de canon sont tombées en notre
pouvoir, il en reste quelques-unes à l'ennemi.

Une redoute gardée par 25 grenadiers a été prise,
je crois l'ennemi en pleine retraite.

Nous nous sommes emparés d'une partie des hauteurs en avant de la tête de pont. Je vous invite,
mon cher Général, à vous rendre dans la nuit au
pont du Var et à donner ordre au 4e régiment de
chasseurs à cheval de partir sur-le-champ et au
12e dragons celui de le remplacer à Cagnes.

SUCHET.

D'abord simple diversion, l'attaque du 8 détermina l'é-
vacuation déjà commencée des ouvrages établis par les
Autrichiens, et l'abandon de Nice.

Le lieutenant-général Suchet au Premier Consul

Nice, 10 prairial an VIII
(30 mai 1800).

Comme je vous l'ai marqué par ma dernière, la

7ᵉ division était aux prises le 6 [1]. Au même instant que la tête de pont était attaquée, le général Garnier a continué de battre l'ennemi, l'a chassé du col de la Valette qu'il a fait enlever à la bayonnette, lui a fait des prisonniers ; les Polonais entraînés par les succès ont poussé l'ennemi jusqu'à Rocabigliera et Lantosca, où ils ont fait 30 prisonniers.

Mikalouski, capitaine des chasseurs polonais, s'est particulièrement distingué.

Le 7, le général Garnier a marché sur Utel, s'est emparé du poste important de la Madona, et a soutenu sur le pont de Duranus un feu de près de 6 heures, la perte de l'ennemi est considérable, le nombre de ses prisonniers s'élève à 90 hommes. Dans la même journée, j'avais formé le projet de faire passer à la 6ᵉ division le Var, à Saint-Martin, afin de se porter sur les derrières de l'ennemi, se réunir au général Garnier et me préparer les moyens de conduire à marche forcée la plus grande partie de mon corps de droite, mais le projet n'a pu réussir ; le général Ménard a tout employé pour la construction des radeaux, seul moyen de suppléer au pont coupé dès longtemps, mais le peu de ressource qu'il a trouvée, la crue extraordinaire du Var l'ont forcé à l'abandonner.

1. *Itinéraire du général de Campredon.*
    4 prairial, à Saint-Laurent.
    6, 3ᵉ attaque, couche à Cagnes.
    7, Cagnes.
    8, Saint-Laurent. Le soir on débouche sur tous les points.
    9, Nous rentrons dans Nice.

L'ennemi inquiet des succès de notre gauche s'est déterminé à faire un détachement, et à porter trois régiments d'infanterie et trois bataillons de grenadiers sur Levins. Pour arrêter ses progrets, témoin de leur marche dans la soirée du 7, j'ai du ordonner au général Garnier de se maintenir dans les bonnes positions d'Uttel, d'attendre l'ennemi et de s'y battre, tandis que nous opérerions une puissante diversion.

Une légère fusillade s'est engagée dans la nuit du 7 au 8.

Enfin le 8, à cinq heures du soir, nous avons attaqué l'ennemi dans ses positions retranchées en avant de la tête du pont. Mazas, chef de la 34e, l'a vigoureusement attaqué par la gauche, tandis que les 11e de ligne et 20e légère le prenaient par la droite, et que de gros détachements cherchaient à gravir par le centre. Le feu s'est soutenu jusqu'à neuf heures du soir. L'action a été vive, la 11e a soutenu plusieurs charges à la bayonnette. Gobert, capitaine de ce corps, à la tête de 15 hommes, a sauté dans une redoute défendue par 4 pièces de canon et 40 grenadiers dont il s'est emparé, plusieurs traits de ce genre se sont répétés ; nous nous sommes battus dans cette soirée contre 8 bataillons de grenadiers, 2 bataillons piémontais et 3 régiments allemands.

Plusieurs de nos braves étaient parvenus jusques sur les cimes retranchées, cependant l'ennemi avait perdu fort peu de terrain, il s'était battu avec acharnement, avait enveloppé la 34ᵉ qui s'en est tirée avec sa bravoure ordinaire.

L'évacuation d'une partie de l'artillerie dénotait un mouvement rétrograde et enflammait le courage de nos soldats, cependant au milieu de la mêlée que l'action avait entraînée, je me voyais dans l'impossibilité de pénétrer dans les forêts des oliviers et de profiter de notre succès. Je donnai donc ordre que nos troupes fussent ralliées, et j'ordonnai une nouvelle attaque pour le lendemain.

Nous avons fait dans cette journée 800 grenadiers prisonniers et 4 pièces de canon aux Autrichiens.

Notre perte est de 45 blessés, quelques morts, 22 prisonniers et un chef de bataillon.

Le général Jablonowski marchait avec la 11ᵉ.

Les 10ᵉ, 55ᵉ, 99ᵉ et 68ᵉ protégeaient le mouvement et en assuraient le succès.

Le lendemain à la pointe du jour Rochambeau a pénétré par les vallons de Saint-Isidore et de Magnan, en suivant les crêtes pour se rendre à Cimiers; il fait dans sa marche un grand nombre de prisonniers et me rend compte que les retranchements ennemis sont parfaitement construits et qu'il y-a été pratiqué jusqu'à des abris pour les obus.

Il a trouvé dans les redoutes les plus élevées deux officiers blessés, de la 11ᵉ, qui l'ont prévenu qu'à minuit l'ennemi avait reçu ordre d'évacuer.

Le canon de Montalban a inquiété sa marche sur Escarena [1] et Vintimille.

1. Escarène.

La 4e division a marché, la première brigade par la grande route, avec la cavalerie, tandis que Brunet fouillait les oliviers, et tournait Nice par la rive droite du Paglion, qu'il traversait pour aller s'établir à Saint-Pons.

La 6e division n'ayant pu passer le Var à Saint-Martin, dut à marche forcée, de Broc, descendre le Var et venir le traverser à Saint-Laurent.

Montalban dès le jour avait reçu l'ordre télégraphique de réunir sa garnison avec celle de Villefranche et de pousser des reconnaissances.

La 20e légère et la 55e ont marché sur Mont-Gros, et ont fait 150 prisonniers en poursuivant l'ennemi sur la Turbie et Eza. Il occupe encore la Turbie.

M. Elsnitz a quitté Nice à deux heures du matin et à 5 heures je recevais les clefs et les félicitations des magistrats ; la plus grande tranquilité règne dans cette ville, où il ne s'est pas commis l'apparence d'un désordre.

Saint-Hilaire et moi nous avons poussé jusques près de Drapp, nous avons atteint l'arrière-garde ennemie, j'ai dû faire charger mon escorte qui a fait près de 200 grenadiers prisonniers, et enlevé 30 chariots, elle n'a pu conserver longtemps ce butin.

Bientôt les chasseurs du 13e ont recommencé de charger l'ennemi avec succès, ont enlevé des chevaux, mais à leur tour ils ont dû s'arrêter par le feu de la mousqueterie. Quesnel et Clauzel marchaient avec eux.

Je pressais l'arrivée de l'infanterie qui marchait difficilement au milieu des oliviers; enfin dans la soirée d'hier Quesnel s'est emparé d'Escarena et a été soutenu dans la nuit par la brigade Brunet, ils me marquent à l'instant qu'ils ont fait 300 prisonniers.

Le 10° husssards a chargé avec Toscane, il a perdu un chef d'escadron, ce régiment a déployé sa vigueur accoutumée.

J'espère qu'aujourd'hui l'ennemi sera chassé de Braus; que la 6° occupera le Montferrion et le col Negre, se liera avec la 7°, tandis que les 5° et 4° marcheront sur Sospello et Menton.

Je vous remets la note des régiments que je crois exister devant moi. Je suis fondé à la croire, puisqu'en prisonniers et déserteurs je possède tous ces régiments.

Le nombre de nos prisonniers s'élèvera à plus de 1 500, qui, joints aux 300 de la veille, et à ceux faits par Garnier, feront ensemble 18 à 1 900, et 4 pièces de canon.

La batterie de Sainte-Hélène, que nous avions détruite, s'est trouvée armée, mais dirigée contre nous, elle sera aujourd'hui établie contre les Anglais. M. Elsnitz, après avoir échoué pour la troisième fois, le 6, à la tête du pont, a fait partir 7 à 8 cents sapeurs pour établir des retranchements sur une ligne projetée qui devait appuyer sa gauche à la Méditerranée en avant de la Nervia, là, remonter en s'établissant sur la montagne, occupant Fortconi et tenant la droite à Raus. Je ne sais pas encore s'ils persisteront dans ce projet ; je crois que vous les en détournerez.

D'après tous les renseignements qui me sont parvenus, il paraîtrait que cinq bataillons de grenadiers et deux régiments d'infanterie se retirent par Vintimille, tandis que les grenadiers hongrois, la cavalerie et trois régiments d'infanterie, suivent la grande route de Tende. Le reste, conduit par Bellegarde, Goroupp et Vexenfeld, tient la droite, inquiète Garnier et suivra sans doute le mouvement. Je ferai également tous mes efforts pour le suivre de près ; mais je suis embarrassé sur la marche à tenir et je désire bien que vous m'ayez expédié des ordres à exécuter.

Vous me permettrez, mon Général, de vous prévenir que le corps des grenadiers hongrois est l'élite de l'armée ennemie ; que d'ordinaire il attaque avec impétuosité, mais que ses colonnes sont tellement dégoûtées qu'aussitôt qu'elles auront été battues par vous, vous en aurez bon marché. Ils marchent toujours réunis et composent près de 3 000 à 3 500 hommes.

Les habitants de Nice ont été maltraités par les Autrichiens ; ils témoignent tous un grand repentir et donnent l'assurance qu'il leur fallait cette leçon pour apprécier le bonheur d'être Français. J'ai reçu une députation du clergé que j'ai bien accueillie. Je vous adresse copie de ma proclamation.

Je crois, mon Général, seconder vos ordres en

ne développant point des mesures de rigueur, et comme d'ordinaire la victoire est compagne de l'indulgence, je ne ferai traduire devant une commission militaire que les assassins reconnus de plusieurs militaires. Ils ont fui, mais ils seront jugés par contumace.

J'ai envoyé depuis trois jours un courrier au préfet ; il n'arrive pas. Je l'attends pour l'installer et lui laisser le soin d'organiser ce département. Il ne peut arriver dans une occasion plus favorable. L'ennemi nous a abandonné 450 malades et blessés autrichiens dont grand nombre d'officiers et 200 des nôtres blessés, 8 à 900 fusils, plusieurs magasins de munitions et différents autres magasins, dont je n'ai point encore la note.

Nos côtes seront promptement réarmées. Ils se sont contentés d'enclouer les pièces de fer qu'ils avaient remontées.

Plus de 30 bouches à feu ont été trouvées sur la côte ou dans le vieux château. Belleville a assisté en grenadier à l'affaire du 8, au soir.

　　　　Respect et entier dévouement,

　　　　　　　　SUCHET.

P.-S. — Vous pouvez, mon Général, être presque certain que le corps ennemi qui m'est opposé es au moins de 15 à 16 000 hommes.

Tous les renseignements recueillis m'autorisent à le croire ; peut-être sera-t-il diminué pour fournir des garnisons aux places; mais je ne pense pas que les grenadiers soient de ce nombre.

S.

Pascal-Vallongue, chef de brigade du génie, au Ministre de la guerre.

Au quartier-général à Nice, le 9 prairial an VIII (27 mai 1800).

Nous sommes rentrés à Nice ce matin à la pointe du jour; l'affaire d'hier soir, assez vive, a décidé l'ennemi à faire la retraite. Le général Elsnitz l'a ordonnée à minuit; elle s'est faite avec assez de désordre. Nous avons fait deux cents prisonniers, la plupart grenadiers; l'ennemi a laissé à Nice 800 malades avec quelques officiers et plusieurs canons. Nous y avons trouvé 200 de nos prisonniers; il paraît que, non compris 3 000 hommes qu'il a fait filer par la gauche pour s'opposer aux progrès du général Garnier, qui paraissent l'avoir vivement inquiété, l'ennemi avait encore devant nous 5 ou 6 000 hommes de bonnes troupes tant piémontaises qu'autrichiennes; on les poursuit vivement. Les déserteurs se présentent de toutes parts; on les a déjà poussés jusqu'à Varennes. Une colonne commandée par le général Lauterman a pris le chemin de la rivière de Gênes; l'autre avec le général Elnitz se dirige vers le col de Tende, il n'est pas à présumer qu'elles soient d'un grand secours au général Mélas, si toutefois elles le rejoignent.

20

Je pars demain, n'ayant reçu de vous, Citoyen Ministre, aucun ordre contraire.

Salut et dévouement respectueux,

PASCAL-VALLONGUE.

Suchet, sorti de Nice le 20 floréal, à la tête de 4 à 5 000 hommes épuisés, y rentrait le 9 prairial. Il avait arrêté net une armée victorieuse, trois ou quatre fois plus nombreuse, et s'était maintenu 19 jours sur la ligne du Var.

Le Ministre de la guerre au lieutenant-général Suchet.

J'ai reçu, Citoyen Général, par le chef de brigade du génie Vallongue, le relevé de votre correspondance avec le Premier Consul et le général Masséna, depuis le 18 floréal jusqu'au 12 prairial. Le général Oudinot m'a adressé, depuis, le précis de vos opérations jusqu'au 14.

La défense du pont du Var, dans les circonstances difficiles où vous vous êtes trouvé, avec la poignée de braves que vous commandiez, sera mise au nombre des actions qui honorent le courage et la constance des armées françaises. La République entière avait les yeux fixés sur ce nouveau passage des Thermopyles ; vous avez été non moins braves, mais plus heureux que les Spartiates.

L'ennemi, supérieur en nombre et fier de quelques succès, a dû fuir devant vous pour amener au centre d'une armée que le premier Consul doit battre, les débris que vous avez battus. Il vous reste un succès à obtenir, et qui les couronnera tous, c'est votre réunion avec le général Masséna et la part active que vous prendrez avec lui aux grandes opérations de l'armée de réserve, que vous avez déjà puissamment secondée en attirant sur vous, et en détruisant un gros détachement de l'armée ennemie. Tout annonce que nous aurons bientôt à vous féliciter de ce nouveau succès.

J'ai mis sous les yeux des Consuls les noms des braves que vous me citez pour s'être distingués dans les diverses affaires; j'attends le compte postérieur que vous devez me rendre de ceux qui se sont signalés dans les derniers succès que vous venez d'obtenir, afin de réclamer pour eux, auprès du Gouvernement, les témoignages de satisfaction qu'il doit à tous ceux qui honorent le nom français.

Veuillez, Citoyen Général, me transmettre, le plus tôt possible, le nom des employés et autres fonctionnaires qui ont abandonné leur poste lors de l'évacuation de Nice et de la retraite sur le Var, avec tous les renseignements qui pourront me faire juger de leur conduite. Le Premier Consul, qui en est instruit, me charge de m'en informer, et de prendre les mesures propres à réprimer un pareil désordre et à en prévenir pour l'avenir les dangereux effets; je compte, à ce sujet, sur votre prompte exactitude.

CARNOT [1].

---

1. Cette lettre a été publiée dans *Victoires, conquêtes, désastres, revers et guerres civiles des Français*, t. XII, p. 235.

CHAPITRE VI

MARCHE DU CENTRE DE L'ARMÉE D'ITALIE
SUR TENDE ET LA ROYA

A l'heure où le général Suchet entrait à Nice (9 prairial), le Premier Consul était lui-même à Ivrée. Le 10, il couchait à Verceil et, au lieu de marcher sur Gênes, faisait, le 13 (2 juin), son entrée à Milan où il se trouvait à portée du Simplon et du Saint-Gothard. Le dernier acte de la campagne, le plus terrible, restait cependant à jouer.

L'armée autrichienne, dispersée dans tout le Piémont et en Ligurie, allait être entourée d'un vaste cercle d'ennemis victorieux. Mais elle pouvait se concentrer et se porter sur un point quelconque pour le forcer. Chacun de nos généraux devait s'attacher à paralyser les efforts qu'elle allait faire dans ce but, et chercher à retenir le plus longtemps possible les corps épars, loin du principal champ de bataille.

Aussi, Suchet, au lieu de pousser l'ennemi droit devant lui, ce qui n'aurait eu pour effet que de précipiter la réunion des différents éléments de l'armée autrichienne, prit-il, au contraire, ses mesures pour le retenir en Ligurie. Le plus sûr moyen était de lui fermer le col de Tende. Nous avons vu que c'était le but poursuivi dès les premiers mouvements de la division Garnier. Feindre de vouloir percer par Vintimille le long de la mer et porter en réalité toutes ses forces à gauche et au centre, tel était le plan de Suchet.

Il rendrait ainsi aux Autrichiens manœuvre pour manœuvre, il les obligerait à reculer dans la Rivière de Gênes, malgré la force des lignes qu'ils occupaient, en les débordant sans cesse sur leur droite, ce qui les coupait du Piémont [1]. Mais il allait les mener tambour battant, sans rencontrer en Ligurie une résistance comparable à celle qu'il avait lui-même opposée à Mélas.

Cette marche n'était pas pour lui sans danger, car pour renforcer sa gauche, il ne laissait que peu de monde le long de la mer. Il comptait sur la diversion de l'armée de réserve pour empêcher Elsnitz de reprendre l'offensive. N'avait-il pas, du reste, l'appui éprouvé du Var, s'il subissait un échec momentané devant Vintimille ?

Heureusement, les généraux autrichiens n'avaient ni sa confiance en l'avenir, ni surtout son opiniâtreté. Il leur était difficile du reste de reporter en avant des troupes rebutées par près de deux mois de campagne dans un pays inclément, découragées par leur insuccès sur le Var, et déjà frappées par les nouvelles venues des Alpes. Aussi, se bornèrent-ils partout à occuper des positions défensives, sans chercher à nous tenir en alerte, alors cependant que leur seul moyen de résistance efficace était de nous harceler sans cesse, afin d'empêcher la concentration de nos forces sur Tende.

Le caractère même des instructions laissées par le général Mélas leur était une cause de faiblesse et réagissait sur leurs mouvements ; Elsnitz avait ordre de couvrir le siège de Gênes, que l'on ne voulait à aucun prix sacrifier, et de barrer la rivière tant que la place n'aurait pas capitulé. Mais il devait passer rapidement les monts et rejoindre le général en chef, dès la première nouvelle de cette capitulation. Il devait donc s'établir solidement sur

1. On se rappelle que c'est en débordant la gauche de Suchet que les Autrichiens l'avaient obligé à abandonner successivement les lignes de Borghetto, d'Oneille et de la Roya.

Suchet se portait maintenant en avant avec 9 000 hommes.

20.

l'Appennin et sur la rive de la Méditerranée, se tenant prêt à l'évacuer en quelques heures, choses peu compatibles.

Le désir d'être fort vers Vintimille, l'empêcha de nous arrêter vers Tende, et bientôt la crainte de perdre ses communications par la vallée du Tanaro l'empêcha de tenir solidement la Rivière de Gênes.

Dès le 8 prairial au soir, toutes les troupes autrichiennes répandues depuis la Vésubia jusqu'à la mer reculaient vers l'Appennin. Elles comptaient s'arrêter sur la ligne de la Roya, qui avait été fortifiée, et nous empêcher à la fois d'arriver au col de Tende et de forcer la route de la Corniche. Depuis un siècle, cette position avait été le théâtre de nombreux combats; elle était tenue pour formidable : une longue ligne de crêtes abruptes accompagne en effet la Roya depuis le mont Sabion qui domine le col, jusqu'à la mer, et la sépare de la Vésubia et du Paillon. Il a suffi de couronner certains points de retranchements pour établir un obstacle continu, difficile à enlever sans le tourner par l'une de ses deux extrémités. Plus d'une fois, pendant les guerres de la succession d'Autriche [1],

---

1. Voir l'ouvrage récemment publié : *Opérations militaires dans les Alpes et dans les Appennins pendant la guerre de la succession d'Autriche*, par Henri Moris, chez Baudoin, Paris.

Voir Mathieu-Dumas, *Précis des événements militaires*, t. III, p 218:

« Sur cet espace d'environ vingt-cinq lieues, quelques points bien connus, où déjà dans les anciennes campagnes l'art avait plus d'une fois secondé la nature, forment une chaîne de postes sur la crête des montagnes les plus élevées à la rive droite de ce torrent, le plus fort et le plus rapide de ceux qui percent la grande chaine entre les Alpes et les Appennins. Ces points principaux sont : 1° le mont Sabion, qui domine les rampes au tourniquet du col de Tende et ferme la communication de ce passage avec la vallée de la Vesubbia ; 2° le col de Raus, d'où l'on débouche sur Fontan et Saorgio ; 3° le mont Laution, à deux lieues au-dessous du col de Raus, qui se lie à la défense de ce poste, et forme le centre et la tête de la position générale ; 4° le retranchement de Beolet et le col de Brouis, au-dessus de Breglio ; 5° le col de Braous, au-dessus de Sospello ; 6° le confluent de la Bevera et de la Roya ; 7° enfin le fort de Vintimiglia. »

ces ouvrages avaient servi de refuge aux troupes sardes.

Trois points donnent cependant accès dans le bassin de la Roya, le col de Raus, en face du village de Fontan, le col de Brouis, en face de Breglio et, un peu en avant de ce dernier, plus près de Nice, le col de Braus. Le chemin de Nice à Tende traverse Drap et l'Escarène, passe le col de Braus, entre à Sospello, et, au delà du col de Perus, gagne le col de Brouis. Il s'engage, à Breglio, dans les gorges profondes de la Roya, connues sous le nom de gorges de Saorgio, passe à cette ville, à Fontan et enfin à Tende.

Ces divers cols étaient, comme on le pense, plus spécialement gardés. Les retranchements du mont Laution et du camp des Mille-Fourches prêtaient un appui solide à l'ensemble de la défense. Le 10 prairial, tandis que nos troupes se portaient le plus vite possible en avant, les Autrichiens s'établissaient derrière cet abri.

Le 11 prairial, le mouvement vers la gauche s'accentua. Suchet, laissant vers la mer le général Clauzel avec un millier d'hommes, pour simuler une attaque sur Vintimille, fit remonter la brigade Brunet et la 5ᵉ division Rochambeau sur Braus. La division Mengaud (6ᵉ), qui n'avait pu passer le Var à Saint-Martin, et qui était allée chercher le passage à Saint-Laurent, remonta jusqu'à la hauteur de l'Escarène et de là à Coarraze, pour tourner le col de Braus par le col Negro, tandis que Rochambeau et Brunet l'attaquaient de front. L'opération réussit pleinement. Nos troupes, entrées à Sospello, ne se trouvèrent plus séparées de la Roya que par le col de Brouis.

Pendant cette même journée, la division Garnier, s'élevant de plus en plus en remontant vers la gauche jusqu'à Roccabigliera, se trouvait en face du col de Raus. Nos troupes étaient donc, le 12 prairial (1ᵉʳ juin), rangées au pied du dernier obstacle qui les séparait de Tende et de la ligne de retraite des Autrichiens.

Le rapport du général Oudinot, reprenant les événements

au 8 prairial, retrace à grands traits la marche des troupes depuis le passage du Var jusqu'au 12 prairial, et nous donne quelques détails sur l'attaque générale de la nuit du 12 au 13, et sur l'occupation du col de Tende qui suivit.

Rapport des opérations du centre de l'armée, du 8 au 14 inclus du mois de prairial.

Oudinot, général de division, chef de l'état-major général.

Au quartier-général de Breglio, le 15 prairial an VIII de la République une et indivisible (4 juin an 1800).

Le 8 au soir, le lieutenant-général Suchet attaqua l'ennemi en avant de la tête du pont, lui prit 4 pièces de canon, et lui fit 300 prisonniers. La perte de notre côté fut de 60 hommes seulement. L'action fut vive et il y eut plusieurs charges à la bayonnette. Au même moment, la 7e division, commandée par le général Garnier, était aux prises au pont de la Vésubie et battait l'ennemi. La 6e sous les ordres du général Mengaud, tenta de passer le Var à Saint-Martin, mais n'y réussit pas.

Le 9, la 4e division commandée par le général Clauzel, et la cavalerie, par le citoyen Quesnel, entrèrent dans Nice.

Le général Rochambeau, avec sa division, passa par Magnan, Saint-Isidore, et fut s'établir sur les hauteurs de Drap, tandis que la 4e division se porta sur Mont-Gros.

La 6e n'ayant pu passer le Var à Saint-Martin,

ainsi qu'il avait été ordonné, vint le passer à Saint-Laurent, et prit position en avant de Nice, à Cimiez. La 7ᵉ, commandée par le général Garnier, poussa jusqu'à Belvédère. Le nombre des prisonniers dans cette journée fut de 7 à 800.

Le 10 et le 11, la brigade Brunet et la 5ᵉ division, sous les ordres du général Rochambeau, attaquèrent Braus, tandis que la 6ᵉ le tourna par Coaraza et le col Negre. L'avant-garde s'empara de Sospel et poussa jusqu'à Pérus.

Le 12, l'attaque fut générale. La 6ᵉ division, que commandait le général Mesnard avec la 7ᵉ, marcha sur les fameuses redoutes du camp des Millefourches, les enleva [1], fit 800 prisonniers et se dirigea sur Saorgio et Fontan, pour y couper à l'ennemi la communication avec le col de Tende. La 7ᵉ division marchait sur Raus. Les généraux Elsnitz, Bellegarde et Ulm, craignant de ne pouvoir échapper à la rapidité de notre mouvement, se jetèrent en hâte, partie sur Airole et partie sur Fourcoin [2], abandonnant quantité de bagages.

Le 13 [3], à la pointe du jour, les généraux Solignac, Brunet et le chef de brigade Maucune tombèrent sur le col de Brouis, après avoir débouché

---

1. Dans la nuit.

2. Forconi.

3. Dans la journée du 12, Solignac s'était porté à gauche aux retranchements de Baolet, et le chef de brigade Maucune sur la Penna. C'est après ces dispositions préliminaires, destinées à couper la retraite aux Autrichiens, que Brunet attaqua dans la nuit du 12 au 13.

par Baolet, la grande route et la Penna, et enlevèrent toute l'arrière-garde composée de 400 hommes
et 42 chevaux, commandée par le colonnel Bonna.

La poursuite sur Breglio fut telle que l'ennemi fut
contraint de nous abandonner 7 pièces de canon,
3 obusiers et quantité de prisonniers.

Les troupes, reposées deux heures, se remirent
en marche et attaquèrent les positions retranchées
de Fourcoin. Maîtres de la droite de la ligne, il
nous convenait d'enfoncer le centre. Deux mille
cinq cents hommes en défendaient les retranchements. On les attaqua avec tant d'impétuosité que
l'ennemi fut forcé en un instant avec perte de
500 prisonniers.

Le 14, la brigade Brunet poussa jusqu'à Pigna
et Dolce-Acqua où elle prit environ 200 hommes, un
pareil nombre tomba en notre pouvoir à Olivetta.

Il nous restait à nous emparer du col de Tende.
La brigade Lesuire l'attaqua par le col de Sabion et
celui de Baora. Cette attaque, concertée avec celle
dirigée de front, nous rendit maîtres de cette importante position, où nous sommes établis avec de
l'artillerie. Le résultat des prisonniers est d'environ
5 000 ; 14 pièces de canon, des munitions de guerre
et de bouche, des fusils, la reprise du département
des Alpes-Maritimes, purgé de la présence de l'ennemi, sont le fruit de ces différentes journées.

Les officiers et soldats se sont constamment bien
conduits. Le lieutenant-général Suchet se réserve
de présenter la note de ceux qui se sont particu-

lièrement distingués. Nos colonnes sont animées du meilleur esprit et continuent à poursuivre l'ennemi. Le vœu des officiers et soldats est d'arriver à Gênes pour délivrer la droite de l'armée et marcher réunis, sous les ordres de son intrépide chef Masséna, à la rencontre de l'armée de réserve et du premier Consul.

Salut et respect,

OUDINOT.

La lettre suivante donne quelques détails de plus que la précédente sur les affaires des 12, 13 et 14.

Suchet, lieutenant du général en chef, au Premier Consul.

Au quartier-général de Tende le 14 prairial an VIII
(3 juin 1800).

Mon Général,

Je vous dois de plus grands détails sur les brillantes affaires des 12, 13 et 14. La 6ᵉ division, après avoir enlevé les quatre formidables redoutes du camp de Mille-Fourches, a poursuivi ses succès, et a fait plus de 400 prisonniers. Elle s'est portée à Saorgio et Fontan, et a de cette manière coupé la communication aux troupes qui défendaient Brouis.

La 7ᵉ division dans le même temps se portait sur Raus, et recevait l'ordre de marcher par le col de Sabion sur celui de Tende. Le mauvais temps a empêché l'exécution de ce mouvement.

L'attaque de Brouis a complètement réussi. Soli-

gnac est arrivé par Baolet, en même temps que Brunet chassait l'ennemi devant lui par la grande route,
et que Maucune par Pigna repoussait les troupes qui
cherchaient à se sauver par Vintimille. L'ensemble
de cette opération a été tel, que les trois colonnes
sont arrivées à deux minutes de distance, et ont
ainsi enveloppé toute l'arrière-garde, forte de
550 hommes, qui avaient voulu s'échapper. Je dois
des éloges à ces trois officiers.

Nous avons poursuivi sur Breglio, où nous avons
fait encore grand nombre de prisonniers, pris 7
pièces de canon de 3, et trois obusiers. Elsnitz,
Gorroup se sont sauvés avec précipitation, abandonnant leurs bagages, par le sentier qui conduit
à Forconi. Tandis que Bellegarde et Ulm passaient
par Airole, j'ai fait reposer deux heures les troupes,
et profitant de la déroute dans laquelle se trouve
l'ennemi, j'ai fait attaquer la position retranchée
de Forconi, en même temps que l'on marchait sur
Tende... Jablonowski l'attaquait de front, Brunet
la tournait par la gauche, 2 500 hommes la défendaient ; mais l'heure de la victoire avait sonné.
L'ennemi n'a pas tenu et nous a laissé 600 prisonniers. Je fais marcher sur Pigna, tandis que dès
le jour j'ai fait attaquer sur trois points le col de
Tende.

J'en attends des nouvelles.

Nous continuons de faire des prisonniers ; le corps
d'armée de Elsnitz est en pleine déroute, un soldat
aujourd'hui fait 50 prisonniers très facilement.

Depuis ma dernière, nous avons enlevé à l'ennemi plus de 2 400 hommes, 11 pièces de canon, le col de Broïs, la position retranchée de Forconi, les célèbres redoutes du camp des Fourches et enfin le col de Tende. J'en reçois l'assurance. L'ennemi, qui s'est jeté et fortifié dans la Rivière, n'a pu prévoir mon mouvement. Il a cru que je préférais marcher sur Vintimille, tandis que je rassemblais toutes mes forces sur ma gauche, coupais la ligne dans son extrémité, et le lendemain dans son centre; j'avais laissé Clauzel faire des démonstrations et occuper les généraux ennemis avec 1 000 hommes. Je courais quelques risques, mais j'étais fort de la victoire, et à tout événement de ma tête de pont. Clauzel aujourd'hui chassera l'ennemi de Vintimille, cernera le petit fort qu'ils ont relevé; il sera secondé par une colonne qui marche par Olivetta et Bevera.

Garnier qui, suivant vos ordres, va commander dans les Alpes-Maritimes, demeurera chargé de ce blocus, de la conservation de la tête de pont et du col de Tende que je fais armer.

J'espère demain être à la Pieve[1], avec mon avant-garde.

Un vaisseau anglais escorte Clauzel sur la rive.

Parmi les officiers pris dans les différentes journées, se trouvent le colonel Borma et M. le baron de Molk, commandant du corps des sapeurs pionniers.

1. Point particulièrement important pour les Autrichiens, sur la seule communication à portée de leur ligne, entre la Rivière de Gênes et la vallée du Tanaro.

Depuis le 8, mon Général, le nombre de nos prisonniers s'élèvent à 5 000 hommes, 15 pièces de canon, beaucoup de bagages, des munitions de guerre et de bouche, et l'entière possession du département des Alpes-Maritimes [1].

Dans l'instant, le général Rochambeau me rend compte que la brigade Brunet a fait 200 prisonniers à Dolce-Acqua, et un bataillon de la 11e un pareil nombre à Olivetta.

A peine quatre régiments ont fui par le col de Tende, jetant leurs armes et leurs casquettes.

Les généraux Elsnitz, Ulm, Saint-Julien, Vigfinter, Marsini, Lattermann et Kossensitch ont été forcés de se retirer dans la Rivière de Gênes. Je dois m'attendre à une bataille ; nous ferons nos efforts pour la gagner et vous joindre triomphants.

Respect et entier dévouement.

SUCHET.

La lettre suivante, écrite de Coni et interceptée, est la contre-partie de celles qui précèdent.

---

1. *Itinéraire du général de Campredon :*
Le 8 prairial, Saint-Laurent ; le soir, on débouche sur tous les points.
9 prairial, nous rentrons dans Nice (29 mai).
Parti de Nice avec Baudrand, le 12 prairial.
12 prairial, couché à Sospello (1er juin).
13, Fontan.
14, Breglio.
16, Dolce-Acqua, où l'on prit les bagages du général autrichien, Saint-Julien.
16, Port-Maurice.

Piéces trouvées sur le courrier intercepté du général Mélas.

Coni, le 13 prairial an VIII
(3 juin 1800).

Mon cher ami, je vous remercie pour votre chère dernière du 26 du mois dernier, que j'ai reçue seulement par le dernier courrier.

Nos affaires de ce côté, comme je l'avais prévu, ont pris une mauvaise tournure; et si Gênes ne tombe pas bientôt, je vous avoue que je ne sais pas comme nous nous en tirerons.

Vous verrez, par la feuille ci-jointe, la position de nos troupes dans le comté de Nice.

Le général Goruppe, qui était sur le col de Raus, fut forcé par la majorité de la force, et vu la grandeur de la position qu'il était obligé de défendre avec une poignée de monde harassée de fatigue et de faim, fut renversé de sa position le premier du courant et obligé de descendre dans la vallée de la Roia.

Naturellement il ne pouvait rester dans le fond, et ce brave général a eu la bonne idée de se retirer sur le col de Tende, pour pouvoir, selon les circonstances, se rejoindre avec moi.

De là, il a reçu les ordres de se rendre ici, ce qui était d'autant plus nécessaire que je n'avais plus de garnison, et qu'on avait retiré d'ici toutes les troupes qui y étaient pour l'expédition de la Rivière. Par conséquent de cette manière le général Elsnitz est obligé de quitter sa position entre Ventimiglia et Saorgio.

Dans ces circonstances, il ne lui reste que deux partis à prendre, qui sont de se retirer sur Savônne le long de la mer, ou bien de prendre la route qui d'Onaglia vient, par la Piève, sur Ormea. Jusqu'à présent je n'ai aucune de ses nouvelles.

Mes soupçons, par rapport à l'armée de réserve, n'étaient que trop bien fondés, quoique personne ne voulût y ajouter foi. Berthier est venu par la vallée d'Aosta et par les vallées du Rhône dans celle de Domo d'Ossola et de là sur le lac Majeur.

Le général Flavigny, qui était vis-à-vis de moi à Barcelonnette, est descendu du côté de Suze; celui-là n'a tout au plus que 3 000 hommes, et ne peut entreprendre grand'chose d'importance.

Mais dans le moment je reçois la nouvelle que Lecourbe, avec un corps venant de l'Allemagne, descend par le Saint-Gothard sur Bellinzona, de façon que si Gênes ne se rend pas, il est impossible de voir comment les choses tourneront.

Quant à moi pauvre diable, je suis destiné à être bloqué et enfermé; par conséquent, mon cher ami, je vous prie de dire bien des choses de ma part à votre respectable père, et que je le prie de me faire l'amitié de se charger de mes bagages, de mon cocher et de mes chevaux. J'espère et attends cela de son ancienne amitié; et que j'ose y joindre la prière de donner à mon cocher 20 francs par mois. J'espère qu'un jour ou l'autre je les lui rendrai. Si

je suis tué, la vente de mes chevaux sera pour satis-
faire aux avances qu'il voudra bien faire pour moi.

Adieu, mon cher ami, conservez-moi votre amitié,
et je vous embrasse du plus profond d'un cœur qui
est tout à vous. Votre véritable et sincère ami,
Marquis, qui compte sur votre amitié et celle de
votre respectable père pour la commission de mes
bagages dont je lui aurai des obligations infinies.

* * *

Le col de Tende était donc occupé, et nous pouvions, de
là, menacer les derrières de Mélas, et lui ôter toute idée de
reculer vers l'Appennin. Nous empêchions de plus le corps
d'Elsnitz de rejoindre aussitôt, avec tous ses bagages, le
général en chef. Quelques régiments de Gorrup, qui opé-
raient à l'extrême droite des Autrichiens, avaient seuls pu
passer en Piémont. Une partie de l'artillerie qui s'était
aventurée sur Tende était prise, le reste était dans la
Rivière de Gênes. Elle ne pouvait trouver une route pour
franchir les montagnes, que fort en arrière.

Elsnitz, se voyant menacé par la colonne qui contournait
les positions de Forconi, et qui était arrivé à Dolce-Aqua,
fit abandonner Vintimille. Il commença à faire filer la
masse de ses bagages à dos de mulet, de la Taggia et de
l'Arozia sur Ponte di Nava et Ormea, dans celle du Tanaro.

Suchet, confiant le blocus de Vintimille à Garnier, se
dirigea par Col Ardente sur la Pieve, s'attendant à une
affaire générale sur ce point, qui commandait les communications des Autrichiens avec le Piémont. Cette manœuvre
obligea Elsnitz à prendre un parti décisif, et à gagner lui
même la vallée du Tanaro. Le mouvement de notre gauche,
qui, de Tende, se portait sur Ormea, l'obligea à accélérer
encore sa retraite. Nos colonnes ne trouvèrent plus à la
Pieve qu'une forte arrière-garde, dont la plus grande partie

fut prise. La Rivière du Ponant était ainsi dégagée d'un seul coup jusqu'à Borghetto, où se porta notre droite. L'on espérait encore arriver à Gênes, à temps pour débloquer cette place [1].

Suchet, lieutenant-général, au Ministre de la guerre.

A Port-Maurice, le 17 prairial an VIII
(6 juin 1800).

Le général Oudinot vous a fait part des premiers succès remportés par le corps des troupes à mes ordres. Depuis, nous avons marché de victoire en victoire. Après avoir mis en déroute le corps de vingt mille hommes d'élite de M. Elsnitz, nous l'avons poursuivi par la crête des Appennins qui, du col Ardente, conduit dans la vallée du Tanaro, tandis qu'une partie de nos troupes sur Pigna, et

1. *Itinéraire du général de Campredon,* prairial an VIII.
Le 16, Port-Maurice.
    17, Albenga.
    18, Final.
    19, Carcare.
    20, Millesimo.
    21, Au bourg de Savone, je me donnai une entorse au pied par une chute de cheval, étant à côté du général Suchet. — Blocus de la place.

Au quartier-général de bourg de Savonne, le 21 prairial an VIII
de la République française une et indivisible.

Suchet, lieutenant du général en chef, au général Campredon, commandant le génie.

Vous ordonnerez, Citoyen Général, qu'il soit établi dans la nuit des traverses aux portes de Savonne pour garantir nos tirailleurs et empêcher de sortir qui que ce soit de la ville.

Vous devrez même faire établir des embrasures afin de menacer l'ennemi d'enfoncer les portes à coups de canon.

Salut et amitié.   SUCHET.

Dolce-Acqua, le tournait dans ses nombreux retranchements sur la Nervia, et lui fesait 5 à 600 prisonniers ; dans la journée du 16, nous avons continué avec le même bonheur ; la 4ᵉ division ramas-
sait 500 prisonniers, tandis que la 6ᵉ et une partie
de la 7ᵉ arrivaient sur les hauteurs de la Piève, y
attaquaient l'ennemi, lui faisaient 1 000 prisonniers
dont 30 officiers, lui enlevant une pièce de canon et
six drapeaux. Je me réserve, dans un rapport détaillé, de vous signaler les généraux et les corps qui
ont le plus concouru à ces succès.

Nous comptons jusqu'à ce moment, depuis le 8
au soir, 7 000 prisonniers, 30 pièces de canon (à
chaque instant on en découvre dans la Roya), des
bagages, des munitions, un grand nombre d'officiers
et six drapeaux. La rapidité avec laquelle nous
poursuivons l'ennemi ne me permet pas de vous
écrire plus au long.

Déjà mon avant-garde est, la gauche à Ormea et
Saint-Bernard, la droite à Borghetto où je me rends.
Nous comptons les instants qui doivent nous rap-
procher de Gênes et du général en chef [1].

Encore deux marches forcées, et il me sera peut-
être permis de vous annoncer, le premier, une jonction si vivement désirée.

SUCHET.

---

1. La droite de l'armée d'Italie avait commencé à évacuer
Gênes la veille, 16 prairial ; la capitulation avait été signée
le 15 prairial (4 juin) au soir.

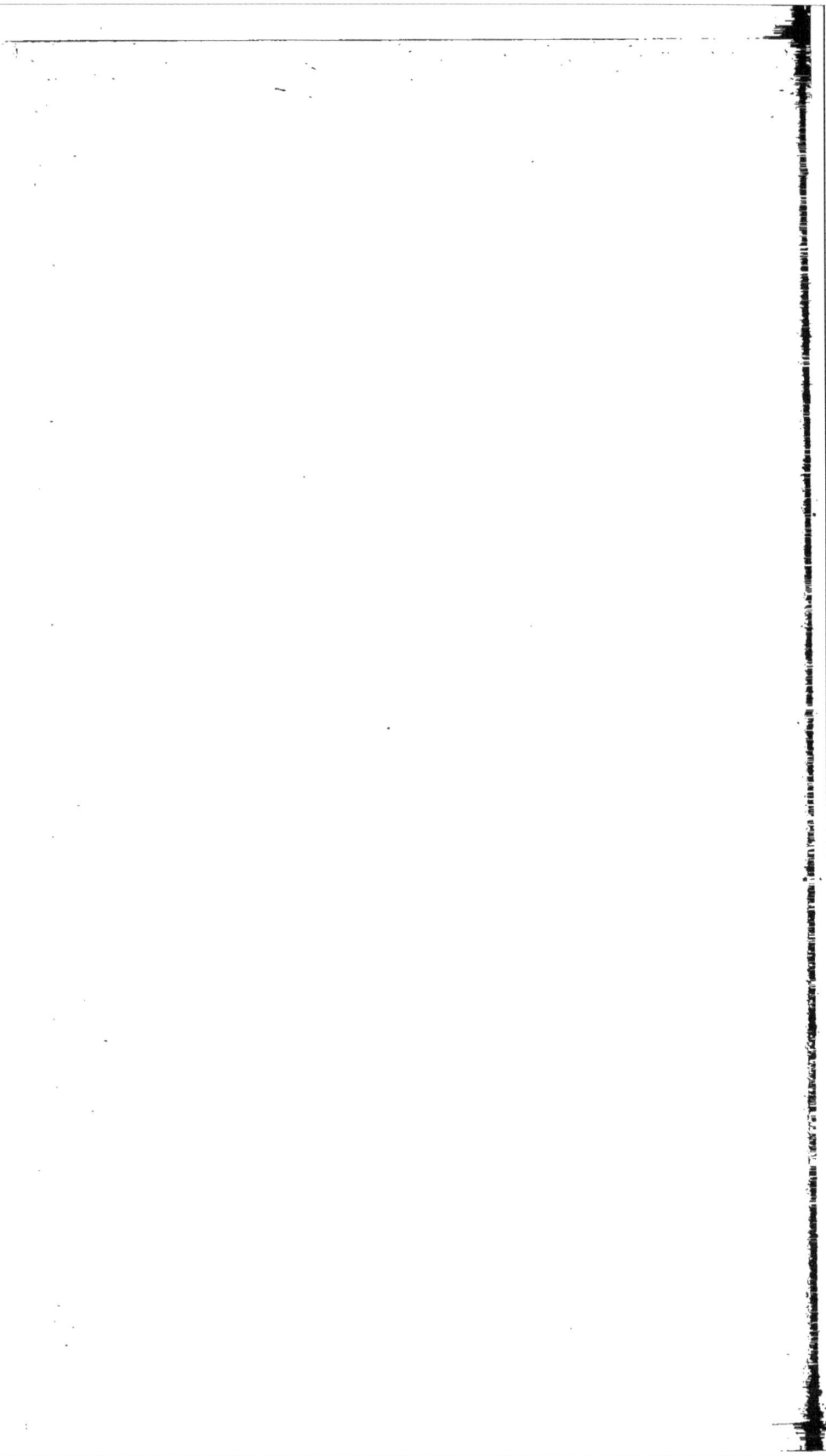

QUATRIÈME PARTIE

GÊNES ET MARENGO

CHAPITRE PREMIER

ÉVACUATION DE GÊNES

Pendant que Suchet, pressé de débloquer Gênes, profitait avec habileté du trouble de l'ennemi et se portait rapidement en avant ; pendant qu'Elsnitz était sur le point d'être cerné dans la Rivière du Ponant, que devenait la place de Gênes ? Où en était la diversion de l'armée de réserve ?

Nous avons vu, dans le chapitre précédent, que Bonaparte était entré à Milan le 2 juin (13 prairial). Il avait été entraîné vers cette ville, au lieu de marcher droit sur Gênes, par l'importance que devait avoir l'occupation de la capitale de la Lombardie, et plus encore peut-être par la nécessité de retrouver une ligne d'opérations et de rallier Moncey, qui descendait du Saint-Gothard. La résistance du fort de Bard enlevait en effet à l'armée sa ligne de retraite normale, et Bonaparte se trouvait momentanément réduit aux seules forces qui avaient passé le Saint-Bernard [1], puisque Turreau n'avait pu sortir de la vallée de Suze.

---

1. Environ 32 000 hommes.

Bulletin de l'armée de réserve.

Milan, 14 prairial an VIII
(8 juin 1800), au soir.

La division du général Lannes avait fait l'avant-garde depuis le Saint-Bernard jusqu'à Ivrée, et s'était avancée jusqu'à Chivasso pour faire croire à l'ennemi que notre dessein était d'opérer la jonction avec le général Turreau, qui était entré à Rivoli et Suse. Pendant ce temps-là, l'armée filait par un côté opposé et passait la Sesia et le Tessin.

Lorsque l'on fut suffisamment avancé, le général Lannes repassa la Dora-Baltea, passa à Crescentino, Trino, Verceil, d'où il reçut ordre de se porter sur Pavie, où il est entré ce matin ; il y a trouvé des magasins très considérables en vivres, 100 milliers de poudre, 1 000 malades ou blessés autrichiens, 500 pièces de canon de bronze avec affûts, magasins à poudre, boulets, etc. On en attend demain l'inventaire de Pavie.

Le général Lechi, avec la légion cisalpine, s'est porté à Cassano.

Le général Duhesme, avec le corps sous ses ordres, marche sur Lodi.

Le mouvement a été si brusque sur Milan que le peuple de cette ville n'a su que vingt-quatre heures avant leur entrée à Milan que les Français étaient en Italie.

Quant au Premier Consul, on répand dans le

peuple que ce n'est pas lui, mais un de ses frères, ce qui l'oblige de se montrer beaucoup au peuple.

Deux pièces de 12, que le général Chabran avait fait placer dans une église, ont fait brèche à l'enceinte du fort de Bard ; ce qui l'a forcé à capituler. On y a trouvé dix-sept pièces de canon. La garnison, forte de 400 hommes, est prisonnière de guerre et se rend en France.

Les deux lettres ci-jointes, une du lieutenant-général Suchet, et l'autre, interceptée à Pavie, de M. le prince de Hohenzollern, commandant le blocus de Gênes, font connaître parfaitement la position où se trouvent, à l'heure qu'il est, les deux armées en Italie.

Après la lecture de ces deux lettres, on se dit : Comment était-il possible que M. Mélas ne sût pas, le 5 prairial, les mouvements considérables qui se faisaient en Piémont, lorsqu'à cette époque il y avait dix jours que l'armée de réserve était entrée à Aoste ? Mais ce qui paraît être le plus surprenant, c'est que M. le prince de Hohenzollern, commandant le blocus de Gênes, ignorait la force de l'armée de réserve, qu'il appelle un parti. Au moment où il écrivait, ce prétendu parti avait envahi le Piémont, la Lombardie, et pris tous les magasins de Pavie. M. Mélas a toujours soutenu que l'armée de réserve avait été appelée à Paris pour contenir le peuple.

Le général Moncey n'avait pu faire passer un premier corps de troupes que le 9 prairial (29 mai). Il était à Bellinzona, le 12 prairial, mais ne pouvait, de quelques jours, réunir toutes ses forces.

Le général Moncey, lieutenant du général en chef de l'armée de réserve, commandant l'aile gauche, au Premier Consul.

Au quartier-général, à Bellinzona, le 12 prairial an VIII
(1er juin 1800).

Général Premier Consul,

J'ai l'honneur de vous rendre compte que le 8 et le 9 une partie des troupes à mes ordres a passé le Saint-Gothard ; que l'ennemi se retirant devant nous, nous l'avons serré le 10 et le 11.

Hier au matin nous avons occupé Bellinzona ; aujourd'hui, je tiens, par des postes avancés, Locarno et Lugano.

Des rapports me parviennent. S'ils se confirment par ceux des partis que j'ai envoyés, je manœuvrerai demain de manière à tirer partie des circonstances.

L'officier porteur de ma lettre vous rendra un compte verbal sur les objets qui pourront vous intéresser. C'est le général Lorges qui m'a indiqué ce officier. Le général Lapoype, dans une reconnaissance en avant de Bellinzona, a été blessé le plus heureusement possible pour lui : une balle amortie l'a frappé au front, n'a fait que lui ouvrir la peau avec contusion.

Je vous renouvelle, Général Premier Consul, l'assurance de mon respectueux dévoûment,

MONCEY [1].

A Gênes, la situation devenait intenable. Depuis le 15 germinal, Masséna, réduit à ses seules ressources, faisait des prodiges d'héroïsme. Bonaparte, à chaque courrier, lui annonçait sa prochaine arrivée. Les malheureux assiégés, confiants en la parole du Premier Consul, croyaient à chaque instant entendre dans le lointain le grondement du canon français.

Le retard causé par le fort de Bard avait jusque-là paralysé sa bonne volonté ; mais au 8 prairial, lorsqu'il eut débouché à Ivrée, chacun s'attendait à marcher au secours de Gênes [2]. Les lettres qui suivent semblent établir que la moindre démonstration faite à cette date dans la direction de la Ligurie eût sauvé la place en hâtant la levée du siège. L'ordre de retraite était donné, à l'heure fatale où Masséna dut songer à traiter avec les Autrichiens.

M. Hartzer, aide-de-camp du général Mélas, à Madame Mélas [3].

Turin, le 4 juin 1800 [4].

Excellence,

Nous attendons avec impatience la nouvelle que Masséna a capitulé, et cependant aujourd'hui, 9 heures du soir, elle n'est point encore arrivée. Nous

1. *Moniteur*. Prairial an V.
2. Rappelons que la capitulation de Gênes est du 15 prairial (4 juin).
3. Les lettres qui suivent, interceptées, parurent dans le *Moniteur universel* de l'an VIII.
4. Jour où fut signée la capitulation de Gênes.

avons appris ce matin par un caporal que Masséna
a envoyé le général Andrieu[1] avec plein pouvoir de
capituler, et nous espérons que le prince Sulkowsky,
qui est parti comme courrier pour Gênes, en appor-
tera la nouvelle à Son Excellence demain à midi.

Son Excellence reste avec le quartier-général
dans cette ville jusqu'à ce que le feld-maréchal Elsnitz soit arrivé des montagnes. L'ennemi a attaqué
son aile droite avec 6 000 hommes, et l'a chassé du
col de Tende et du col de Braus.

Si le général feld-maréchal Elsnitz ne veut pas
engager de combat, il faut qn'il fasse un grand détour pour sortir de la montagne.

L'ennemi, faible de ce côté, y est assez tranquille.
On a aujourd'hui entendu une canonnade du côté
de Milan ; probablement que le général feld-maréchal Vukassovich défend le passage. Le 2 de ce mois,
l'ennemi n'était pas encore à Pavie, et on n'a encore aucune nouvelle qu'il ait passé le Pô en aucun
endroit.

Son Excellence jouit de la meilleure santé.

M. le colonel comte de Radatzky vous baise les
mains.

HARTZER,

Aide-de-camp.

---

1. Le 3 juin, le général Andrieu entrant chez le général Ott
pour engager les premières négociations, rencontra un officier
autrichien. C'était l'envoyé de Mélas, porteur de l'ordre de lever
le blocus. Voir *OEuvres de Napoléon Ier*, t. XXX, p. 427.

Au lord Granville.

Au quartier-général de Turin, 4 juin 1800.

Nous avons attendu toute la journée avec la plus grande impatience le retour du prince Sulkowski, adjudant du général Mélas, envoyé avant-hier pour hâter la capitulation de Gênes. Dans ma dernière dépêche j'ai mandé à Votre Seigneurie que les troupes devaient partir deux jours après pour se porter en avant. L'ordre pour leur marche n'avait pas été contremandé et il allait être mis à exécution lorsqu'on sut par des rapports *que l'armée de Bonaparte ne s'était pas avancée aussi loin qu'on l'avait dit d'abord, et il était surtout à désirer qu'il n'y eût parmi les troupes qui sont devant Gênes aucun mouvement qui pût engager la garnison de cette ville à tenir plus longtems.* Mais les progrès de l'ennemi nous empêchent de rester plus long-tems dans notre position actuelle. Le rapport de ce jour confirme que Bonaparte a passé le Tesin le 2; que le général Elsnitz a abandonné Nice et occupe sa position de Vintimiglia. Le général Suchet, qui commande les restes de l'armée de Masséna, s'est déjà avancé.

La colonne française de 5 000 hommes que j'avais annoncé à V. S. avoir été forcée de retourner à Suze [1], a attaqué aujourd'hui le corps du général Kaim, mais jusqu'à présent sans succès.

1. Turreau.

Dans ce moment, on tient conseil de guerre chez le général Mélas, mais je ne puis vous en donner le résultat avant le départ du courrier.

W. BENTINK.

**Le général Mélas à M. le comte de Tige, à Vienne,
expédié par estafette le 5 juin 1800,
à cinq heures et demie du soir.**

Turin, le 5 juin 1800.

Monsieur le Comte,

Comme M. le général Gorupp ne pouvait plus défendre le col de Tende, et était déjà arrivé hier à Coni, dont il doit prendre le commandement; que par-là le chemin par ce col était fermé au général feld-maréchal-lieutenant Elsnitz, j'ai laissé à ce dernier la liberté de gagner les plaines du Piémont par le chemin qu'il croirait le plus convenable, et j'attends son rapport. Jusqu'à ce que je l'ai reçu, je ne puis rien entreprendre avec les deux divisions Kaim et Hadik, qui sont toujours dans les positions que je vous ai indiquées.

Comme d'ailleurs M. le général feld-maréchal-lieutenant d'Ott m'écrit, le 2 juin, que *dans le moment même où l'ordre de lever le blocus de Gênes arrivait à Sestri, le général en chef Masséna se montrait enclin à une capitulation, et dans cette vue avait envoyé*

à Sestri le général Andrieux comme plenipotentiaire;
que les conférences avaient commencé le même
jour à Riverola, de concert avec le colonel de
Pest, et avec le capitaine de pavillon Bevern du
côté des Anglais; qu'elles devaient continuer le 3,
que le susdit général feld-maréchal-lieutenant
croyait devoir retarder encore son départ de quelques jours, pour attendre la fin des négociations qui
pouvaient amener la capitulation.

Je me suis déterminé d'autant plus aisément à lui
donner cet ordre, que l'arrivée de M. le baron d'Elsnitz pouvait nonobstant cela être retardée de quelques jours, que pendant ce tems la tête du pont de
Plaisance sera gardée avec plus de troupes, que le
Pô continuera à être soigneusement observé pour
prévenir toute tentative de l'ennemi de passer ce
fleuve, et que la chûte vraisemblable de Gênes nous
permet d'espérer que les choses tourneront d'une
manière plus favorable.

M. le général feld-maréchal-lieutenant baron
Vukasovich m'a envoyé un officier qui est arrivé ce
matin. Ce général m'annonce qu'il était le 2 à Meli-
gnano, et que pour que son rapport ne soit pas pris
par l'ennemi, il me l'enverra par la rive droite du
Pô. Je ne l'ai pas même reçu.

Le fort de Bard se défend toujours vigoureusement. Les peines de l'ennemi pour s'en emparer
ont jusqu'à présent été inutiles. La conservation de
ce poste est pour nous d'un avantage certainement
très considérable, car l'ennemi n'a pu mener avec

lui, par la vallée d'Aosté, que des pièces de montagne [1].

J'ai recommandé la forteresse de Ceva aux soins de M. le général feld-maréchal-lieutenant Elsnitz, et celle de Savonne à ceux du général feld-maréchal-lieutenant d'Ott.

Je suis avec une considération sans bornes, de Votre Excellence, le très obéissant,

MÉLAS,

Général de cavalerie.

On voit à quel fil était suspendu le sort de la place de Gênes. A quelque réserve que l'on fût tenu en présence du parti adopté par un génie tel que Bonaparte, qui avait seul la notion complète des intérêts en jeu, quelques historiens l'ont vivement critiqué de ne pas s'être laissé davantage entraîner par les raisons développées dans sa lettre à Moreau, et de ne pas 'avoir secouru directement son compagnon d'armes. [2]

Le contraste de son entrée triomphale à Milan, de son séjour en cette ville, et des angoisses par lesquelles passaient à la même heure Masséna et ses héroïques compagnons, ne laisse pas de frapper péniblement, alors surtout que Bonaparte avait promis de tout faire pour débloquer Gênes. L'on se demande s'il n'eût pas pu tenter quelque chose, et l'on est d'autant plus porté à déplorer son inaction, plus apparente du reste que réelle, que les

---

1. Les officiers même qui défendaient le fort ignoraient que toute l'artillerie fût passée pendant la nuit à une portée de pistolet du pied du rocher de Bard. Voir *Correspondance de Napoléon I*ᵉʳ *Œuvres de Napoléon*, *I*ᵉˢ, t. XXX, p. 444.

2. Lettre du 24 floréal an VIII, *voir* page 262.

Remarquons que le retard de Moncey, prévu par Bonaparte dans cette lettre, put être une des raisons qui l'empêchèrent de marcher sur Gênes.

lettres qui précèdent paraissent indiquer qu'une simple démonstration dans la direction de Gênes eût suffi pour faire lever le siège. Nous n'avons pu nous même, au cours de ce récit, échapper à cette influence et nous empêcher de regretter la brutalité de ce contraste.

Mais, pour être équitable, ne faut-il pas, non seulement apprécier si la résistance du fort de Bard permettait d'arriver en temps utile pour sauver Masséna ; mais encore se demander si Bonaparte pouvait, en ce cas même, marcher sur Gênes sans ligne d'opérations, sans retraite assurée, et chercher à faire rappeler le général Ott, qui bloquait la place. En attirant prématurément sur lui le corps retenu en Ligurie, Bonaparte, dont les troupes étaient loin d'être concentrées, et manœuvraient encore au milieu d'ennemis, dispersés il est vrai, mais nombreux, ne nous aurait-il pas exposé à un désastre pire que ceux de l'an VII ? N'aurait-il pas tout au moins, après avoir surmonté de gigantesques obstacles, compromis au plus haut degré, par cette généreuse imprudence, son expédition au delà des Alpes, dont la portée était bien autre que la délivrance de Gênes ?

Si, au début, l'armée de réserve n'avait paru avoir sa raison d'être que comme armée de secours, à cette heure, en effet, le but réel éclatait à tous les yeux ; l'entrée de Bonaparte à Milan le révélait à l'Europe : c'était la conquête foudroyante du nord de l'Italie tout entier !

Le rôle de Masséna et de Suchet était de rendre cette colossale entreprise possible, et de retenir les diverses fractions de l'armée ennemie loin du point de concentration de l'armée de réserve. Tant que cette concentration n'était pas chose faite, tant que le fort de Bard tenait encore, tout mouvement de nature à provoquer la réunion des forces autrichiennes retenues en Ligurie était une faute.

L'entrée à Milan, à laquelle il eût fallu, pour courir sur Gênes, renoncer, était le coup le plus terrible que l'on pût porter à l'ennemi. Tout en assurant la retraite de l'armée par le Simplon et,le Saint-Gothard, il valait une victoire par son retentissement ; il constituait à lui seul la plus puissante diversion que l'on pût rêver, et eût incontestablement suffi à délivrer Masséna, si, par une coïncidence malheureuse, ce général n'avait été, à cette heure précise, obligé de demander à capituler.

Et cette capitulation même retenait encore pour quelques jours un corps autrichien loin de la Lombardie, et concourait au but commun. La perte momentanée de la place, dont la prise coûta peut-être l'Italie à l'Autriche, n'apparaît dans le plan général que comme un facteur sans importance. La ville de Gênes ne serait-elle,pas, si l'armée de réserve achevait son œuvre, triomphalement réoccupée ?

Des considérations généreuses sans doute, bien faites pour toucher des cœurs français, et qui auraient emporté d'autres que Bonaparte droit sur l'Appennin, ne devaient pas compromettre le sort encore en suspens d'une entreprise destinée à donner à la France de si magnifiques résultats. Le Premier Consul ne dévia pas de la ligne qu'il s'était tracée [1]. Peut-on le condamner, lorsque l'on sait combien fut près d'échouer, à l'heure décisive, la combinaison si admirablement conçue qui nous avait conduits de Genève dans les plaines de Marengo [2] ?

1. « Le cœur d'un homme d'État doit être dans sa tête. » *Mémorial de Sainte-Hélène*, t. II, p. 75.

2. Voir les trois parties que pouvait prendre le Premier Consul : 1º marcher sur Turin pour se réunir à Turreau et assurer ses communications par le Mont-Cenis ; 2º jeter un pont à Chivasso et se diriger *à tire d'aile* sur Gênes ; 3º se porter sur Milan et faire sa jonction avec Moncey. *Œuvres*, t. XXX, p. 446.

Si la fin de la campagne de l'an VIII a donné raison à Bonaparte, ce qui lui advint en 1813 pour n'avoir pas tenu la même ligne de conduite montre combien grande fut ici sa sagesse tant critiquée. C'est en effet pour débloquer Dantzig et donner la main à son aide de camp Rapp, que Napoléon étendit démesurément le champ de ses opérations, ce qui fut cause de premiers insuccès, et compromit le sort de toute la campagne.

Le général Mélas à M. le comte Tige, général de cavalerie, propriétaire d'un régiment de dragons et vice-président du suprême conseil aulique de S. M. I.-B. A. à Vienne.

Turin, le 5 juin 1800.

Monsieur le Comte, j'ai laissé au blocus de Gênes le corps de M. le général feld-maréchal-lieutenant, baron d'Ott, jusqu'à l'approche du corps de M. le général feld-maréchal-lieutenant, baron d'Elsnitz, pour marcher ensuite avec toutes mes forces réunies contre l'ennemi qui a pénétré par l'Allemagne. Cette opération a eu pour l'armée les suites les plus favorables. La capitulation de Gênes commencée le 2 juin par le général en chef Masséna a été terminée hier. Cette place a dû être évacuée ce matin par l'ennemi. La garnison armée sera escortée jusqu'aux avant-postes ennemis, et là pourra servir de nouveau.

Tous les prisonniers autrichiens faits par les Français pendant l'opération sur les côtes de Gênes seront rendus et pourront également reprendre du service.

Le général en chef Masséna a quitté Gênes dans la nuit du 4 au 5, et a fait voile pour les côtes ennemies sur une frégate anglaise. La première colonne de la garnison ennemie est sortie ce matin; les troupes stationnées auprès de la ville en ont pris possession, ainsi que des forts, et les Anglais sont entrés dans le port.

Je vous enverrai l'état de toutes les munitions de guerre qui ont été trouvées dans Gênes, ainsi que les articles de la capitulation, dès que M. le général Ott me les aura fait passer. Je n'ai, pour le moment, rien de plus à vous marquer, si ce n'est que la plus grande partie de la garnison ennemie sera conduite par mer à sa destination.

L'ennemi a attaqué hier au soir la division de M. le général feld-maréchal-lieutenant Kaim du côté d'Arigliano. Il avait repoussé les troupes sous les ordres du général Lamarseille, en s'emparant des hauteurs du col de Thion et du village de Saint-Ambroise. Il a été repoussé avec une perte considérable, et nous a laissé 11 officiers et 257 soldats. M. le général feld-maréchal Kaim se loue beaucoup de la conduite de M. le major Mescot, et surtout de celle du lieutenant-colonel Gajoli qui conduisit son bataillon contre l'ennemi à la bayonnette et reprit le village d'Ambrosio avec une rare bravoure.

Sur l'Orco tout est toujours tranquille, et l'ennemi n'a pas pénétré plus avant du côté du col de Tende. Nos avant-postes sont de l'autre côté de Limon.

M. le général feld-maréchal-lieutenant Elsnitz, d'après son rapport du 2 de Dolce-Aqua, opère sa retraite par Ormea où il espère arriver le 6.

M. le feld-maréchal-lieutenant Vukassovich était le 3 à Lodi, et espérait, si l'ennemi ne se présentait pas trop en force, se soutenir encore quelque tems sur l'Adda. Ce général n'a pu sauver la flottille du lac Majeur. Cependant il espère que le capitaine

Mohr mettra tous ses soins à sauver celle du lac de Como.

D'après son rapport, je devrais croire que les projets de l'ennemi sont encore douteux. Cependant s'il se dirigeait sur lui, il se retirera sur Mantoue en observant Pizzighitone, pendant que je rassemblerai toutes mes forces disponibles, et j'espère bientôt porter le coup décisif.

M. le général Skal continue à observer le Pô et je suis un peu plus tranquille sur la sûreté de ce fleuve, ainsi que de l'approvisionnement bientôt terminé des places fortes en objets d'artillerie.

Je suis, avec une considération sans bornes,
De Votre Excellence le très obéissant serviteur,

MÉLAS, *Général de cavalerie.*

Masséna faisait connaître en ces termes la capitulation au Premier Consul.

**Le général en chef Masséna au général Bonaparte,
Premier Consul de la République.**

> Gênes, le 18 prairial an VIII de la République
> (7 juin 1800).

Mon Général,

J'ai l'honneur de vous rendre compte de l'évacuation de la place de Gênes conformément à la convention ci-jointe, j'espère que vous la trouverez digne de la résistance opiniâtre de la brave garnison qui s'y trouvait renfermée. Nous n'avons pas jusqu'ici perdu un seul pouce de terrain. Partout nous avons conservé une supériorité constante, et, sans le défaut de subsistances, nous eussions tenu éternellement dans Gênes. Aujourd'hui, j'ai donné aux soldats les trois dernières onces de ce que nous appellions du pain, et qui n'était qu'un mauvais mélange de son, de paille d'avoine et de cacao, sans froment. Nous avons mangé tous nos chevaux.

La mortalité, causée par la famine, était à son comble dans le peuple et dans les troupes. La faim et le bombardement ont excité des mouvements insurrectionnels toujours étouffés dès leur naissance. C'est dans l'espoir de vous voir arriver à notre délivrance que j'ai poussé si loin la rigueur des mesures qui pouvaient nous mettre à même de vous attendre. Mais la machine tombait en dissolution, et il a fallu songer à se retirer pour ne pas tout perdre, et pour conserver à la République les restes d'un corps de troupes dont la constance n'a pu être altérée par des peines, des fatigues et des privations jusqu'alors inouïes. Les forces physiques leur ont entièrement manqué, et il ne me restait plus que des squelettes ambulans. L'officier qui porte mes dépêches pourra vous dire à cet égard tout ce qui a été fait et souffert pour conserver Gênes.

Je vais avec la garnison joindre le centre de l'armée, et y agir conformément aux instructions que je vous prie de m'y envoyer. C'est de là que je vous donnerai de mes nouvelles.

Salut et respect,

MASSÉNA.

Masséna, général en chef, aux Consuls de la République Française.

Au quartier général à Gênes, le 18 prairial an VIII
(7 juin 1800) de la République française une et
indivisible.

Citoyens Consuls,

J'ai l'honneur de vous adresser les conventions faites pour l'évacuation de la ville de Gênes par l'aile droite de l'armée française.

Depuis le 1ᵉʳ de ce mois, le peuple de Gênes était sans pain ; l'armée n'en recevait que six onces composées d'un mélange, moitié son, moitié maïs ; pendant les dix derniers jours, le maïs a été remplacé par du cacao, et la ration réduite à trois onces ; la plus grande partie des chevaux avait été mangée.

Lors, les conventions que je vous adresse ont été signées à 8 heures du soir.

Le 16, les troupes de l'aile droite se sont mises en marche avec leurs armes, bagages, munitions de guerre, pour rejoindre le centre de l'armée qui, le 17, se trouvait à Alassio. Demain je m'y rends de ma personne.

J'aurai l'honneur de vous faire passer incessamment, Citoyens Consuls, le rapport des événemens qui se sont passés depuis le 15 germinal jusqu'au 16 prairial, jour de l'évacuation.

Salut et respect.

MASSÉNA.

22

P.-S. — Le rapport vous sera porté, ainsi que les huit drapeaux pris sur l'ennemi, par un de mes aides-de-camp [1].

NÉGOCIATIONS

Pour l'évacuation de Gênes, par l'aile droite de l'armée française, entre le vice-amiral lord Keith, commandant en chef la flotte anglaise, le lieutenant-général baron d'Ott, commandant le blocus, et le général en chef français Masséna.

Article Iᵉʳ. — L'aile droite de l'armée française, chargée de la défense de Gênes, le général en chef et son état-major sortiront avec armes et bagages pour aller rejoindre le centre de l'armée.

Réponse. — L'aile droite chargée de la défense de Gênes sortira au nombre de huit mille cent dix hommes et prendra la route de terre pour aller par Nice en France; le reste sera transporté par mer Antibes. L'amiral Keith s'engage à fournir à cette troupe la subsistance en biscuit, sur le pied de la troupe anglaise... Par contre, tous les prisonniers autrichiens faits dans la Rivière de Gênes par l'armée de Masséna dans la présente année seront rendus en masse en compensation; se trouvent exceptés ceux déjà échangés au terme d'à-présent. Au surplus, l'article premier sera exécuté en entier.

II. — Tout ce qui appartient à la dite aile droite, comme artillerie et munitions en tout genre, sera tranporté par la flotte anglaise à Antibes ou au golfe de Jouan.

1. Le chef d'escadron Barthe.

Réponse. — Accordé.

III. — Les convalescents et ceux qui ne sont pas en état de marcher seront transportés par mer jusqu'à Antibes et nourris ainsi qu'il est dit dans l'article I.

Réponse. — Ils seront transportés par la flotte anglaise et nourris.

IV. — Les soldats français restés dans les hôpitaux de Gênes y seront traités comme les Autrichiens; à mesure qu'ils seront en état de sortir, ils seront transportés ainsi qu'il est dit dans l'article III.

Réponse. — Accordé.

V. — La ville de Gênes, ainsi que son port, seront déclarés neutres; la ligne qui déterminera sa neutralité sera fixée par les parties contractantes.

Réponse. — Cet article roulant sur des objets purement politiques, il n'est pas au pouvoir des généraux des troupes alliées d'y donner un assentiment quelconque. Cependant, les soussignés sont autorisés à déclarer que Sa Majesté l'Empereur s'étant déterminée à accorder aux habitants génois son auguste protection, la ville de Gênes peut être assurée que tous les établissements provisoires que les circonstances exigeront, n'auront d'autre but que la félicité et la tranquilité publique.

VI. — L'indépendance du peuple ligurien sera respectée; aucune puissance actuellement en guerre avec la République Ligurienne ne pourra opérer aucun changement dans son gouvernement.

Réponse. — Comme à l'article précédent.

VII. — Aucun Ligurien ayant exercé ou exerçant encore des fonctions publiques ne pourra être recherché pour ses opinions politiques.

Réponse. — Personne ne sera molesté pour ses opinions, ni pour avoir pris part au gouvernement précédent l'époque actuelle.

Les perturbateurs du repos public après l'entrée des Autrichiens dans Gênes seront punis conformément aux lois.

VIII. — Il sera libre aux Français, Génois et aux Italiens domiciliés ou réfugiés à Gênes, de se retirer avec tout ce qui leur appartient, soit argent, marchandises, meubles ou tels autres effets, soit par la voie de mer ou par celle de terre, partout où ils le jugeront convenable. Il leur sera délivré à cet effet des passeports, lesquels seront valables pour six mois.

Réponse. — Accordé.

IX. — Les habitants de la ville de Gênes seront libres de communiquer avec les deux rivières, et de continuer de commercer librement.

Réponse. — Accordé d'après la réponse à l'article X.

X. — Aucun paysan armé ne pourra entrer individuellement ni en corps dans Gênes.

Réponse. — Accordé.

XI. — La population de Gênes sera approvisionnée dans le plus court délai.

Réponse. — Accordé.

XII. — Les mouvemens de l'évacuation de la troupe française, qui doivent avoir lieu conformément à l'article premier, seront réglés dans la journée entre les chefs de l'état-major des armées respectives.

Réponse. — Accordé.

XIII. — Le général autrichien, commandant à Gênes, accordera toutes les gardes ou escortes nécessaires pour la sûreté des embarcations des effets appartenans à l'armée française.

Réponse. — Accordé.

XIV. — Il sera laissé un commissaire français pour le soin des blessés et malades et surveiller leur évacuation. Il sera nommé un autre commissaire des guerres pour assurer, recevoir et distribuer les subsistances de la troupe française, soit à Gênes, soit en marche.

Réponse. — Accordé.

XV. — Le général Masséna enverra en Piémont ou partout ailleurs un officier au général Bonaparte pour le prévenir de l'évacuation de Gênes. Il lui sera fourni passe-port et sauve-garde.

Réponse. — Accordé.

XVI. — Les officiers de tout grade de l'armée du général en chef Masséna faits prisonniers de guerre depuis le commencement des hostilités de la présente armée rentreront en France sur parole et ne pourront servir qu'après leur échange.

Réponse. — Accordé.

22.

ARTICLES ADDITIONNELS

La porte de la Lanterne, où se trouve le pont-levis et l'entrée du port seront remis à un détachement de troupes autrichiennes et à deux vaisseaux anglais, aujourd'hui 4 juin, à deux heures après-midi.

Immédiatement après la signature, il sera donné des otages de part et d'autre.

L'artillerie, les munitions, plans et autres effets militaires appartenant à la ville de Gênes et son territoire, seront remis fidèlement par les commissaires français aux commissaires des armées alliées.

Fait double sur le pont de Cornegliano, le 5 juin 1800 [1].

> Signé : le baron d'OTT, lieutenant-général,
>
> KEITH, vice-amiral.
>
> Pour copie conforme,
>
> *Le général en chef de l'armée d'Italie,*
>
> MASSÉNA.

1. Il est curieux de voir comment la capitulation de Gênes fut annoncée par le *Moniteur*.

Extrait du bulletin de l'armée de réserve.

Milan, 19 prairial.

. . . .

Le général en chef Masséna, s'étant aperçu que l'ennemi avait garni d'artillerie tous les retranchements du blocus de manière qu'avec un corps moins nombreux que celui qu'il avait dans Gênes il lui empêchait cependant d'entrer en campagne, a proposé un arrangement au général autrichien Ott, par lequel il est sorti avec toute son artillerie montant à 20 pièces de canon, sa garnison et tous les patriotes italiens qui étaient dans Gênes pour se rendre à Oneille, où se trouve le général Suchet et marcher en Piémont.

. . . .

VIGNOLLE.

Masséna rejoignit Suchet devant Savone. La jonction tant désirée s'opérait enfin dans des conditions particulièrement tristes sans doute pour l'infortuné Masséna, mais aussi particulièrement glorieuses. Il sortait de Gênes avec tous les honneurs, et ramenait ses troupes, libres de combattre. Mais, par quelles angoisses n'était-il pas passé? L'on conçoit facilement quels durent être les sentiments des défenseurs de Gênes, au sortir de toutes les horreurs d'un tel siège, lorsqu'ils apprirent que le Premier Consul était à Milan, et qu'il n'avait nullement cherché à percer jusqu'à eux[1].

Suchet, dans toute l'ardeur de ses derniers succès, et pénétré d'enthousiasme pour la magnifique combinaison qui nous promettait l'Italie, eût voulu se porter en Piémont pour arriver à l'heure décisive, où se devait fatalement disputer la dernière partie.

Masséna, plus froid, insista pour qu'il s'en tînt à la lettre des instructions de Bonaparte, qui prescrivait à ses lieutenants de retenir loin du champ de bataille un corps égal au leur. Suchet couronna l'Appennin, et porta ses avant-postes à Acqui, tout en bloquant Savone. Il menaçait ainsi la plaine, tout en se tenant prêt à agir sur Gênes.

1. Voir, *Œuvres de Napoléon à Ste.-Héleine. t. XXX de la Correspondance, p. 432,* l'appréciation sévère de Napoléon au sujet de la capitulation de Gênes.

CHAPITRE II

MARENGO
ENTRÉE DANS GÊNES

Suivons encore nos armées jusqu'à la clôture des opérations militaires, que la réussite des plans de Bonaparte rendait proche, et ramenons nos troupes dans Gênes qu'elles viennent d'évacuer. Leur rentrée dans cette place sans coup férir sera la justification, au point de vue militaire, de la ligne de conduite adoptée par Bonaparte.

L'on était à la veille de Marengo. Mélas attirait à lui toutes ses troupes. Elsnitz le rejoignait non sans peine à travers l'Appennin. Ott se mettait en marche de Gênes sur Alexandrie. Les communications avec l'Autriche par la rive droite du Pô n'étaient pas encore coupées, et le général autrichien pouvait espérer contrebalancer les forces de son audacieux adversaire [1].

1. Nous ne pouvons avoir la prétention de faire ici l'histoire des grands événements dont les plaines du Pô allaient être le théâtre. Nous ne pouvons, d'autre part, abandonner à la veille du couronnement de leurs efforts les armées que nous avons suivies jusqu'ici ; nous croyons devoir donner ci-après, avec quelques lettres que nous avons par devers nous, les bulletins bien connus de l'armée de réserve relatifs à la bataille de Montebello et à celle de Marengo.

Le général Mélas à M. le général-major Mosel, à Plaisance.

Au quartier-général de Turin, le 5 juin 1800.

Alexandrie est actuellement le seul et unique point d'où l'armée puisse tirer ses subsistances jusqu'au changement vraisemblablement très prochain des circonstances. Le complément du magasin d'Alexandrie en farine et fourrage et avec un peu de riz est donc un objet d'une importance extrême que je vous ai recommandé depuis quelque tems, et cela plusieurs fois et de la manière la plus expresse, mais dont je n'ai jusqu'à présent vu aucun effet, puisque, d'après les derniers rapports d'Asty et d'Alexandrie, et d'après ma conviction personnelle ici, à Turin, ces trois magasins sont totalement épuisés de provisions, et que le magasin d'Alexandrie, en farine et en fourrage, n'a pu encore être une seule fois complété.

L'armée qui est ici, augmentée par l'arrivée prochaine du corps sous les ordres de M. le général F.-M.-L. Elsnitz, et par le corps de M. le général F.-M.-L. Ott, qui le dirige par la Bochetta sur Alexandrie, doit tirer tous les vivres de cette place ; mais avec de pareilles mesures l'un et l'autre éprouveront un manque total, et si l'ennemi passait subitement le Pô, et par-là coupait, même pour peu de tems, la communication entre Plaisance et Alexandrie, cette place et l'armée seraient sans ressources, et exposées à ne pouvoir plus être nourries et approvisionnées.

Il y avait à Cremone, d'après les derniers rapports, un magasin considérable de vivres, et je crois pouvoir espérer que les magasins de Cremone, de Milan et Lodi, auront été mis en sureté sur la rive droite du Pô.

Ainsi il ne doit plus manquer de vivres, et si, comme je n'en doute pas, et d'après l'avis que je vous en avais donné, il y a plusieurs jours, vous avez rassemblé tous les moyens de transport de l'armée sur la rive droite du Pô, et requis de tous côtés sans aucune espèce de considération les transports du pays, il ne vous manquera pas de moyens pour l'approvisionnement nécessaire.

Je dois donc, dans ces circonstances, vous recommander de la manière la plus pressante le transport le plus actif d'au moins 1 200 quintaux de farine et 2 500 mesures d'avoine par jour à Alexandrie, et je vous prie en même tems de me donner le plus tôt possible des éclaircissemens, tant sur cet objet que sur ce que sont devenus les magasins de Milan, Pavie et Lodi, sur les mesures prises pour completter l'approvisionnement de Mantoue et des autres places fortes sur cette ligne, et sur les moyens dont, conformément à mes ordres, on s'est servi pour sauver les vivres qui étaient chargés sur le Pô. Jusqu'à présent je n'ai pas reçu une syllabe sur ces importans objets.

MÉLAS.

Les craintes de Mélas relatives au passage du Pô se réalisèrent bientôt. Bonaparte, près d'être rejoint par Moncey, passa le Pô à Plaisance et à Stradella. Désormais, l'armée autrichienne devait se faire jour à travers nos lignes ; du côté de Gênes seulement, où allait apparaître le général Ott, se trouvait encore une solution de continuité dans nos avant-postes.

Le Premier Consul au général Suchet, lieutenant du général en chef de l'armée d'Italie.

Milan, 19 prairial an VIII
(8 juin 1800).

Vous trouverez ci-joint, Citoyen Général, différents imprimés qui vous feront connaître la situation de l'armée.

Nous avons passé le Pô à Stradella et Plaisance. Nous sommes maîtres d'Orzinovi, Crema, Brescia, Crémone. Mélas est sans communication. Ses parcs, ses magasins, ses hôpitaux, ses courriers, tout est pris.

Un courrier, intercepté ce matin à Plaisance, nous apprend que Gênes a capitulé. La garnison n'est point prisonnière de guerre ; ainsi, elle doit être réunie à vous lorsque vous recevrez ce courrier.

Elsnitz est arrivé hier, 18, à Ormea. J'imagine que vous êtes à sa piste.

Le général Gorrupp, que vous avez poussé à Braus, a seul pu gagner le col de Tende. Il commande à Coni, dont son corps forme la garnison.

Si le corps du général Masséna vous joint, vous

devez être fort. Je vais me mettre à la poursuite de
l'ennemi, qui a le projet de se réunir sur Alexandrie. Il est possible que, lorsque j'arriverai, il ne
soit pas en mesure et qu'il recule soit du côté de
Turin, soit du côté de la Rivière de Gênes.

Il est difficile que je vous donne des instructions
positives, parce que je ne connais ni vos forces, ni
ce qui est arrivé ; mais votre seul but doit être celui-ci : *tenir en échec un corps égal au vôtre.*

Une fois que vous aurez la tête sur Ceva, vous
aurez indirectement, par les habitants du pays, des
nouvelles de l'armée, *ce qui vous mettra à même de
manœuvrer pour la rejoindre.*

BONAPARTE.

Le Premier Consul, préoccupé à la fois de ne pas laisser
échapper l'ennemi et d'empêcher son entière concentration,
se plaça sur la rive droite du Pô, entre les montagnes et le
fleuve, à la Stradella ; prêt à arrêter Ott, s'il débouchait par
la rive droite du Pô ; prêt à courir sur Milan, si les Autrichiens cherchaient un passage vers le Nord. L'armée avait,
en cas de besoin, « ses derrières assurés sur le fleuve et
Milan, le Simplon et le Saint-Gothard ».

Bulletin de l'armée de réserve.

Stradella, 21 prairial an VIII
(10 juin 1800).

Le 20, le Premier Consul est parti de Milan pour
se rendre à Pavie, il n'y est resté qu'une heure, est
monté à cheval et a passé le Pô pour rejoindre l'a-
vant-garde, qui déjà était aux prises avec l'ennemi.

Le général Ott était arrivé de Gênes à Voghera

en trois marches forcées, avec un corps de 15 000 hommes qui bloquaient cette place. Il avait été renforcé par un corps de 4 à 5 000 hommes qui avait été destiné par le général Mélas à défendre le Pô. L'avant-garde de cette armée et celle de l'armée française se rencontrèrent vers midi. L'ennemi occupait les hauteurs en avant de Casteggio. On s'est battu toute la journée avec la plus grande opiniâtreté.

Le général Victor a fait donner la division Chambarlhac d'une manière heureuse.

La 96e, par une charge à la baïonnette, a décidé le succès de la bataille encore incertain. L'ennemi a laissé 3 000 morts ou blessés, 6 000 prisonniers et cinq pièces de canon. La déroute a été entière. Le 12e de hussards s'est couvert de gloire. Nous avons eu 600 tués ou blessés.

Il paraît que M. le général Mélas a évacué Turin et concentre toutes ses forces à Alexandrie.

L'ennemi a été poursuivi au delà de Montebello.

Le général Watrin a montré du talent et un enthousiasme qui enlève les troupes.

La bataille de Montebello a porté l'épouvante et le découragement dans les partisans de l'Autriche. Ils voient que les évènements qui vont avoir lieu n'ont plus pour but la conservation de l'Italie, mais la retraite de l'armée autrichienne.

Un général ennemi a été tué; plusieurs généraux ont été blessés.

23

Le général en chef Masséna doit avoir joint le
général Suchet, être arrivé le 16 à Oneille, et va
bientôt aussi déboucher en Piémont.

(Dépôt de la guerre.)

Le général Ott battu, restait la masse principale des
forces autrichiennes environnées désormais de toute part :
l'Appennin, comme les Alpes, était gardé par nos troupes.
Les têtes de colonnes de Suchet, à Acqui, l'empêcha'ent
de se réfugier en Ligurie et de gagner Gênes; l'armée
de réserve, à la Stradella, fermait la rive droite du Pô;
restait la rive gauche, mais les nombreux cours d'eau qui
barrent la route la rendaient peu propre à une marche
rapide. Cependant Bonaparte était sans nouvelles de
l'ennemi; énervé par l'attente, se demandant si Mélas était
encore à Alexandrie, si l'armée autrichienne n'allait pas
lui échapper, il se décida à quitter Stradella, à passer
la Scrivia et à se porter en avant. Ce mouvement faillit lui
être funeste.

Bulletin de l'armée de réserve.

Torre dei Garoffoli, 26 prairial an VIII
(15 juin 1800).

Après la bataille de Montebello, l'armée s'est mise
en marche pour passer la Scrivia. L'avant-garde,
commandée par le général Gardanne, a, le 24, rencontré l'ennemi, qui défendait les approches de la
Bormida et les trois ponts qu'il avait près d'Alexandrie, l'a culbuté, lui a pris deux pièces de canon et
fait 100 prisonniers.

La division du général Chabran arrivait en même
temps le long du Pô, vis-à-vis Valence, pour empê-

cher l'ennemi de passer ce fleuve. Ainsi M. Mélas
se trouvait cerné entre la Bormida et le Pô. La seule
retraite de Gênes, qui lui restait après la bataille de
Montebello, se trouvait interceptée [1]. L'ennemi paraissait n'avoir encore aucun projet et très incertain de ses mouvements.

Le 25, à la pointe du jour, l'ennemi passa la Bormida sur ses trois points, résolu à se faire une trouée,
déboucha en force, surprit notre avant-garde et
commença avec la plus grande vivacité la célèbre
bataille de Marengo, qui décide enfin du sort de
l'Italie et de l'armée autrichienne.

Quatre fois, pendant la bataille, nous avons été
en retraite, et quatre fois nous avons été en avant
Plus de soixante pièces de canon ont été de part et
d'autre, sur différents points et à différentes heures,
prises et reprises. Il y a eu plus de douze charges
de cavalerie et avec différents succès.

Il était trois heures après-midi, 10 000 hommes
de cavalerie débordaient notre droite dans la superbe plaine de San-Giuliano. Ils étaient soutenus
par une ligne de cavalerie [2] et beaucoup d'artillerie.
Les grenadiers de la garde furent placés comme une
redoute de granit au milieu de cette immense
plaine; rien ne put l'entamer. Cavalerie, infanterie,
artillerie, tout fut dirigé contre ce bataillon, mais

1. La présence de Suchet sur l'Appennin empêcha très probablement les Autrichiens de gagner Gênes, surtout après la bataille.

2. Le texte de la minute dictée par le Premier Consul a été
suivi exactement.

en vain : ce fut alors que vraiment l'on vit ce que peut une poignée de gens de cœur.

Par cette résistance opiniâtre, la gauche de l'ennemi se trouva contenue, et notre droite appuyée, jusqu'à l'arrivée du général Monnier, qui enleva à la bayonnette le village de Castel Ceriolo.

La cavalerie ennemie fit alors un mouvement rapide sur notre gauche, qui déjà se trouvait ébranlée ; ce mouvement précipita sa retraite.

L'ennemi avançait sur toute la ligne, faisant un feu de mitraille avec plus de cent pièces de canon. Les routes étaient couvertes de fuyards, de blessés, de débris : la bataille paraissait perdue. On laissa avancer l'ennemi jusqu'à une portée de fusil du village de San-Giuliano, où était en bataille la division Desaix, avec huit pièces d'artillerie légère en avant et deux bataillons en potence, en colonne serrée, sur les ailes. Tous les fuyards se ralliaient derrière. Déjà l'ennemi faisait des fautes qui présageaient sa catastrophe : il étendait trop ses ailes.

La présence du Premier Consul ranimait le moral des troupes. « Enfants, leur disait-il, souvenez-vous « que mon habitude est de coucher sur le champ de « bataille. »

Aux cris de Vive la République ! Vive le Premier Consul ! Desaix aborda au pas de charge et par le centre. Dans un instant l'ennemi est culbuté. Le général Kellermann, qui, avec sa brigade de grosse cavalerie, avait toute la journée protégé la retraite de notre gauche, exécuta une charge avec tant de vigueur et si à propos, que 6 000 grenadiers et le général Zach, chef de l'état-major général, furent faits prisonniers, et plusieurs généraux ennemis tués.

Toute l'armée suivit ce mouvement. La droite de l'ennemi se trouva coupée ; la consternation et l'épouvante se mirent dans ses rangs.

La cavalerie autrichienne s'était portée au centre pour protéger la retraite. Le chef de brigade Bessières, à la tête des casse-cous et des grenadiers de la garde, exécuta une charge avec autant d'activité que de valeur, et perça la ligne de cavalerie ennemie; ce qui acheva l'entière déroute de l'armée.

Nous avons pris quinze drapeaux, quarante pièces de canon, et fait 6 à 8 000 prisonniers. Plus de 6 000 ennemis sont restés sur le champ de bataille.

La 9e légère a mérité le titre d'incomparable. La grosse cavalerie et le 8e de dragons se sont couverts de gloire. Notre perte aussi est considérable : nous avons eu 600 hommes tués, 1 500 blessés et 900 prisonniers.

Les généraux Champeaux, Mainoni et Boudet sont blessés.

Le général en chef Berthier a eu ses habits criblés de balles ; plusieurs de ses aides de camp ont été démontés. Mais une perte vivement sentie par l'armée, qui le sera par toute la République, ferme

notre cœur à la joie. Desaix a été frappé d'une balle
au commencement de la charge de sa division ; il est
mort sur le coup. Il n'a eu que le temps de dire au
jeune Lebrun, qui était avec lui : « Allez dire au
Premier Consul que je meurs avec le regret de
n'avoir pas assez fait pour vivre dans la postérité. »

Dans le cours de sa vie, le général Desaix a eu 4
chevaux tués sous lui et reçu trois blessures. Il n'a-
vait rejoint le quartier-général que depuis trois jours ;
il brûlait de se battre et avait dit deux ou trois fois,
la veille, à ses aides-de-camp : « Voilà longtemps
« que je ne me bats plus en Europe. Les boulets ne
« nous connaissent plus, il nous arrivera quelque
« chose. » Lorsqu'on vint, au milieu du plus fort du
feu, annoncer au Premier Consul la mort de Desaix, il ne lui échappa que ce seul mot : « Pourquoi
« ne m'est-il pas permis de pleurer ? » Son corps a
été transporté en poste à Milan, pour y être em-
baumé.

(Dépôt de la guerre.)

La bataille de Marengo, un moment perdue, gagnée grâce
au renfort de Desaix qui avait marché au bruit du canon,
terminait la campagne.

Mélas ne pouvait battre en retraite d'aucun côté, la ressource de passer l'Appennin lui était enlevée par la présence
de Suchet à Acqui.

Le lendemain, une convention nous livrait toutes les
places occupées par l'Autriche, y compris Gênes et Savone.

La nouvelle de la bataille de Marengo trouva Masséna

devant cette dernière place, dont le siège devenait inutile.
il marcha immédiatement vers Alexandrie, tandis que
Suchet prenait possession de Savone et se portait sur
Gênes.

Itinéraire du général de Campredon.

Prairial an VIII.

Le 25 prairial, 14 juin, fut le jour de la bataille de
Marengo. Nous l'apprîmes le 26 devant Savonne, et
le 27 nous marchâmes sur Alexandrie.

Le 27, Carcare,

    28, Aqui,

    29, Alexandrie,

    30, Tortonne.

Le 1er messidor, Pavie,

Le 2, Milan.

Le 3, Audience de Napoléon, où je lui rends
compte des opérations sur le Var.

Le 10, commencé une tournée par ordre du général Masséna, avec l'adjudant général Reille.

Bonaparte avait usé de toute son éloquence pour décider
Masséna à accepter, en décembre 1799, la rude tâche de reconstituer l'armée d'Italie. Il se mit aussi en frais à l'arrivée de ce général, et chercha par de bons procédés à lui
faire oublier ses souffrances et ses déboires. Il le traita de
la manière la plus flatteuse, déclarant hautement que le
défenseur de Gênes avait seul rendu possible le succès de
l'armée de réserve, en attirant à lui l'armée autrichienne.
C'était véritablement justice que de réconforter Masséna,

dont l'irritation était bien excusable. Parti pour la Ligurie avec la promesse de secours efficaces et d'un rôle brillant, il n'avait rencontré qu'ingrates besognes et cruelles souffrances ; il avait soutenu l'un des sièges les plus terribles de l'histoire, supporté toutes les angoisses d'une capitulation, tandis que Bonaparte recueillait à foison les lauriers chers au soldat.

Pour calmer le légitime mécontentement du général en chef de l'armée d'Italie, et pour établir aux yeux de tous qu'à Masséna était en partie dû le succès, le Premier Consul lui donna le commandement de toutes les troupes qui avaient concouru à l'œuvre commune. Ils se partagèrent la gloire, Bonaparte gardant la part du lion, qui est toujours celle du succès, et que la grandeur des conceptions comme celle des résultats ne permet du reste pas de lui marchander.

Un troisième général avait joué un rôle honorable durant ces derniers mois, mais il fut quelque peu oublié dans ce conflit d'intérêts : Suchet. Il n'était que lieutenant-général, les hasards de la guerre seuls l'avaient rendu indépendant, et lui avaient donné l'occasion de déployer toutes ses qualités. Chargé d'occuper Savone et Gênes, il était retenu loin de Milan : Masséna, comme général en chef, eut qualité pour exposer des opérations auxquelles il n'avait pas assisté. Seul des acteurs, le commandant en chef du génie, Campredon, simple général de brigade, fut appelé sur l'heure à rendre officiellement compte des opérations sur le Var.

Tout le bruit fut absorbé par Marengo et Gênes ; la résistance dans les Appennins, la défense du Var furent reléguées au rang de simples incidents. Mais, si Bonaparte, dans l'intérêt de sa politique, ne fit pas la part du centre de l'armée d'Italie, il était trop bon juge de ce que valaient ses aides, pour oublier les hommes dont la constance et l'énergie lui avaient assuré le succès.

La place de Suchet était désormais marquée. Subitement investi d'une lourde responsabilité, il avait secondé les vues du Premier Consul avec autant d'intelligence que d'opiniâtreté et d'élan. A la tête de moins de 5 000 hommes dénués de ressources il avait supporté le choc de 17 000, et pendant plusieurs jours contrebalancé les forces ennemies autour de Saint-Jacques. Puis, reculant sans précipitation, il avait su se rendre assez redoutable pour attirer à lui le général en chef en personne, et le retenir au prix des plus grands efforts, pendant plus d'un mois, dans des montagnes inhospitalières. Débordé, enfin, s'inspirant dans une juste mesure des projets de Bonaparte, il s'était, d'un seul bond, porté à l'abri du Var transformé en quelques heures en une barrière hérissée de canons. Là, durant vingt jours, il avait tenu tête à l'ennemi pour le rejeter ensuite au delà de nos frontières, et se porter d'un élan jusqu'à Savone et Acqui.

La Provence couverte, l'insurrection que fomentait le général Willot avortée, n'étaient pas en eux-mêmes de minces résultats. Mais ce ne fut là que son moindre mérite, et il est permis d'affirmer qu'en attirant le général en chef ennemi, qu'en retenant pendant un mois et demi toute une armée loin du Piémont, s'il ne souffrit pas autant que le défenseur de Gênes, il eut une part au moins égale au succès de la campagne [1].

Faisons avec Suchet un pas de plus et ramenons-le dans

1. Le chef de brigade Campredon venait d'être fait général de brigade sur le champ de bataille de Fossano. Bonaparte confirma son grade et l'employa aussitôt comme directeur des fortifications, puis ¡comme inspecteur-général, à l'organisation de la défense du nord de l'Italie et des côtes de le Méditerranée. Lors de l'organisation du camp de Boulogne, il lui donna le commandement du génie ; et, à l'heure où se décida la marche qui devait nous conduire à Austerlitz, il l'expédia en poste à Mantoue pour en organiser la défense. Nous le retrouverons en 1806 devant Gaëte.

23.

cette place de Gênes, illustrée par ses frères d'armes, et qu'il avait, de tous ses efforts, cherché à débloquer.

La convention signée après Marengo nous remettait cette place, que le comte de Hohenzollern s'apprêtait à défendre. On pouvait craindre un refus : il était dur, en effet, à des troupes qui n'avaient pas été battues, qui, bien au contraire, étaient entrées dans Gênes après un siège glorieux, de rendre cette place sans brûler une cartouche.

Le lieutenant-général Suchet au général en chef Masséna.

Cornegliano, du 2 messidor.

Si j'avais le temps de causer avec vous, mon cher Général, je vous dirais que nous sommes arrivés à marches forcées à Campo-Murone, traversant les postes ennemis de Carossio, Voltaggio et la Bocchetta, et faisant ainsi mettre au feu les officiers commandants.

Enfin depuis hier, je suis établi à Cornegliano, après avoir reçu la parole d'honneur de M. le comte de Hohenzollern, que la ville et les forts me seraient livrés exactement ; le 23 les forts, et le 24 la ville, avec tous ses canons. Le peuple nous attend pour nous recevoir avec enthousiasme. Les Anglais et les Autrichiens furieux de la convention.

Je n'ai que le temps de vous embrasser et de vous assurer de tout mon attachement.

Lieutenant-général,

SUCHET.

Suchet, lieutenant-général du général en chef, à M. le comte de Hohenzollern, lieutenant-général commandant les troupes autrichiennes à Gênes.

Au quartier-général à Conegliano, le 2 messidor
an VIII de la République.

M. le Général, je suis instruit que les Anglais, au mépris du traité [passé avec le général en chef Masséna, enlèvent de l'arsenal, l'artillerie, et, du port, la plus grande partie des bâtiments. Ainsi un malheureux peuple, étranger, par sa faiblesse, à toutes nos querelles, se voit dépouillé de ses plus chères espérances.

C'est en présence de deux armées également généreuses, que nous permettrions, M. le Général, qu'une nation soit ainsi spoliée !

Je sais que votre alliance avec les Anglais peut contrarier vos sentiments généreux. Mais donnant à l'article VII de la convention l'interprétation qu'il mérite, je vous invite à me céder dans le jour le poste de la Lanterne et celui du Môle. De cette manière, les ordres que vous avez reçus du général en chef Mélas n'éprouveraient point d'altération ; et il me serait possible d'empêcher la ruine totale d'un État malheureux. J'attends de la loyauté autrichienne, et particulièrement de la vôtre, M. le Général, que vous me répondrez d'une manière satisfaisante.

Lt G^l Suchet.

Copie de la lettre écrite au lieutenant-général Suchet par le commandant des troupes autrichiennes à Gênes.

Commandement général de Gênes, le 21 juin 1800.

Lieutenant-Général, les Anglais ne touchent aucun canon ; j'y opposerais même de la force. Je dois vous les remettre. L'affaire du port a été terminée à mon instance. Dans ce moment, c'est encore moi qui suis le protecteur des Génois, et je veux emporter ce titre avec moi.

Je n'ai point reçu de capitulation, pas même l'arrangement dont vous me faites l'honneur de me parler : c'est une erreur peut-être.

J'ai ordre de vous remettre la place le 24, avec son artillerie, la moitié des vivres concernant les approvisionnemens : je l'exécuterai. Du reste, M. de Mélas peut faire des arrangemens tant qu'il lui plaira; mais avant tout, c'est à moi à répondre de mes démarches à S. M. au nom de qui je commande ici. Ma garnison, qui demande de ne pas se rendre, ne me pardonnerait pas de vous céder un poste avant le terme. Je veux conserver son estime et la vôtre, Général.

J'enverrai demain l'après-dîner, à 5 heures, un général chez vous pour les arrangemens ultérieurs.

Je vous donne ma parole que vous serez en possession des forts le 23, et le 24 de la ville.

Les Anglais aussi bien sortiront du port, à ce que l'amiral a assuré, et vous pouvez vous en rapporter à moi.

Je suis incapable de détours, et je vais de nouveau faire garder les canons, qui, d'ailleurs, ne risquent rien.

J'ai l'honneur d'être, avec la plus haute considération, lieutenant-général, votre très humble et très obéissant serviteur.

Le comte DE HOHENZOLLERN,
Lieutenant-général commandant la Rivière de Gênes.

Le lieutenant-général Suchet au général en chef Masséna.

Assereto est dans Gênes; il a exercé plusieurs actes de despotisme contre les citoyens, il est honni, méprisé et menacé par les habitants et par les paysans. Il ne trouvera guère de refuge que chez les Anglais.

L'ex-général Villot est resté plusieurs jours dans Gênes où il est parvenu à recruter quelques-uns de nos soldats. On assure que les Anglais ont mis de grandes sommes à sa disposition pour faire insurger le midi et pour se mettre à la tête d'une nouvelle Vendée. J'espère que la bataille de Marengo empêchera que ces projets destructeurs se réalisent.

Déjà les anciens souverains d'Italie croyaient à la jouissance certaine de ce beau pays, les efforts de nos armées, les vôtres et ceux du Grand Génie qui les a dirigés auront concouru à changer la face de l'Europe et à lui donner la paix.

Le lieutenant-général
SUCHET.

Kellermann, général de brigade, au général Dupont, chef de l'état-major général.

Au quartier-général, le 3 messidor an VIII.

Mon Général,

Je m'empresse de vous rendre compte que la ville de Gênes ne sera évacuée que le 24 du courant. J'ai vu le général Hohenzollern qui m'a dit avoir reçu de M. de Mélas ordre de remettre la ville et les forts de Gênes aux troupes françaises avec les munitions et artillerie convenues, le 24 juin, à 4 heures du matin. Il m'a assuré d'une manière à n'en pas douter que les ordres qu'il avait reçus seraient exécutés par lui avec toute l'exactitude et la loyauté possibles, quoiqu'il ne se soit pas caché du mécontentement qu'il éprouve de la convention dont Mélas ne lui a pas donné connaissance.

Vous pouvez donc être tranquille sur son compte, ainsi que sur celui des Anglais, qui, dès hier, étaient prêts à mettre à la voile, mais qui s'en vont de fort mauvaise humeur; ils avaient la prétention de s'emparer de toutes les munitions et de l'artillerie; mais M. de Hohenzollern s'y est opposé, et a même fait marcher deux bataillons pour l'empêcher. Nous ne pouvons que nous louer de sa franchise et de sa loyauté, et les Génois eux-mêmes n'ont eu contre lui aucun motif de plaintes.

Les Anglais enlèvent tout le grain qui n'est pas débarqué. Soixante mille charges de blé vont sortir de Gênes pour rentrer à Livourne, quoique les négocians aient offert six francs de gratification par charge. Cette fois, le dépit des Anglais l'a emporté sur leur cupidité, et lord Keith a déclaré qu'il allait recommencer plus strictement que jamais le blocus du port et de la Rivière, pour se venger, sur cette ville innocente, de nos victoires.

Hier, le général Willot s'est embarqué avec un corps formé de quelques aventuriers et payés par l'Angleterre. Pichegru était attendu incessamment; c'est du comte de Bussy que je le tiens. Gênes a été imposé à un million de contribution, et en a déjà payé 200 000.

La ville a cruellement souffert, et cependant a conservé de l'attachement pour les Français. Dès que la convention a été connue, le peuple a voulu reprendre la cocarde; il en est résulté quelques rixes qui ont été appaisées, la cocarde a été permise aux officiers de ligne.

Salut et respect.

KELLERMANN.

CONVENTION

*Faite pour l'occupation de la ville de Gênes et de ses forts,
le 5 messidor an VIII, ou 24 juin 1800, conformément au
traité fait entre les généraux en chef Berthier et Mélas.*

Les commissaires et officiers munis d'ordres du
général Suchet pourront entrer demain à huit
heures.

Convenu.

Les forts extérieurs seront occupés par les troupes françaises à trois heures du soir.

Convenu.

Les trois ou quatre cents malades qui ne sont pas
transportables auront les mêmes soins que ceux
des troupes françaises.

Convenu.

La flottille restera dans le port jusqu'à ce que les
vents lui permettent de sortir. Elle sera neutre
jusqu'à Livourne.

Convenu.

A 4 heures du matin, le 5 messidor (24 juin),
M. le comte de Hohenzollern sortira avec la garnison.

Convenu.

Les dépêches, les transports de recrues et de
bœufs qui arriveront après le départ seront libres
de suivre l'armée autrichienne.

Convenu.

Sur la demande de M. le général comte de Hohenzollern, il ne sera point rendu d'honneurs à sa troupe. Convenu.

Signé : le comte de BUSSY,
Général major, fondé de pouvoir de M. le comte de Hohenzollern.

Conegliano, le 3 messidor an VIII de la République Française, ou 22 juin 1800.

Pour copie conforme.

Le lieutenant-général,

Signé : SUCHET.

Bulletin de l'armée de réserve.

Turin, 7 messidor an VIII
(26 juin 1800).

L'armée de réserve et celle d'Italie ne forment plus qu'une seule et même armée sous le nom d'armée d'Italie. Le général Masséna en prend le commandement en chef.

Le général Berthier est arrivé à Turin pour organiser le gouvernement du Piémont.

Le général Suchet a occupé tous les forts de Gênes dans la journée du 4, toute l'artillerie existe ; elle a même été augmentée de quelques pièces de canon. Les Anglais n'ont pu emporter que dix pièces, qui étaient sur le môle. Les troupes autrichiennes qui formaient la garnison de Gênes ont défilé, le 5, à quatre heures du matin.

M. de Hohenzollern, qui commandait dans Gênes,

s'est conduit avec dignité, franchise et honnê-
teté.

Savone et Ceva sont occupées par l'armée française.

Le Premier Consul est arrivé ici aujourd'hui. Il
est descendu à la citadelle, qu'il a visitée, et est
reparti sur-le-champ. Il y a trouvé des magasins
immenses. Dans un seul, il y a plus de 8 000 paires
de draps pour les hôpitaux. La citadelle de Turin
est superbe; elle renferme plus de 300 pièces de
canon.

On calcule que l'artillerie de toutes les places
cédées par la convention du 27 prairial monte à plus
de 2 000 pièces de canon et à plus de deux millions
de poudre dépôt de la guerre.

(Dépôt de la guerre.)

Telle fut la fin de la campagne de l'an VIII. Ouverte
sous de tristes auspices, elle se terminait par un coup de
foudre qui effaçait une année de malheurs, et nous reportait
aux jours du traité de Campo-Formio. Le génie de
Bonaparte, la concentration du pouvoir, l'unité et l'ordre
dans le gouvernement, nous sauvaient de l'anarchie et de
la défaite. Qui eût dit, aux heures d'enthousiasme qui suivirent Marengo, que le même homme, par l'exaspération
de ses qualités, après nous avoir poussés au plus haut de
la gloire, nous précipiterait, lui aussi, par deux fois, aux
horreurs de l'invasion étrangère ?

TABLE DES MATIÈRES

CHAPITRE V. — *Plan de Bonaparte.*

1er germinal-19 germinal
(22 mars-9 avril).

DEUXIÈME PARTIE

Défense de la Ligurie.

CHAPITRE 1er. — *Ouverture des hostilités sur l'Appennin.*

15 germinal-7 floréal
(5 avril-27 avril).

TROISIÈME PARTIE

La Défense du Var et le passage du Saint-Bernard.

CHAPITRE Ier. — *Le pont du Var.—Préparatifs de défense.*

20 floréal-23 floréal
(10 mai-13 mai).

CHAPITRE II.—*Première affaire sur le Var.— L'armée de réserve au Grand-Saint-Bernard.*

20 floréal-24 floréal
(13 mai-14 mai.)

CHAPITRE III. — *Inaction de Mélas sur le Var. — L'armée de réserve devant le fort de Bard.*

25 floréal-30 floréal
(15 mai au 20 mai).

CHAPITRE IV. — *Deuxième attaque du pont du Var. — L'armée
de réserve et le fort de Bard.*

30 floréal-6 prairial
(20 mai au 26 mars).

CHAPITRE V. — *Troisième attaque du pont du Var. — Bonaparte
en Piémont, Suchet dans Nice.*

9 prairial au 9 prairial
(26 mai au 29 mai).

CHAPITRE VI. — *Marche du centre de l'armée d'Italie sur
Tende et Savone.*

8 prairial-17 prairial
(28 mai-6 juin).

QUATRIÈME PARTIE

Gênes et Marengo

CHAPITRE Iᵉʳ. — *Evacuation de Gênes par Masséna.*

14 prairial-18 prairial
(3 juin-7 juin).

INDEX DES NOMS

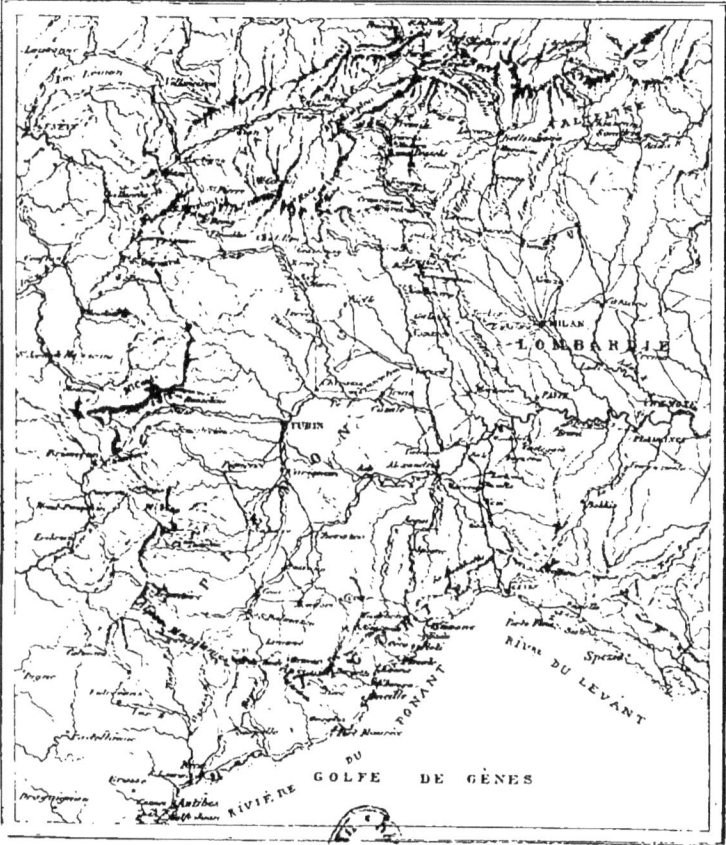

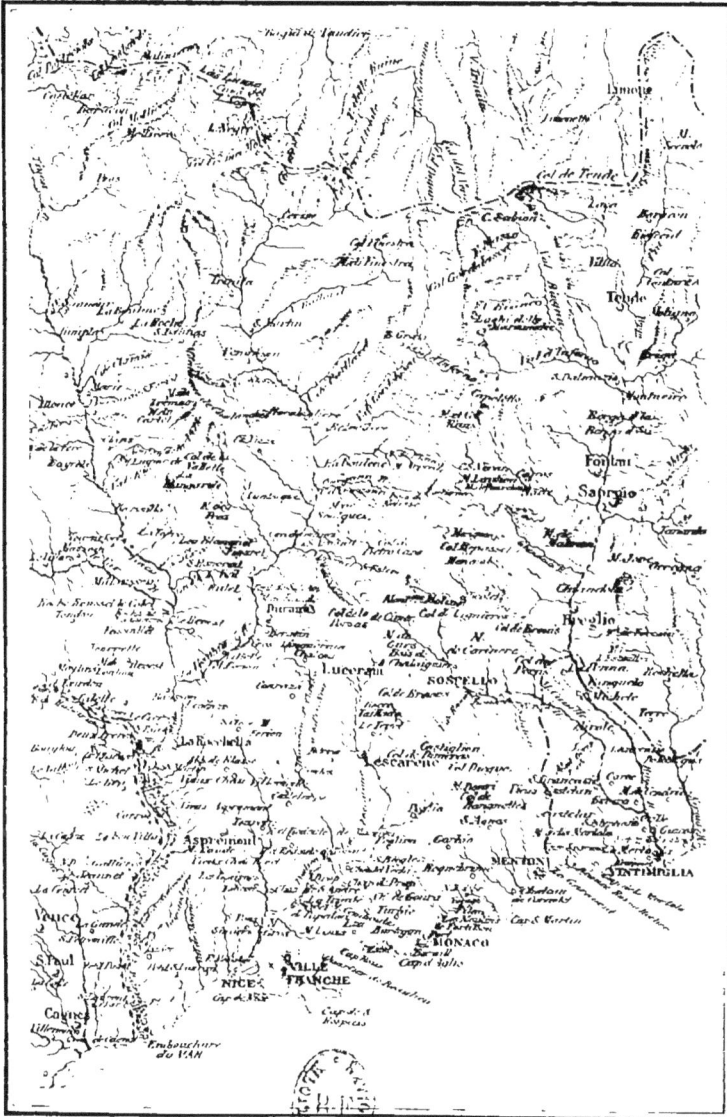

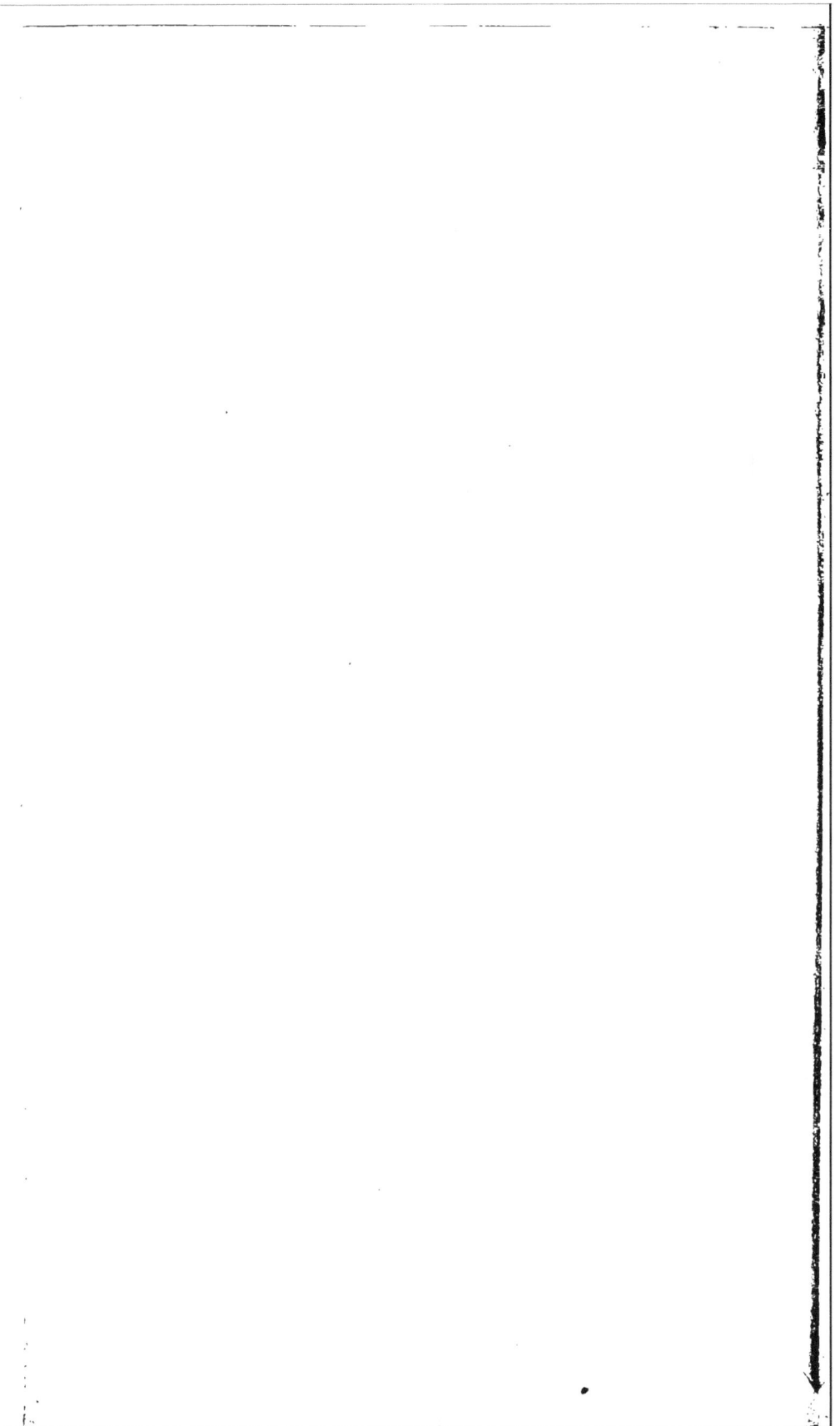

ARMÉE D'ITALIE

DÉFENSE du PONT du VAR
Par le Corps d'Armée
aux ordres du Lieutenant Général
SUCHET
En Prairial an 8

Le Var R.

S.t LAURENT

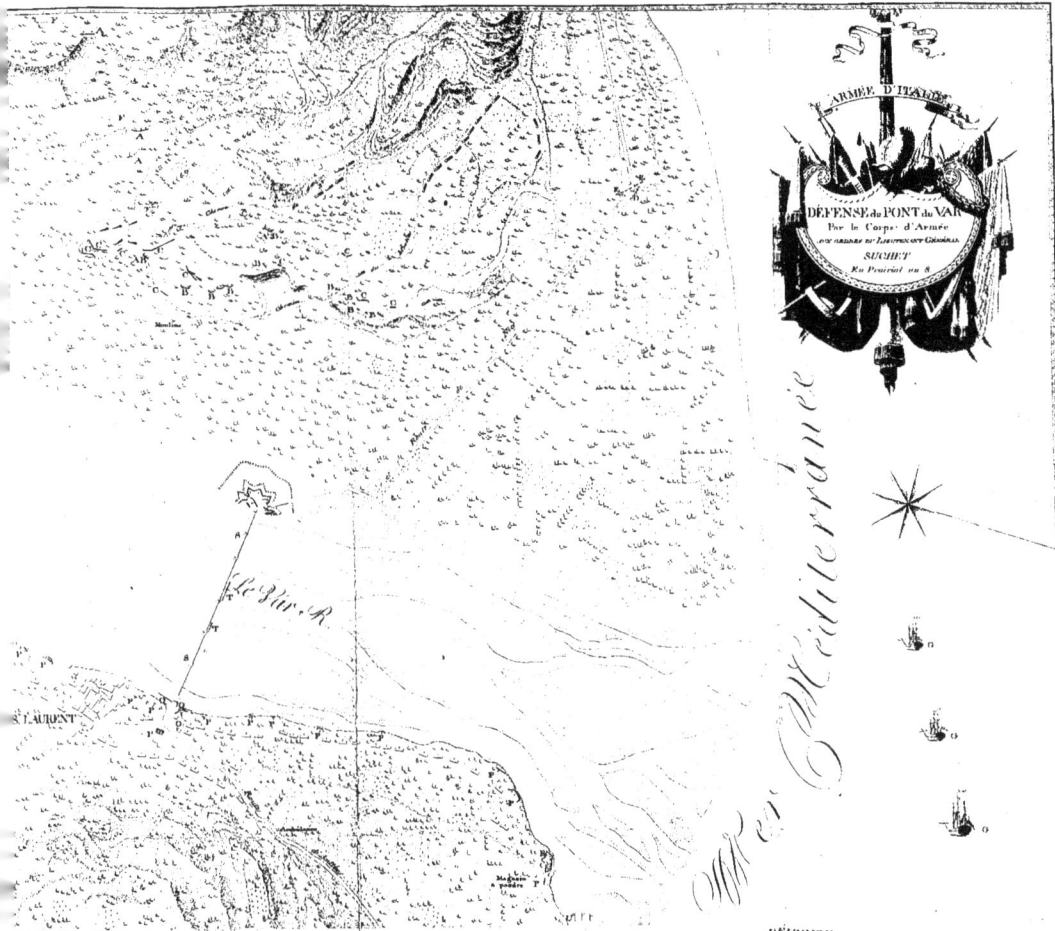

Mer Méditerranée

PONENT

RIVIERE DU LEVANT

RIVIERE DU

GENOVA

SAVONA

GOLFO DI
RAPALO

ALBENGA

RIVIERE DU PONENT

Golfe

de

Genes

www.ingramcontent.com/pod-product-compliance
Lightning Source LLC
Chambersburg PA
CBHW060951280326
41935CB00009B/683